La Mythologie grecque de A à Z pour les nuls

Luc Ferry

La Mythologie grecque de A à Z pour les nuls

FIRST ÉDITIONS

La Mythologie grecque de A à Z pour les Nuls

ISBN : 978-2-7540-8648-6
Dépôt légal : novembre 2020

Édition et correction : Isabelle Chave
Mise en page : Stéphane Angot
Dessins d'ouverture des chapitres : Faro
Index : Muriel Mekies

Imprimé en Italie chez Grafica Veneta

Éditions First, un département d'Édi8
92, avenue de France
75013 Paris – France
Tél. : 01 44 16 09 00
Fax : 01 44 16 09 01
E-mail : firstinfo@efirst.com
Site Internet : www.pourlesnuls.fr

Sommaire

Partie 3 Héros mythologiques et légendaires

Partie 4 Monstres et divinités secondaires

Partie 5 Du côté des mortels

Introduction

« Prendre le taureau par les cornes », dire d'un prétentieux qu'il se croit « sorti de la cuisse de Jupiter », jouer à la loterie et « toucher le pactole », « tomber de Charybde en Scylla », suivre un « fil d'Ariane », essayer d'accomplir une tâche aussi impossible que de remplir le « tonneau des Danaïdes », nettoyer les « écuries d'Augias » ou rouler le « rocher de Sisyphe », regarder la cote d'une voiture à « l'argus », ne jamais oublier en bateau sa balise « Argos », faire un « laïus » devant une assemblée, s'égarer dans un « dédale » de rues, voire dans un « labyrinthe » administratif, avoir une dispute autour d'une « pomme de discorde », « jouer les Cassandre », dire d'un grand naïf que c'est un « béotien », entendre un « écho » dans la montagne, écouter dans un jardin public de la « musique » jouée dans un « orphéon », regarder un film « érotique », prendre un « aphrodisiaque »... et tant d'autres expressions encore qu'on va rencontrer dans ce livre nous viennent de la mythologie grecque. Elles sont désormais comme ce qu'un grand linguiste, Charles Pérelman, appelait des « métaphores endormies » parce que nous en avons souvent oublié ou simplement méconnu l'origine, comme il en va pour de nombreux mots : océan, sirènes, typhon, python, méduse, harpye, furie, gorgone, chimère, cerbère et autres êtres merveilleux qui habitent, sans que nous y pensions, notre langage de tous les jours et qui sont issus, eux aussi, des grands mythes grecs.

À propos de ce livre

Ce livre se propose de réveiller ces références en racontant les histoires magnifiques d'où elles nous sont venues. Pour y parvenir, je suis toujours parti des textes originaux, des premières versions de ces légendes, ou à tout le moins de celles qui, bien que parfois plus tardives, m'ont semblé les plus intéressantes et les plus complètes. J'ai presque toujours retraduit les textes grecs et latins en français moderne et je les ai souvent cités pour que mon lecteur puisse se faire une idée exacte de la façon dont on racontait ces légendes dans l'Antiquité. Ce livre, même s'il est parfaitement accessible à tous, y compris aux enfants, n'est donc en aucun cas un ouvrage de vulgarisation au sens ordinaire du terme, un livre comme il en existe déjà tant sur la mythologie et qui souvent, hélas, fourmillent d'erreurs.

J'ai tenu à ce que les récits qu'on va lire soient absolument fidèles aux versions originales les plus authentiques et ce pour une raison qui me tient à cœur depuis longtemps : contrairement à ce que laissent croire les ouvrages du genre « contes et légendes », comme d'ailleurs les adaptations cinématographiques hollywoodiennes, les grands mythes ne se bornent pas à nous conter des aventures fantastiques extraordinaires, dignes des meilleurs scénarios de science-fiction – même si elles le font aussi. En arrière-fond des aventures d'Ulysse, Thésée, Persée, Zeus, Athéna, Jason, Hercule, Aphrodite et des autres, les mythes nous proposent en réalité, sur un plan philosophique, une myriade de leçons de vie et de sagesse d'une profondeur abyssale. Ils représentent une tentative grandiose pour apporter des réponses à l'antique question du sens de la vie, de la vie bonne pour les mortels. À bien des égards, la philosophie, qui naît en Grèce, n'est rien d'autre qu'une sécularisation de leurs messages dont l'étude, passionnante en elle-même, est aussi indispensable à la compréhension de l'histoire de la pensée occidentale.

Voilà pourquoi il est à la fois amusant et « cultivant » de partir, pour en saisir le sens profond, des expressions et des mots qu'ils nous ont légués dans le langage courant, car c'est en remontant à leur source qu'on peut comprendre les leçons de sagesse qu'ils nous ont transmises et dont on peut penser que ce n'est pas pour rien qu'elles ont perduré jusqu'à nous à travers les siècles. Les deux premiers chapitres de ce livre sont à considérer à part : ils donnent au lecteur les bases nécessaires à la compréhension des structures fondamentales de tous les mythes grecs. Les chapitres suivants sont consacrés à l'analyse des récits qui sont à l'origine des expressions et des mots de la mythologie qui sont passés en français dans le langage de tous les jours.

Comment ce livre est organisé

Ce livre est divisé en six parties. Les parties 2 à 5 s'intéressent à une catégorie de récits ou de protagonistes de la mythologie. Elles sont divisées en courts chapitres qui présentent un dieu, un héros, un monstre ou un lieu de la mythologie grecque. Ils sont organisés autour d'un mot ou d'une expression de la mythologie. La première partie diffère : elle propose une présentation et une réflexion sur la création du cosmos par les premières entités. Quant à la partie 6, la traditionnelle partie des Dix, elle vous donnera des pistes de lecture pour aller plus loin, ainsi que dix œuvres majeures inspirées par la mythologie.

Première partie : La naissance du monde

Pour commencer, il sera donc question de la naissance du monde, du cosmos, mais aussi de celle des premiers dieux, Titans et Olympiens à partir des divinités primordiales que sont notamment Chaos, Gaïa et Ouranos. Cette partie est essentielle pour bien saisir le sens profond des histoires qui vont suivre.

Elle présente aussi le triomphe de Zeus sur les forces primitives et l'instauration des dieux de l'Olympe.

Deuxième partie : Des origines à l'Olympe

Ensuite, nous nous intéresserons aux Olympiens. Nous avons vu que la naissance des dieux et celle du cosmos ne font qu'un. Il s'agit de la même histoire et ce pour la bonne raison qu'à l'origine, les différentes parties de l'univers sont considérées tout à la fois comme des « morceaux de nature » *et* comme des divinités.

Ces divinités cosmiques vont faire l'objet d'une personnalisation progressive. Les tout premiers dieux, à l'exemple de Chaos, ne sont pas encore des personnes douées d'un visage, d'un langage, d'un caractère. Même les Titans, à de rares exceptions près, n'ont guère de psychologie. On ne s'intéresse ni à leurs sentiments, ni à leur pensée.

C'est avec la génération des Olympiens que des caractères se forgent, que des caractéristiques liées à la personnalité d'Athéna, de Zeus ou d'Héra commencent d'apparaître, des caractéristiques qui sont, au demeurant, le plus souvent très humaines, voire trop humaines : Héra pèche sans cesse par jalousie, Zeus est colérique, menteur et infidèle, Athéna narcissique et vindicative, Hadès n'hésite pas à enlever Perséphone contre sa volonté, etc. En bref, les dieux grecs, à la différence des dieux des grands monothéismes, n'ont aucune prétention à quelque perfection morale que ce soit, ils sont dans leurs vies aussi pleins de défauts que des humains ordinaires, leur véritable différence avec les mortels tenant avant tout à leur force, à leur relative omniscience et, bien entendu, à leur immortalité.

Troisième partie : Héros mythologiques et légendaires

Puis viennent les héros. Nous commencerons cette partie par l'*Odyssée* d'Homère parce que, comme la *Théogonie* d'Hésiode, c'est la matrice. Les deux récits vont en effet de Chaos à Cosmos, de la guerre à la paix, de la haine à l'amour, bref, de la vie bonne à la vie mauvaise.

L'essentiel, ici, est donc de bien comprendre que, même s'il s'agit de textes qu'on dit « poétiques », l'enjeu de cette construction, loin d'être seulement littéraire, est bel et bien métaphysique. Sans l'existence d'un ordre cosmique paisible et harmonieux, la vie bonne ne serait pas possible pour les mortels.

D'Homère jusqu'aux stoïciens en passant par Hésiode, Platon et Aristote, la vie bonne va se définir avant tout comme une mise en harmonie de soi avec l'harmonie du monde – ce qui suppose d'abord un récit de la façon dont cette harmonie a été engendrée par les dieux. Mais une fois établie, il reste à la défendre, car les puissances chaotiques des origines ne cessent jamais de resurgir. De là, la présence des héros qui prennent sur terre la suite de Zeus : de même que le roi des dieux avait dû établir l'ordre cosmique dans une lutte contre les Titans, Typhon et les Géants, de même, les héros comme Héraclès, Persée, Thésée, Jason et les autres, vont devoir continuer le travail de Zeus face à la résurgence des êtres maléfiques qui menacent l'harmonie de l'univers.

Quatrième partie : Monstres et divinités secondaires

Nous verrons ici comment les puissances chaotiques des origines menacent sans cesse de resurgir. Il faut donc à Zeus des lieutenants pour continuer le combat qu'il a mené dans la fameuse guerre des dieux contre les Titans, avant même la création de l'humanité. Ces lieutenants, qui sont des héros animés par le courage et la justice, doivent affronter toute une série de monstres qui ne cessent de refaire surface comme la Gorgone Méduse dont Persée a dû venir à bout. C'est à ces entités maléfiques que les expressions qui figurent dans ce chapitre sont consacrées. Elles symbolisent parfois la mort, souvent aussi le risque de voir le cosmos, cet ordre harmonieux, juste, beau et bon, être abîmé, voire détruit, par les énergies négatives originelles.

À côté des monstres, il existe aussi des divinités secondaires qui ne sont pas forcément négatives. C'est le cas des Muses, dont la vocation est d'apaiser les disputes, de fluidifier les relations humaines (et divines). Ce sont aussi les expressions et les mots qui sont liés à ces divinités que cette partie va présenter, raconter et analyser.

Cinquième partie : Du côté des mortels

Nous nous demanderons enfin pourquoi les Olympiens immortels ont éprouvé le besoin de créer cette humanité qui, à coup sûr, va s'employer à introduire une somme considérable de désordre et de confusion dans le cosmos paisible et harmonieux si durement conquis, puis établi par eux. À moins, justement, que ce ne soit pour ça, pour y remettre un peu de vie et de mouvement, de désordre et d'histoire ? Parce que sans un grain de folie et de chaos, l'univers deviendrait trop calme pour être intéressant ? Et si l'on se place de notre humble point de vue de simples mortels, comment nous situer par rapport à la vision du monde qui émane peu à peu de la construction grandiose que nous avons vu s'édifier au cours de la guerre des dieux ? Quelle place, pour nous, dans cet univers divin qui semble fait davantage pour les immortels que pour les petits humains que nous sommes ?

C'est pour répondre à ces questions que cette partie va revenir sur la création de l'humanité par Prométhée et évoquer Pandore. Vous découvrirez aussi comment un certain nombre d'expressions touchant directement le statut des mortels ont été léguées par les mythes grecs

Sixième partie : La partie des Dix

Finalement, je vous propose de poursuivre votre lecture par les dix textes de l'Antiquité gréco-romaine essentiels pour tout savoir sur la mythologie et revenir à la source des mythes : Homère, Platon, les tragédiens bien sûrs, mais aussi Hygin ou Apulée...

Vous pourrez aussi compléter et nourrir vos connaissances et votre réflexion sur l'Antiquité, la philosophie et la mythologie grecques avec les dix ouvrages de référence que je vous conseille de lire.

Enfin, la mythologie a influencé les arts pendants des siècles, pour preuve les dix œuvres majeures ici présentées, parmi toutes les autres...

Les icônes utilisées dans ce livre

Récit

Les mythes sont d'abord des histoires que l'on s'est racontées pendant toute l'Antiquité et que l'on raconte encore aujourd'hui. Il est important de les rappeler et de faire le point sur les différentes versions.

Citation

Il est bien sûr impossible de raconter ces récits mythologiques fondateurs sans revenir aux textes d'origine. Je vous propose donc, tout au long des chapitres, des extraits de ces textes que j'ai retraduits pour cette édition.

Philosophie

Au-delà de simples histoires, les mythes grecs sont à l'origine de toute la pensée philosophique occidentale. La pensée grecque qui se révèle dans ces mythes demande souvent d'être explicitée pour en percevoir toute l'extraordinaire profondeur et se saisir de ce qui fait leur modernité.

Lexique

Vous vous intéressez à l'origine d'un mot ? Vous vous interrogez sur le sens d'une expression issue de la mythologie ? C'est ici qu'il faut chercher.

À retenir

Les mythes ici racontés sont foisonnants, riches de significations, parfois contradictoires, parfois complexes à comprendre pour un lecteur contemporain. Quel sens leur donner aujourd'hui ? Que retenir d'essentiel ?

Le saviez-vous ?

La mythologie et les mythes, de même que les expressions qui en sont issues, ont parfois des aspects inattendus, des curiosités… On les retrouve là où on ne les attendait pas.

Par où commencer ?

Ce livre peut être parcouru librement, au gré de vos intérêts. Des renvois à d'autres chapitres dans le texte vous permettront d'enrichir votre approche par des lectures croisées.

Néanmoins, je vous conseille de commencer… par le commencement : la naissance du monde (partie 1) pour bien poser les bases, ensuite laissez-vous porter par votre curiosité.

Les deux premiers chapitres de ce livre reprennent inévitablement, du moins en partie, des textes que j'ai déjà écrits dans mes deux autres livres consacrés à la mythologie : impossible, en effet, de modifier des récits de mythes et de légendes qui existent depuis des millénaires et qui n'ont évidemment pas changé depuis que j'ai publié, en 2008, *La Sagesse des mythes* (chez Plon), puis, en 2016, *Mythologie et philosophie* (également chez Plon). J'ai toutefois réécrit autant qu'il me semblait utile de le faire cette présentation, j'ai ajouté des précisions, des références et des citations que j'ai retraduites afin de les rendre à la fois plus précises et plus explicites.

Partie 1
La naissance du monde

Dans cette partie…

Nous allons assister à la naissance du monde, du cosmos, mais aussi à celle des premiers dieux, Titans et Olympiens à partir des divinités primordiales que sont notamment Chaos, Gaïa et Ouranos. Comme vous allez le constater, ces naissances n'ont rien de pacifique…

DANS CE CHAPITRE

L'origine du cosmos

•

Gaïa la terre et Ouranos le ciel s'unissent

•

La naissance des Titans, des Cyclopes... et d'Aphrodite

•

Chronos dévore ses enfants mais Zeus prend le pouvoir

Chapitre 1
Les entités primordiales

Au commencement était le chaos

Le premier de tous les dieux, celui qui se trouve à l'origine du monde, du cosmos, les Grecs le nomment « Chaos ». En réalité, ce n'est pas encore vraiment un dieu, en tout cas, ce n'est pas un dieu personnel, une personne qui aurait des sentiments, une pensée, un regard. Cette divinité primordiale n'a en effet rien d'humain : ni corps, ni visage, ni traits de caractère. C'est seulement une espèce d'abîme, une sorte de trou noir où soufflent des tourbillons venteux, un lieu sombre au sein duquel on ne peut rien voir qui soit identifiable : aucun objet, aucune chose dont il serait possible de distinguer les contours, d'autant que les ténèbres qui règnent au sein de ce cloaque sont impénétrables. Ici, tout n'est que *désordre*, Chaos étant par avance le contraire absolu de l'ordre cosmique harmonieux, juste, beau et bon, que Zeus, mais bien plus tard, va s'évertuer à créer. Du reste, au début de cette histoire, il n'existe encore personne pour voir quoi que ce soit : pas d'animaux, pas d'humains, pas même de dieux. Non seulement il n'y a pas d'êtres vivants, animés, mais il n'y a pas non plus de ciel, ni de terre, ni de soleil, de montagnes, de mer, de fleuves, de forêts, car dans ce tourbillon béant qu'est le chaos, où l'obscurité est totale, tout est confus, indistinct, sans contour, ou comme le dit le grec : *apeiron*, littéralement « sans limite, sans délimitation ». Chaos ressemble à un précipice obscur qui rappelle nos pires cauchemars : si on devait tomber dedans, la chute serait infinie... Mais cela ne se peut, car ni vous, ni moi, ni aucun humain ne sont encore de ce monde. Voici comment Ovide a cru pouvoir le décrire au Livre I de ses *Métamorphoses*, un texte tout à fait intéressant dont on notera comment il insiste sur le fait qu'au sein de Chaos, les éléments ne sont pas encore « séparés » les uns des autres, tout étant dès lors dans un état de mélange et de confusion extrême :

Citation

> « Avant la mer, avant les terres et le ciel qui recouvre tout, la nature, dans l'univers entier, ne présentait encore qu'un seul et même visage. On l'a appelé Chaos, une matière informe et confuse, une masse inerte, un tas d'éléments sans liens et discordants. Il n'y avait pas encore de Titans pour offrir sa lumière au monde... Partout où il y avait de la terre, il y avait aussi de la mer et de l'air de sorte que la terre était instable, la mer impropre à la navigation et l'air privé de lumière. Aucun élément ne conservait sa forme, chacun faisait obstacle à l'autre parce que, dans un même corps, le froid combattait le chaud, l'humide le sec, le mou le dur, le lourd le léger. Un dieu et une bonne nature ont mis un terme à cette lutte ; ils séparèrent le ciel de la terre, la terre des eaux, et le ciel limpide de l'air épais. Après avoir démêlé tous ces éléments et les avoir extraits de cette masse ténébreuse, ils leur ont assigné à chacun une place distincte où elles s'accordent en paix. »

Gaïa : la Terre nourricière

Donc, de ce chaos initial, jaillit une divinité enfin solide et bien identifiable. Comment est-elle née ? C'est assez mystérieux. Pas de *big bang* dans cette cosmogonie, pas non plus de dieu créateur. Ovide nous parle bien d'un « dieu et d'une bonne nature », mais il ne nous dit pas leurs noms. De cet événement premier et fondateur, Hésiode, le premier poète à nous raconter cette histoire, au septième siècle avant notre ère, ne nous donne aucune explication précise, et pour cause : il n'a, lui non plus, pas la moindre théorie à sa disposition. Quelque chose apparaît, voilà tout, sort des abysses, et ce quelque chose, c'est une formidable déesse. On l'appelle Gaïa, elle est la personnification divine de la terre. Gaïa, c'est la terre ferme, solide, le sol nourricier sur lequel les plantes, bientôt, vont pouvoir pousser, les fleuves couler, les animaux, les hommes et les dieux marcher. Gaïa, c'est à la fois le premier élément, le premier morceau d'univers bel et bien identifiable, bien délimité et stable – et en ce sens, c'est déjà le contraire de Chaos : on n'y chute pas à l'infini, car elle soutient et porte tout ce qui est sur elle. Au sens propre du terme, elle ne nous laissera pas tomber – car c'est aussi la mère par excellence, la matrice originelle dont presque tous les êtres à venir vont bientôt sortir, directement ou indirectement.

Éros : à l'origine de toute vie

Pour que les fleuves, les forêts, les montagnes, le ciel, le soleil, les animaux, les Hommes et surtout les autres dieux émergent un jour de Gaïa, ou même de cet étrange Chaos – car de lui aussi vont sortir quelques entités divines – il faut une force vitale. Il s'agit d'Éros, l'amour, et c'est sans doute à lui qu'Ovide fait allusion quand il parle d'un « dieu et d'une bonne nature ». Comme Chaos, Éros est bien un dieu, mais pas vraiment pour autant une personne. Il s'agit plutôt d'une énergie de jaillissement qui fait croître et surgir les êtres. C'est un principe de vie, une force vitale plus qu'un individu qui aurait un caractère, une psychologie, des pensées et des sentiments, ou même seulement un visage.

À retenir

Il ne faut pas confondre cet Éros primordial, qu'on ne peut jamais voir ni identifier puisqu'il ne s'agit pas d'un être personnel, mais d'un principe de vie, avec le petit dieu qui apparaîtra plus tard et qui portera le même nom – celui que les Romains nommeront Cupidon. Ce « deuxième » Éros, qu'une riche iconographie représente souvent comme un bambin joufflu, muni de petites ailes, d'un arc et de flèches dont l'atteinte « en plein cœur » déclenche les passions, n'est pas le même dieu que cet Éros primordial, une entité encore abstraite qui a pour fonction principale de faire passer des ténèbres à la lumière toutes les divinités à venir.

C'est donc essentiellement à partir de ces trois entités primordiales – Chaos, Gaïa, Éros – que tout va se mettre en place, que le monde va progressivement s'organiser. D'où la question première et fondamentale entre toutes : comment passe-t-on du désordre absolu des origines au monde harmonieux, juste, beau et bon que les Grecs appellent « Cosmos » et que nous reconnaissons encore quand nous visitons les îles grecques qui devaient, en effet, avant le tourisme, donner une image paradisiaque ?

Philosophie

En d'autres termes, qui seront bientôt ceux de la philosophie, comment passe-t-on de Chaos à Cosmos, du trou noir à un ordre harmonieux, à l'organisation à la fois belle et juste d'une nature magnifique et généreuse où tout est merveilleusement bien disposé sous la douceur du soleil ? C'est là la première histoire mythique, le récit des origines de toutes choses et de tout être, des éléments naturels, des Hommes comme des dieux. C'est le récit fondateur de toute la mythologie grecque. C'est donc avec lui qu'il nous faut commencer.

Tartare : l'enfer sur terre

Avant d'entrer dans le vif du sujet, il faut encore évoquer un quatrième « personnage » ou, pour mieux dire, car lui non plus n'est pas vraiment une personne, un quatrième « protagoniste » de cette fabuleuse aventure. Dans son poème, qui nous sert pour l'instant de guide, la *Théogonie* (un mot qui veut dire en grec la « naissance des dieux »), Hésiode évoque en effet une autre divinité située, elle aussi, aux tout premiers commencements : il s'agit de Tartare. Comme je viens de le dire, Tartare n'est pas vraiment une personne, du moins pas au sens où nous l'entendons en prenant comme modèle les êtres humains. C'est d'abord et avant tout un morceau du cosmos à venir, un lieu brumeux et terrifiant, plein de moisissure et toujours plongé dans les ténèbres.

Le lieu d'accueil des morts et des parias

Tartare se situe au plus profond de Gaïa, dans les sous-sols les plus enfouis de la terre. C'est dans cet endroit – que la mythologie grecque identifiera bientôt aux enfers – que les morts, quand il y en aura, seront relégués, mais aussi les dieux vaincus ou punis. Hésiode nous donne une indication intéressante sur la localisation de ce fameux Tartare – qui est donc, lui aussi, tout à la fois un dieu et un lieu, une divinité qui sera capable d'avoir des enfants, mais aussi un morceau de nature, une partie du cosmos. Il nous dit que Tartare se trouve enfoui dans la terre aussi loin de la surface du sol que le ciel est loin de cette surface et il ajoute une image qui parlera peut-être mieux : imaginez une lourde enclume, nous dit-il, eh bien il faudrait neuf nuits et neufs jours à cette énorme et lourde pièce de bronze pour tomber du ciel jusqu'à la surface de la terre et à nouveau neuf jours et neuf nuits pour tomber de cette surface jusqu'au fond du Tartare ! C'est dire combien ce lieu infernal, qui terrorisera bientôt les humains, mais parfois aussi les dieux eux-mêmes, est caché dans les abîmes les plus profonds de Gaïa.

Les enfants de Gaïa

Revenons à elle, justement, car c'est avec elle que les choses sérieuses vont commencer et ne mettons pas la charrue avant les bœufs : n'oublions pas que, pour l'instant, n'existent encore ni le ciel, ni les montagnes, ni les Hommes, ni les autres dieux – rien n'a encore d'existence hors ces entités primordiales que sont Chaos, Gaïa, Tartare et Éros.

Rien d'autre n'est encore né pour le moment, à l'exception des enfants de Chaos dont jaillissent deux autres divinités qu'on laissera pour l'instant de côté et que j'évoque simplement au passage, pour être complet : Érèbe, les ténèbres, et Nyx, la nuit.

Érèbe et Nyx

Ces deux divinités désignent deux obscurités différentes : Érèbe, c'est au premier chef l'obscurité qui règne dans les sous-sols, notamment dans le Tartare. Nyx, c'est l'obscurité du dehors, non pas celle qu'on rencontre sous la terre, mais au-dessus d'elle, sous le ciel. Cette dernière n'est donc pas absolue, mais relative au jour qui lui succède... tous les jours, justement ! Érèbe et Nyx font l'amour et donnent bientôt naissance à deux autres créatures divines : Éther, le brouillard lumineux qui ornera le sommet des montagnes, lieu toujours éclatant de brillance situé au-dessus des nuages. C'est cette lumière qui va illuminer le séjour des dieux, l'Olympe, et qui constitue en quelque sorte le contraire absolu d'Érèbe, l'obscurité des tréfonds. Et puis, à côté de cet Éther, naît aussi Héméré, qui est justement ce jour qui succède chaque matin à la nuit.

La naissance d'Ouranos

Sous l'impulsion de l'Éros primordial, Gaïa va engendrer toute seule, sans mari ni amant, à partir de ses propres forces, un formidable dieu : Ouranos. Ouranos, c'est le ciel étoilé qui se trouve au-dessus de la terre (à vrai dire, pour le moment, comme on va le voir, il est plutôt étendu sur elle, littéralement couché sur elle). Ouranos est une espèce de double céleste de Gaïa. Partout où elle se trouve, partout, donc, où il y a de la terre, il y a aussi de « l'Ouranos », du ciel, et il est encore, au début de cette histoire, collé à elle. Un mathématicien dirait que ce sont des ensembles d'une extension parfaitement identique : pas un centimètre carré de Gaïa auquel ne corresponde le même centimètre carré d'Ouranos. Toujours est-il qu'à nouveau, sans faire l'amour avec un autre dieu, Gaïa fait encore surgir de ses entrailles d'autres enfants : les montagnes, Ouréa, des nymphes qui les peuplent, jeunes filles ravissantes, mais non humaines, puisqu'elles sont, elles aussi, des créatures divines, et enfin, Pontos, le « flot marin ». L'univers, le cosmos, commence peu à peu à prendre forme – même s'il est encore fort loin d'être achevé – et comme nous l'avons vu dans le texte d'Ovide, cette formation prend l'aspect d'une séparation progressive des différents éléments qui sont encore mélangés de manière confuse dans le chaos initial.

À retenir

On notera aussi, j'insiste car c'est essentiel pour bien comprendre le sens de cette histoire qui parle d'un même mouvement de la naissance des dieux et de celle du monde, que toutes les régions de l'univers qu'on vient d'évoquer sont considérées dans la mythologie tout à la fois comme des « morceaux de nature » et comme des divinités : de même que la terre est le sol sur lequel nous marchons, le terreau sur lequel poussent les arbres, elle est aussi une grandiose déesse qui porte, comme vous et moi, un nom propre, Gaïa. De même le ciel est en même temps un élément naturel, bel azur étoilé situé au-dessus de nos têtes, *et* une entité divine, déjà un peu personnelle et douée elle aussi d'un nom propre : Ouranos. Même chose pour Ouréa, les montagnes, Pontos, le flot marin ou pour Tartare, l'infernal sous-sol niché au plus profond de la terre.

C'est dire que ces divinités sont susceptibles le cas échéant de se mettre en couple, de s'unir entre elles, et d'engendrer une progéniture : c'est ainsi que des milliers d'autres créatures plus ou moins divines naîtront de ces premiers dieux. Pour l'instant, nous laisserons la plupart d'entre elles de côté afin de nous en tenir au fil principal du récit et aux personnages qui y occupent une place indispensable à la compréhension du drame terrible qui va bientôt se jouer avant qu'on ne parvienne enfin à l'édification d'un monde ordonné, d'un ordre cosmique, d'un univers harmonieux, paisible et stable où les humains vont pouvoir non seulement vivre et mourir, mais plus encore, donner du sens à leurs vies. Car tel est bien, comme on va le voir, l'enjeu de toute cette histoire.

À retenir

La naissance du monde (cosmogonie) et celle des dieux (théogonie) ne font qu'une.

Dans ce premier récit mythique, la naissance du monde naturel et celle des dieux sont donc une seule et même chose : raconter la naissance de la terre, du ciel, des sous-sols ou des eaux, c'est raconter celle de Gaïa, Ouranos, Tartare ou Pontos. Pour cette raison même, ces premières divinités, bien qu'elles portent un nom propre comme les humains, sont en réalité bien davantage des forces de la nature que des personnages doués d'un caractère et d'une psychologie fouillée. Pour organiser le monde, il va falloir s'appuyer plus tard sur d'autres dieux, moins naturels et plus culturels, des dieux dont on va voir qu'ils possèdent plus de réflexion et de conscience que les premières forces telluriques avec lesquelles commence l'univers.

C'est ce progrès vers l'intelligence, la ruse, le calcul, bref, cette espèce d'humanisation des dieux qui va fournir un des ressorts les plus puissants de la mythologie. Ce qui est certain pour le moment, c'est qu'aux origines du cosmos, la naissance des dieux et celle des éléments naturels se confondent : la « théogonie » et la « cosmogonie » ne font qu'un, la naissance (*gonie*) du monde (*cosmos*) et la naissance (toujours *gonie*) du divin (*theion*) sont identiques.

À retenir

Ce qui nous permet de comprendre deux choses essentielles :

» D'abord, que s'il est éternel, comme les dieux immortels, le cosmos n'a pas toujours existé. Au début, ce n'est pas l'ordre, mais le chaos qui règne.
Au commencement, non seulement c'est le désordre le plus complet, la confusion et l'obscurité la plus totale qui dominent, mais comme nous allons bientôt en avoir la preuve, les premiers dieux, loin d'être pleins de sagesse, ainsi qu'on pourrait l'attendre de divinités, ont au contraire le cœur rempli de haines et de passions brutales, mal dégrossies, au point qu'ils vont se faire la guerre entre eux de façon terrifiante. C'est peu de dire qu'ils ne sont pas d'entrée de jeu en harmonie, et c'est pourquoi la naissance du monde, de l'ordre cosmique harmonieux, possède une longue histoire, une histoire qui va finalement prendre la forme d'une « guerre des dieux », une guerre pleine de bruit et de fureur, mais qui porte en elle malgré tout un message de sagesse : la vie en harmonie avec l'ordre du monde, même si, comme c'est le cas pour les mortels, elle est vouée un jour à prendre fin, est préférable à toute autre forme d'existence, y compris, comme on le verra avec les aventures d'Ulysse (voir chapitre 18) et la proposition d'immortalité que lui fait Calypso et qu'il refuse, à une immortalité qui serait « désordonnée » ou « délocalisée ». Encore faut-il, pour que nous puissions vivre en accord avec le monde qui nous entoure, que ce monde ordonné, ce cosmos, existe, ce qui, au stade où nous en sommes, n'est pas encore garanti, loin de là... Car, pour le moment, il n'y a pas même à proprement parler d'espace : entre ciel et terre, entre Ouranos et Gaïa, il n'y a pas de vide, pas d'interstices, tant ils sont collés l'un à l'autre. L'univers n'a donc pas d'entrée de jeu son visage actuel, avec une terre et un ciel séparés par une grande distance – celle que l'histoire de l'enclume en bronze essaie de faire comprendre.

» En outre, et c'est le second point, il n'y a pas non plus vraiment de temps, ou du moins pas de temps semblable à celui que nous connaissons maintenant, car la succession des générations – à la fois symbolisée et incarnée par la naissance des enfants – n'est toujours pas en place. Du reste, ceux qui vont vraiment vivre dans le temps sont par excellence les mortels, et ils ne sont pas encore nés.

Voyons maintenant comment l'univers tel que nous le connaissons va progressivement émerger de ces données initiales.

La naissance des Titans

Ouranos, le ciel, n'est donc pas encore « en haut », au firmament, semblable à ce gigantesque « plafond » du monde que nous connaissons aujourd'hui. En fait, comme je vous l'ai dit, il est encore arrimé à Gaïa, collé à elle comme une seconde peau. Il la touche, il la caresse partout et sans cesse. Il est collant au possible et, pour être tout à fait clair : Ouranos ne cesse de faire l'amour à terre, de coucher avec elle. C'est sa seule activité. Il est monomaniaque, obsédé par une seule et unique passion, la passion érotique : il n'arrête pas de couvrir Gaïa, de l'embrasser, de se fondre en elle et, conséquence inévitable, il lui fait une tripotée d'enfants ! Et c'est avec eux que l'histoire de la naissance du cosmos va vraiment commencer à prendre forme.

Les premiers « vrais » dieux

Car les enfants d'Ouranos et de Gaïa vont être en réalité les premiers « vrais dieux », les premiers dieux à ne plus être des entités abstraites, des entités davantage naturelles que personnelles. On va ainsi assister à ce qu'on pourrait appeler une « humanisation du divin », à l'apparition de nouvelles divinités ayant enfin l'allure d'authentiques personnes, bien individualisées et douées d'un caractère, d'une psychologie, de passions moins brutales, plus élaborées, même si, comme on va le voir, elles restent encore contradictoires, violentes, voire dévastatrices. Il est clair en effet que les dieux grecs, à la différence de ceux des grandes religions monothéistes, sont loin d'être toujours sages.

Philosophie

Quoi qu'il en soit, c'est avec eux qu'on va enfin pouvoir poser dans toute son ampleur la question directrice de ce récit des origines : celle de la formation de l'ordre à partir du désordre, de la naissance du cosmos à partir du chaos initial, une naissance qui sera pour les humains la condition de la vie bonne, de la vie en harmonie avec l'harmonie du monde, le lieu du sens de leur vie. Et il va falloir à Zeus et aux Olympiens du caractère, dans tous les sens du terme, du courage et des qualités multiples, pour harmoniser cet univers premier qui ne cesse de se complexifier. Cela ne pourra pas se faire de manière aveugle, par le seul jeu des forces naturelles, comme plus tard dans le système de la gravitation universelle de Newton. Cet ordre cosmique à venir devra être si beau et si complexe qu'il dépend forcément de personnalités fortes, douées de conscience, de volonté et d'intelligence.

Titans, Cyclopes et Hécatonchires : des êtres immortels, doués d'une force colossale et d'une violence sans limites

Qui sont au juste ces premiers descendants d'Ouranos et de Gaïa, de Ciel et de Terre ? Et quelles vont être leurs aventures jusqu'à l'émergence pleine et entière de l'ordre cosmique enfin équilibré ?

Ce sont d'abord ceux que leur propre père, Ouranos, appelle les « Titans » : six garçons et six filles – qu'on nomme aussi « Titanes » ou « Titanides » pour les distinguer de leurs frères. Ces Titans ont trois caractéristiques en commun. D'abord, ils sont, comme tous les dieux, immortels : impossible, donc, d'espérer les tuer si d'aventure on se risque à faire la guerre contre eux. Ils sont ensuite doués d'une force colossale, inépuisable, surhumaine, une puissance dont nous ne pouvons même pas avoir l'idée. Voilà d'ailleurs pourquoi on parle encore aujourd'hui dans le langage courant d'une force « titanesque » et qu'on a donné le nom de « titane » à un métal particulièrement solide et résistant. Mieux vaut ne pas provoquer ces dieux-là. Enfin, ils sont d'une beauté parfaite.

Ce sont par conséquent des êtres à la fois terrifiants et fascinants, voués à la guerre et à la violence, car ils conservent en eux la trace de leur origine : ils sont nés des profondeurs de la terre et viennent des parages du Tartare, ce lieu infernal encore tout proche du Chaos originel dont Gaïa est d'ailleurs elle-même sortie – Hésiode nous dit qu'elle vient « après » Chaos, sans préciser toutefois si elle sort de lui, mais c'est une hypothèse plausible. En tout cas, il est clair que les Titans sont des forces du Chaos plutôt que du Cosmos, des êtres de désordre et de destruction plutôt que d'ordonnancement et d'harmonie.

Titans et Titanides

Voici leurs noms – mais c'est surtout celui du petit dernier, Cronos, qu'il faut retenir car il va jouer l'un des premiers rôles dans l'histoire qui suit : il y a d'abord, dans l'ordre de leur naissance, Okéanos, le fleuve-océan que la mythologie décrit comme faisant le tour complet de la terre, puis Coïos, Crios, Hypérion, Japet, le futur père de Prométhée, d'Atlas et d'Épiméthée, et, donc, je reviens à lui, Cronos « aux pensées retorses » comme dit toujours de lui Hésiode, nous allons voir pourquoi dans un instant. Et du côté des filles, il y a Theia – ce qui veut dire en grec « la divine » – Rhéa (la future mère de Zeus), Thémis (la justice), Mnémosyne (la mémoire), Phoibé (la lumineuse), et Téthys, qui inspire l'amour.

Les Cyclopes

En dehors de ces six formidables Titans et six sublimes Titanides, Ouranos conçoit encore avec Gaïa trois êtres monstrueux, « semblables à des dieux » dit Hésiode, à ceci près qu'ils n'ont qu'un œil énorme planté au milieu du front. Ce sont les « Cyclopes », qui vont jouer, eux aussi, un rôle décisif dans l'histoire de la construction du cosmos. Comme leurs frères, les Titans, ils sont doués d'une force extraordinaire et d'une violence sans limite. Leurs noms, en grec, l'indiquent assez, car ils évoquent l'orage et la tempête : il y a d'abord Brontès, « celui qui gronde » (comme le tonnerre), puis Stéropès, l'éclair, et Argès, la foudre.

Le saviez-vous ?

Ce sont eux qui vont donner au futur roi de tous les dieux, Zeus, ses armes les plus redoutables, celles que Zeus pourra déclencher contre ses adversaires afin de les aveugler et de les terrasser. C'est en grande partie grâce aux Cyclopes que Zeus va pouvoir gagner la guerre contre les Titans conduits par son père, Cronos.

Les Hécatonchires : les terrifiants Cent-Bras !

Enfin, des amours de Ciel et de Terre naissent également trois êtres plus effrayants encore si possible que les douze Titans et les trois Cyclopes : ils ont cinquante têtes chacun et de leurs épaules monstrueuses jaillissent cent bras d'une vigueur inimaginable. On les appelle pour cette raison les « Hécatonchires », ce qui, en grec, veut dire tout simplement les « Cent-Bras ». Ils sont tellement impressionnants qu'Hésiode précise – avant de nous donner quand même leurs noms – qu'il vaut mieux ne pas les nommer pour ne pas risquer d'éveiller leur attention : le premier se nomme Cottos, le second Briarée et le troisième Gygès. Eux aussi vont jouer, à côté des Cyclopes, un rôle crucial dans l'édification de l'ordre cosmique à venir.

La révolte de Cronos contre Ouranos

Pour l'instant toutefois, nous sommes encore loin du cosmos harmonieux que Gaïa, à ce qu'on peut déjà deviner d'elle si l'on en juge par sa solidité qui contraste avec la béance abyssale de Chaos, ne peut qu'appeler de ses vœux. Pour le moment, donc, c'est une guerre, et même une terrible guerre qui se profile à l'horizon. Les forces primitives, proches du chaos initial, vont en effet se déchaîner et, pour construire un monde viable, paisible et ordonné, il va falloir les maîtriser, les museler et les civiliser autant qu'il est possible. D'où va naître ce conflit gigantesque ? Comment s'est-il terminé ? C'est là tout l'objet de ce récit fondateur de la mythologie qu'est la cosmogonie/théogonie d'Hésiode, car c'est au cours de cette histoire qu'on va enfin passer du désordre et de la violence des origines à l'ordre cosmique harmonieux dans lequel les hommes vont pouvoir vivre et chercher leur salut.

Ouranos, un dieu fort peu aimable

Voici comment l'affaire commença.

Ouranos n'aime guère ses enfants, les douze Titans autant que les Cyclopes et les Cent-Bras. Il leur voue même une véritable haine. Pourquoi ? Sans nul doute parce qu'ils lui font une peur bleue. Il craint que l'un d'entre eux ne prenne sa place et lui vole, non seulement le pouvoir suprême, mais aussi celle qui est à la fois sa mère et sa femme, à savoir Gaïa. Voilà pourquoi Ouranos couvre tant et si bien Gaïa qu'il empêche ses enfants de sortir de son ventre pour voir le jour. Il ne leur laisse aucun espace, pas le moindre interstice par lequel ils pourraient s'exfiltrer pour respirer à l'air libre. Il les relègue au plus profond de la terre, dans les régions chaotiques du Tartare, ce que ses enfants ne lui pardonneront jamais. Et pas davantage Gaïa, qui, grosse de toute cette descendance, n'en peut plus de retenir en elle ses fils et ses filles comprimés. Elle s'adresse donc à eux et les pousse à la révolte contre ce terrible père qui les empêche de s'émanciper, de prendre leur envol et de grandir. Et même, au sens propre comme au sens figuré, de voir le jour.

Le plan machiavélique de Cronos et Gaïa : castrer Ouranos !

Cronos, le dernier né, entend l'appel de Gaïa qui lui propose de mettre au point un terrible stratagème contre son père Ouranos : avec le métal en fusion qui est dans ses entrailles, au creux des sous-sols les plus profonds, Gaïa fabrique une serpe (d'autres récits disent qu'il s'agit d'un silex taillé, mais je reste ici fidèle à celui d'Hésiode qui parle de « métal gris »). L'instrument est bien tranchant et, précise Hésiode, « dentelé ». Gaïa l'offre à Cronos qu'elle invite tout bonnement à trancher le sexe de son père !

Et le récit de la castration d'Ouranos est précis. Il va dans les détails, car ces derniers possèdent des conséquences à proprement parler « cosmiques », des effets décisifs sur la construction du monde : s'emparant de la faucille en fer-blanc, Cronos attend son père, si j'ose dire, au tournant. Celui-ci, comme à son habitude, enveloppe Gaïa et entre en elle : Cronos en profite pour saisir de la main gauche le sexe de son père et il le tranche d'un coup sec. Toujours de la main gauche, il jette par-dessus son épaule le malheureux organe encore tout sanguinolent.

Voici le texte d'Hésiode, que je retraduis ici en français courant, sans pour autant trahir en rien le texte originel, afin que vous puissiez juger par vous-même de la façon dont le poète a, pour la première fois, raconté cette histoire fondatrice de toute la mythologie grecque :

Citation

« Les enfants qui naquirent de Terre [*Gaïa*] et de Ciel [*Ouranos*] étaient les plus terribles des enfants et, depuis le début, Ouranos les avait pris en haine. À peine étaient-ils nés, qu'au lieu de les laisser venir à la lumière, il les enfouissait tous au plus profond des replis de Terre. Et Ciel se réjouissait de cette action mauvaise, tandis qu'en ses entrailles, l'énorme Terre gémissait, oppressée. Une ruse perfide et cruelle lui vint alors à l'esprit. Vite, elle créa le gris métal de l'acier, forgea une grande serpe, puis elle fit part de sa pensée à ses enfants. Pour leur donner courage, elle s'adressa à eux le cœur rempli d'indignation : "Enfants nés de moi, mais aussi d'un père emporté par un orgueil démentiel, si vous voulez bien m'écouter, nous pourrions faire payer à ce père, bien qu'il soit votre père, ces sévices infâmes, car c'est lui qui le premier a eu l'idée de ces mauvaises actions." Ainsi parla-t-elle, et ils furent tous pétrifiés de peur. Pas un d'entre eux n'osa dire mot. Seul, le grand Cronos aux idées retorses eut le courage de tenir ces propos en réponse à sa noble mère : "C'est moi, mère, je m'y engage, qui accomplirai cette besogne. D'un père qui porte si mal le nom, je ne me soucie guère, bien qu'il soit notre père, car c'est lui qui le premier a conçu ces actions infâmes." Ainsi parla-t-il à la grande joie de l'énorme Terre. Alors elle le cacha, elle le posta en embuscade, puis elle lui mit en main la grande serpe aux dents aiguës, et elle lui expliqua toute la ruse. Et le vaste Ciel vint, amenant la nuit et enveloppant la terre, tout avide d'amour, il s'épandit en tous sens. Mais le fils, depuis sa cachette, tendit la main gauche tandis que, de la droite, il saisissait l'énorme serpe, la grande serpe aux dents aiguës, et d'un geste brusque, il faucha les bourses de son père, avant de les rejeter aussitôt, au hasard, derrière lui. Ce ne fut pourtant pas en vain que les débris en sortirent de sa main, car les éclaboussures mêlées de sang qui en jaillirent, la Terre les reçut toutes… »

… et elles donnèrent naissance à une série d'autres divinités nées de ce crime familial, précision qui n'est pas superflue, ni apportée dans le seul souci d'ajouter du piquant à l'histoire par quelque détail sadique, mais parce que de ce sang d'Ouranos répandu sur Gaïa, mais aussi, comme on va le voir, dans la mer, vont naître encore quelques terribles ou sublimes divinités que nous allons retrouver par la suite dans nombre de récits mythologiques.

Les enfants effrayants nés du sang d'Ouranos

Les trois premières créatures qui naissent du sexe coupé d'Ouranos sont, comme on pouvait s'y attendre, des divinités de la haine, de la vengeance et de la discorde (*éris*, en grec) – car elles portent en elles la trace de la violence liée à leur naissance. La dernière, en revanche, appartient, non à l'empire d'*éris*, mais à celui d'*éros*, l'amour : il s'agit de la déesse de la beauté et de la passion amoureuse, Aphrodite. Voyons maintenant cela d'un peu plus près.

Les Érynies

Du sang d'Ouranos qui se répand sur la surface de la terre, Gaïa, ce sont d'abord des déesses terrifiantes, celles que les Grecs nomment les « Érinyes », qui vont naître. Si l'on en croit Virgile, qui apporte à leur sujet quelques précisions intéressantes, elles sont trois et elles s'appellent Alekto, Tisiphoné et Mégère.

Lexique

Eh oui, c'est de là que vient la fameuse « mégère » dont nous parlons parfois dans le langage courant pour désigner une femme particulièrement désagréable. Car il faut bien l'avouer, les Érinyes sont tout sauf aimables : ce sont, comme je l'ai dit, des divinités de la vengeance et de la haine qui poursuivent les coupables de crimes commis au sein des familles et leur infligent des tourments abominables. Elles sont configurées pour cela dès leur naissance puisque leur principale destination est de venger des crimes du type de celui commis contre leur père, Ouranos, par son plus jeune fils, Cronos.

Mais par-delà leur cas personnel, elles vont jouer un rôle essentiel dans nombre de récits mythiques où elles occupent la fonction de vengeresses implacables de tous les crimes familiaux, et même plus largement, des crimes commis contre l'hospitalité, c'est-à-dire contre des gens que l'on devrait traiter, même s'ils sont des étrangers, comme des membres de sa famille. Ce sont elles, par exemple, qui vont engloutir dans la terre ce malheureux Œdipe qui a, sans le savoir ni le vouloir, tué son père et épousé sa mère.

On les appelle parfois les « Euménides », ce qui veut dire en grec les « Bienveillantes » – un nom qu'on ne trouve pas dans le poème d'Hésiode, mais dans les tragédies d'un autre grand poète grec, né un peu plus tard, au VIe avant notre ère, Eschyle. En fait, ce nom aimable est destiné seulement à les amadouer. On l'emploie pour éviter de s'attirer leurs foudres. En latin, on les appellera les « Furies ». Hésiode ne nous en parle pas en détail, mais d'autres poètes les décrivent comme des femmes dont l'aspect est effrayant : elles se traînent par terre en dévoilant des griffes pointues et sanguinolentes, elles sont dotées d'ailes qui leur permettent de rattraper leurs proies à la vitesse de la foudre, de cheveux entremêlés de serpents, elles tiennent des fouets à la main et de leurs bouches dégouline en permanence un filet de sang...

Comme elles incarnent le destin, c'est-à-dire les lois de l'ordre cosmique auxquelles tous les êtres sont soumis, les dieux eux-mêmes sont plus ou moins obligés de se rendre à leurs arrêts funestes de sorte que tout le monde les craint et cherche à les fuir.

Les Méliennes, redoutables guerrières, et les Géants...

Ensuite, toujours du sang d'Ouranos mélangé à la terre, Gaïa, naît toute une pléiade de nymphes qu'on appelle les Méliennes ou les Méliades, ce qui veut dire en grec : les jeunes filles nées dans ces arbres qu'on appelle les frênes. Ce sont, elles aussi, des divinités redoutables, des guerrières, car c'est justement avec le bois des frênes sur lesquels elles étendent leur règne qu'on fabrique les armes de guerre, les arcs, les flèches, les javelines et les lances.

En plus des Érinyes et des Méliennes, le sang d'Ouranos tombé sur Gaïa donne encore naissance à d'autres êtres terrifiants, des Géants, qui sortent de terre tout armés et cuirassés. Ils sont voués à la violence et aux carnages. Rien ne leur fait peur et aucun milieu ne leur convient mieux que les guerres et les massacres. C'est là qu'ils sont à l'aise, à leur affaire. Hésiode ne nous en dit pas plus sur eux, mais, là encore, des variantes plus tardives de ce même récit prétendent qu'il y aurait eu une révolte des géants contre les dieux, révolte qui aurait même donné lieu à une terrible guerre – qu'on appelle la « gigantomachie » ce qui, en grec, veut tout simplement dire le « combat des géants ». Bien entendu, les dieux seraient sortis victorieux de ce combat, mais ils auraient eu pour cela besoin de l'aide que leur aurait apportée Héraclès. Nous en reparlerons dans le prochain chapitre.

Comme on le voit, les personnages nés du sang d'Ouranos mêlé à la terre sont presque tous des êtres effrayants, voués à la vengeance, à la haine ou à la guerre. Les Érinyes, les nymphes Méliennes et les Géants relèvent clairement du domaine d'Éris, de la discorde et du conflit mauvais. Eris est d'ailleurs une entité ténébreuse, obscure, une des filles que la Nuit, Nyx, a engendrées toute seule, à la façon de Gaïa, sans avoir besoin de mari ni d'amant.

Aphrodite, née du sperme d'Ouranos et de l'écume

Mais des organes sexuels de Ciel surgit aussi une autre déesse, qui loin d'appartenir au domaine d'Éris, fait partie de celui d'Éros (la proximité des deux mots, en grec, semble indiquer aussi une proximité dans la réalité : c'est très facilement que l'on passe de l'amour à la haine, d'Éros à Éris). Il s'agit bien sûr d'Aphrodite, la déesse de la beauté, de la séduction et de la passion amoureuse dont les *Hymnes homériques* nous dit qu'elle règne non seulement sur les hommes, mais aussi sur la plupart des dieux. Il faut se souvenir, pour comprendre sa naissance si particulière, que si le sang du sexe d'Ouranos est tombé sur la terre, le sexe lui-même, que Cronos a jeté au loin par-dessus son épaule, s'est, lui, perdu dans la mer. Il surnage, il flotte sur l'eau, au milieu de l'écume – une écume qui en grec, se dit *aphros*. En se mélangeant avec une autre écume (le sperme qui s'écoule du sexe d'Ouranos) elle donne naissance à une sublimissime jeune fille : Aphrodite, la fille de l'*aphros*, la plus belle de toutes les divinités.

C'est la déesse des mots doux et tendres, des sourires charmeurs qu'on échange quand on est amoureux. Mais c'est aussi celle de la sexualité, voire de la duplicité de ces discours que l'on tient volontiers pour séduire l'autre, pour le charmer, des discours qui ne sont pas toujours, c'est le moins qu'on puisse dire, fidèles à la vérité, car pour plaire, nous sommes souvent prêts à user de quelque ruse, que ce soit pour nous présenter nous-mêmes sous un jour meilleur ou pour flatter la personne à qui l'on voudrait plaire. Aphrodite, c'est tout cela : la séduction et le mensonge, le charme et la vanité, l'amour et la jalousie, la tendresse, mais aussi les bouffées de colère et de haine qui naissent des passions contrariées. Comme Éros n'est jamais bien loin d'Eris, l'amour jamais très éloigné de la dispute. Lorsqu'elle sort de l'eau et, si l'on en croit Hésiode, qu'elle aborde à Cythère, elle est toujours accompagnée de deux autres divinités mineures qui lui servent en quelque sorte de « suite », de compagnons et de confidents : Éros, justement, mais cette fois-ci il s'agit bien de l'Éros « numéro deux », de ce petit personnage dont je parlais tout à l'heure et qu'on représentera souvent, mais cela bien après Hésiode, comme un garçonnet joufflu, muni d'un arc et de flèches. Eh puis, à côté d'Éros, il y a Iméros, le désir, qui précède toujours l'amour...

Le saviez-vous ?

Une légende plus tardive prétend que c'est à partir de cet épisode castrateur que la gauche, comme le suggère son nom latin (*sinistra*), restera marquée du sceau de l'infamie...

La naissance de l'espace et du temps

Sur le plan cosmologique, en ce qui concerne la construction de notre cosmos, du monde dans lequel nous allons vivre, la castration d'Ouranos possède encore une conséquence cruciale dont il nous faut dire maintenant quelques mots avant d'aborder le fameux épisode de la guerre des dieux. Il s'agit, et ce n'est pas rien, de la naissance de l'espace et du temps.

De l'espace, d'abord, parce que le pauvre Ouranos, sous l'effet de la douleur atroce que lui cause sa mutilation, s'enfuit pour ainsi dire « vers le haut », de sorte qu'au terme de sa course, il forme une espèce de plafond, libérant ainsi l'espace qui sépare de la terre ce que nous appelons encore aujourd'hui le ciel ; et naissance du temps, pour une raison plus profonde encore, qui est une des clefs de toute la mythologie : grâce à l'espace ainsi libéré, les enfants – en l'occurrence les Titans – vont pouvoir enfin sortir de Terre. Autant dire que c'est l'avenir, naguère encore fermé par la pression d'Ouranos sur Gaïa, qui s'ouvre. Désormais, les générations futures vont pouvoir se succéder, les enfants symbolisant ici tout à la fois la vie et l'histoire. Mais cette vie et cette histoire qui s'incarnent pour la première fois dans la personne de ces Titans qui peuvent enfin sortir de l'ombre et de la terre, c'est aussi le mouvement, le déséquilibre et, par là même, la possibilité sans cesse ouverte du désordre. Avec les nouvelles générations, c'est la dynamique plutôt que la stabilité, le chaotique plutôt que le cosmique, qui entrent en scène et peuvent s'épanouir. De sorte qu'une chose, au moins, est d'ores et déjà claire : les pères ont sérieusement intérêt à se méfier de leurs fils ! Cronos est mieux placé que quiconque pour le savoir : c'est lui qui a mutilé son père. Il est le premier à pouvoir comprendre combien les enfants peuvent constituer une menace pour l'ordre paternel, pour le souverain en place.

À retenir

En d'autres termes : il faut se méfier de ce temps que symbolisent les enfants. C'est un facteur de vie, bien sûr, mais aussi la cause potentielle de tous les désordres, de tous les ennuis et de tous les déséquilibres à venir. Cronos prend conscience de ce fait indiscutable : l'histoire est pleine de dangers, et si l'on veut conserver les acquis, assurer son pouvoir, mieux vaudrait à la limite l'abolir afin que rien ne change...

Philosophie

Il faut bien mesurer la profondeur du problème existentiel qui commence à se dessiner comme en creux à travers ce premier récit mythique. Il signifie que toute existence, même celle des dieux immortels, va se trouver prise dans un dilemme quasiment insoluble : ou bien on bloque tout, comme Ouranos bloque ses enfants dans le ventre de sa femme/mère afin d'éviter que les choses ne changent et risquent par là de se dégrader. Mais alors, c'est l'immobilité et l'ennui qui finissent par l'emporter sur la vie. Ou bien, pour les éviter, on accepte le mouvement, l'histoire, la vie et le temps, mais ce sont alors les dangers les plus redoutables qui vous menacent. Comment, dès lors, trouver le bon équilibre ? C'est là une des questions les plus profondes que la mythologie ne cesse de poser et les réponses que les grands mythes vont y apporter sont pleines d'intérêt pour nous, encore aujourd'hui.

Cronos dévore ses enfants

Cronos, nous avons dit pourquoi, est donc entre tous conscient du danger que représentent les enfants pour leur père. Il libère donc ses frères et sœurs, Titans et Titanides, enfermés dans le ventre de Gaïa par la violence d'Ouranos, mais il va bien se garder d'en faire autant pour ses propres enfants. Il épouse sa sœur, Rhéa, mais chaque fois qu'elle est enceinte et met au monde un nouveau-né, Cronos s'empresse de l'avaler tout rond afin qu'il ne risque pas de se révolter un jour contre lui, comme lui-même s'est révolté contre son père. Pour des raisons assez analogues, Cronos s'abstient de libérer les Cyclopes et les Cent-Bras : ces gens-là sont un peu trop violents, un peu trop forts pour ne pas représenter eux aussi de possibles changements, voire une menace sérieuse. Il vaut bien mieux, pour l'instant, les garder enchaînés au plus profond de Gaïa, dans ce fameux Tartare obscur, plein de brume et de moisissure où il ne fait pas bon séjourner. Autant dire qu'ils en concevront une haine inextinguible envers leur frère, ce qui, nous allons bientôt voir pourquoi, fera les affaires de Zeus et des Olympiens dans leur combat contre les Titans.

La conception des six principaux dieux olympiens

À retenir

Avec sa sœur, la Titanide Rhéa, qui est devenue entre-temps aussi sa femme, Cronos aura six enfants magnifiques. On notera au passage que l'inceste, dans ces histoires, est une obligation étant donné le nombre réduit de protagonistes. Nommons-les dans l'ordre de leur apparition, car ce sont ces enfants-là qui vont bientôt devenir les principaux dieux de la mythologie, ceux qu'on appellera les « Olympiens » parce qu'ils vont élire domicile sur une montagne aussi élevée que lumineuse, l'Olympe. Il s'agit d'abord d'**Hestia**, la déesse du foyer, celle qui protège les familles. Aussi curieux que cela puisse paraître, la mythologie ne nous dit à peu près rien de cette divinité. Puis c'est **Déméter**, la déesse des saisons et des moissons (en latin, elle on l'appellera « Cérès », d'où vient le mot « céréales ») qui voit le jour. Viennent ensuite **Héra**, la future femme de Zeus, **Poséidon**, le dieu de la mer, **Hadès**, celui des enfers, et enfin **Zeus** lui-même, le cadet appelé bientôt à gouverner l'ensemble du cosmos. Mais à chaque fois, dès que le nouveau-né est sorti du ventre de Rhéa et qu'il arrive, nous dit Hésiode, « aux genoux de son père », Cronos le gobe d'un seul coup pour le mettre en sécurité au fond de son gigantesque estomac. Il faut dire que les parents de Cronos, Gaïa et Ouranos, l'ont eux aussi prévenu : ils lui ont prédit net et clair qu'un jour ou l'autre, il aurait lui aussi un fils qui le détrônerait et lui volerait tous ses pouvoirs.

La naissance de Zeus

Il n'empêche : comme sa mère, Gaïa, Rhéa est consternée par son mari. Gaïa avait fini par détester Ouranos parce qu'il empêchait ses enfants de sortir de son ventre et de voir le jour. Rhéa se met à haïr Cronos parce que, pire encore si possible, il avale tous ses petits, de sorte qu'au moment où le dernier est sur le point de naître – il s'agit justement de Zeus – Rhéa va demander conseil à sa mère et à son père, à Gaïa et Ouranos : comment faire pour éviter que le petit Zeus ne soit lui aussi avalé dès sa venue au monde ? Ses parents lui conseillent de partir pour la Crète, pour Lyctos, où Gaïa, qui est mieux placée que quiconque pour faire l'opération puisqu'elle est tout simplement la terre elle-même, abrite le nouveau-né dans une grotte gigantesque, cachée sous une montagne, elle-même recouverte d'une épaisse forêt. La cachette est si bien faite qu'il n'y a aucun risque que Cronos ne s'aperçoive de la présence du nourrisson, ni qu'il entende ses cris ou ses pleurs. En revanche, si l'on veut que le Titan ne se doute de rien, il faut lui donner quelque chose à avaler à la place du bébé. Rhéa emmaillote alors une grosse pierre dans des linges et Cronos, apparemment pas très fin gourmet, avale le tout sans sourciller ni s'apercevoir de quoi que ce soit d'anormal.

Voici les termes exacts dans lesquels Hésiode nous a rapporté dans sa *Théogonie* ces épisodes fondateurs de toute la mythologie (je place quelques commentaires entre crochets et en italique) :

Citation

> « Soumise par Cronos, Rhéa enfanta de glorieux enfants, Hestia, Déméter, Héra aux sandales d'or, et le puissant Hadès dont le cœur ignore la pitié et dont la demeure est sous la terre, Poséidon le retentissant ébranleur des sols, ainsi que Zeus à l'intelligence rusée [mêtioenta *: je traduis par intelligence rusée car on entend dans ce mot une allusion à Métis, la ruse, la première femme de Zeus*], le père des dieux et des hommes dont le tonnerre fait trembler la vaste terre. Mais ces enfants-là, le grand Cronos les avalait tout rond dès que, une fois sortis du ventre sacré de leur mère, ils parvenaient à la hauteur de ses genoux, car il avait en tête cette pensée qu'un autre que lui, un petit-fils d'Ouranos [*donc, un de ses enfants, puisque Cronos est lui-même le*

> *fils d'Ouranos*], pourrait parvenir à s'emparer des honneurs royaux parmi les immortels. Il tenait en effet de Terre et de Ciel étoilé que son destin était, si puissant qu'il fût lui-même, d'être un jour supplanté par son propre fils, par la volonté du grand Zeus. Voilà pourquoi, gardant l'œil bien ouvert, il montait la garde, sans cesse aux aguets, et il dévorait tous ses enfants. Un deuil douloureux affligeait Rhéa, qui ne connaissait jamais de répit. Vint alors le jour où elle allait mettre au monde Zeus, le père des dieux et des hommes. Elle supplia ses parents, Terre et Ciel étoilé, de concevoir avec elle un plan qui lui permît d'enfanter son fils en cachette et de faire payer à son père la dette qu'ils devaient déjà aux Érinyes comme aussi pour le fait que le grand Cronos aux pensées retorses avalait tout rond ses propres enfants [*Cronos a en effet envers les Érinyes une double dette puisqu'il a commis deux crimes familiaux, le premier en castrant son père, le second en dévorant ses enfants*]. Écoutant leur fille, Ouranos et Gaïa se laissèrent convaincre et ils lui firent part de ce que le destin préparait pour le roi Cronos et pour son fils au cœur violent [*on aura compris qu'il s'agit ici de Zeus*]... Alors elle [*Rhéa*] l'emporta au plus vite [*son fils, Zeus*] à la faveur des ténèbres de la nuit, elle atteignit les hauteurs de Dictos et le prenant dans ses mains, elle le cacha dans une grotte gigantesque dans les profondeurs secrètes de la terre divine... Puis, entourant de langes une grosse pierre, elle la remit au fils de Ciel, ce puissant seigneur et premier roi des dieux [*Cronos, après avoir accédé à la demande de sa mère, Gaïa, et donc castré Ouranos, son père, était devenu le souverain de ses frères et sœurs, le roi les Titans*], et le malheureux s'en empara de ses mains et l'engloutit dans son ventre, sans se douter qu'à la place de cette pierre, c'était désormais son fils invincible et insensible qui restait en vie et qui plus tard triompherai de lui... »

À l'abri, bien dissimulé aux regards de son père, le petit Zeus grandit, nourri par le lait de la chèvre Amalthée, dont l'une des cornes est la fameuse « corne d'abondance » et dont la peau, dit-on, ne peut être transpercée par les flèches, ni par les lances (voir chapitre 7). Pour l'instant, Zeus n'est encore qu'un bel adolescent, mais il devient bientôt un adulte resplendissant de force et de beauté. Le complot forgé par Gaïa, Ouranos et Rhéa contre Cronos poursuit ainsi son cours.

Résumons maintenant la suite de cette histoire

Zeus libère ses frères et sœurs

Parvenu à l'âge adulte, Zeus sort de sa caverne. Enfin à l'air libre, sur le mont Olympe, sa nouvelle demeure, il réfléchit à la suite des opérations. Il se demande notamment comment il va bien pouvoir libérer ses frères et sœurs qui sont encore enfermés dans le ventre de son père. Il faut se représenter l'Olympe comme un lieu paradisiaque, lumineux, qui domine des nuages légers, le contraire de la grotte d'où vient Zeus. Il y a, à partir de ce moment-là, deux versions différentes de la suite de cette histoire. Si l'on en croit la *Théogonie* d'Hésiode, c'est simplement par la force que Zeus terrasse son père et qu'il l'oblige à recracher ses frères et sœur dans l'ordre même où il les a avalés. On trouve un récit assez différent dans la *Bibliothèque* d'Apollodore. Selon ce mythographe, ce serait la ravissante Métis (dont le nom signifie la « ruse ») qui aurait aidé Zeus à retrouver ses frères et sœurs. Elle aurait en effet fabriqué une potion, un vomitif, qu'elle aurait fort habilement fait avaler à Cronos et c'est grâce à ce stratagème que ce dernier aurait rendu sa fratrie à Zeus.

Quoi qu'il en soit, les six premiers Olympiens se retrouvent sur l'Olympe. Il y a là Hestia, Déméter, Héra, Hadès, Poséidon et bien entendu, Zeus lui-même. C'est semble-t-il à ce moment-là qu'il prend une décision aussi habile que judicieuse, une décision, qui va s'avérer bien utile dans la suite des événements.

Zeus libère les Cyclopes et les Cents-Bras

Après avoir pris conseil auprès de sa grand-mère, Gaïa, il descend dans le Tartare et libère les Cyclopes ainsi que les Cent-Bras que Cronos avait fait enchaîner au fond des enfers. Comme vous pouvez vous en douter, Zeus n'agit pas ici par charité, mais parce qu'il a compris qu'une guerre contre les Titans, donc contre son propre père, était désormais inévitable. Or pour avoir une chance de l'emporter, il vaut mieux s'assurer de la présence de quelques forces supplémentaires. Elles ne seront pas de trop, et celles des trois Cyclopes, Foudre, Éclair et Tonnerre, seront assurément les bienvenues, comme celles des Hécatonchires.

Quand il arrive aux portes de leur prison, Zeus se heurte à un monstre féminin, une certaine Campé, que Cronos a préposée dans les enfers à la garde des Cyclopes et des Cent-Bras (on ne trouve aucune description précise de Campé, on sait simplement qu'il s'agit d'un monstre féminin, sans doute une énorme vipère à tête de femme). La bataille est terrible, mais Zeus finit par l'emporter. Éperdus de reconnaissance, les Cyclopes, vont lui offrir trois magnifiques cadeaux, trois présents qui vont s'avérer précieux entre tous puisque ce sont eux qui vont permettre à Zeus de devenir le plus puissant et le plus redouté de tous les dieux : ils lui offrent leurs armes, le tonnerre, l'éclair et la foudre qui assourdissent, aveuglent et terrassent tous les ennemis, des armes qui seront désormais pour l'éternité celles du futur roi des dieux. Au passage, pour faire bonne mesure, les Cyclopes font aussi cadeau d'un casque à Hadès, et d'un trident à Poséidon, des présents qui n'ont peut-être l'air de rien à première vue mais qui sont en vérité doués de pouvoirs redoutables : le casque d'Hadès peut rendre celui qui le porte totalement invisible tandis que le trident de Poséidon peut susciter des tremblements de terre (on dirait aujourd'hui aussi des tsunamis) quand le dieu des mers le frappe sur le sol.

Philosophie

Étant donné la nature divine et, il faut bien le dire, terrifiante, des protagonistes du conflit, c'est l'univers tout entier qui tremble, le cosmos encore à l'état naissant qui est menacé de retourner au chaos. On se jette des montagnes à la tête, comme on se jetterait de vulgaires pavés. L'univers tout entier est ébranlé et menacé d'anéantissement. Pourtant, personne ne peut mourir au cours de ce conflit puisqu'il se passe entre des êtres qui sont tous parfaitement immortels. Le but n'est donc pas de tuer, mais de vaincre l'adversaire en le réduisant à l'immobilité. Et l'enjeu est bien clair : il s'agit d'éviter que le chaos, le désordre absolu ne l'emporte sur la possibilité de l'ordre, sur l'émergence d'un cosmos harmonieux, paisible, juste, beau et bon où les humains pourront un jour trouver le sens de leur vie.

La guerre des dieux : Olympiens contre Titans

Les Olympiens et les Titans se déclarent donc la guerre, chacun depuis leurs montagnes respectives : Zeus et ses frères à partir de l'Olympe, ce lieu lumineux qui domine la Grèce, Cronos et les Titans à partir du mont Othrys, un endroit sombre et maléfique – ces couleurs soulignant qui est du côté du cosmos et qui du chaos. On arrache les arbres comme nous prendrions une allumette, on soulève des rochers comme des graviers et on se jette des troncs d'arbres gigantesques à la figure, voire le sommet entier de collines comme nous, les humains, nous nous balancerions un caillou de vingt grammes. La bataille est au sens propre comme au figuré, titanesque, mais comme, dans les deux camps, on a affaire à des immortels, pendant les dix premières années, rien de décisif ne sort du conflit. Alors Zeus se met à réfléchir. Comment gagner cette guerre ? Trois éléments inattendus vont lui venir en aide.

Les atouts de Zeus : l'intelligence rusée (Métis) et la justice (Thémis)...

Le premier lui est offert par Métis, dont nous avons vu qu'elle était sa première femme. Gaïa et Ouranos on fait savoir à Zeus que s'il avait un fils de Métis, ce fils le détrônerait et prendrait sa place. Du coup, Zeus a décidé de prendre une mesure tout à fait radicale : il demande à Métis de lui refaire une démonstration de ses pouvoirs divins, de sa capacité à prendre toutes les formes possibles et imaginables – cette polymorphie symbolisant ici l'intelligence rusée, plastique, capable de s'adapter à toutes les situations. Métis obéit, elle se transforme en oiseau, en lion, en tigresse, en éléphant, en chaton, etc. Alors, comme le chat botté qui demande à l'ogre de se changer en une souris (et qui la croque aussitôt), Zeus prie Métis de se transformer en goutte d'eau et Zeus, bien entendu, l'avale, comme Cronos avait avalé ses frères et sœurs. Ayant ingéré la déesse de l'intelligence, de la prudence et de la ruse (décidément, c'est une manie dans la famille que d'avaler les autres dieux...), il devient lui-même, tout d'un coup, follement intelligent et rusé. Ce qui va évidemment l'aider à gagner la guerre. On va voir bientôt comment...

Cela dit, Métis ayant disparu, Zeus n'a plus de femme. Or il n'est pas dieu à rester seul. Il lui faut trouver une autre compagne. Justement, il y a là, sur l'Olympe, une ravissante divinité. Elle s'appelle Thémis, et Thémis, c'est la déesse de la justice, du juste partage des choses. Elle aime que chaque être soit à sa place et que chacun ait la part qui lui revient selon ses talents et ses mérites. C'est une Titanide, une des sœurs de Cronos et de Rhéa (donc une tante de Zeus), mais comme Rhéa, elle a quitté ses frères pour rejoindre le camp des Olympiens. Dans cette guerre terrible, elle se tient donc à leurs côtés, sur l'Olympe. Elle est en outre fort séduisante de sorte que Zeus n'hésite plus : il s'unit à elle et, de manière symbolique, on comprend qu'après avoir acquis l'intelligence en avalant Métis, il vient de conquérir la justice en épousant Thémis. Non seulement il est désormais le « maître de l'intelligence rusée », selon la formule qu'utilise Hésiode dans la *Théogonie*, l'être le plus intelligent du monde, celui qui a la *métis* en lui, mais en outre, il a le sens des justes partages, et cela aussi va lui être indispensable, non seulement pour gagner la guerre, mais aussi et même surtout pour conserver le pouvoir quand il l'aura gagnée.

C'est dans cet esprit qu'il va promettre à tous ceux qui voudront bien le soutenir, notamment à ceux des Titans qui viendront grossir les rangs des Olympiens comme l'ont déjà fait Rhéa et Thémis, mais comme va le faire aussi un des frères de Cronos, Okéanos, qu'ils auront après la guerre leur part du butin, leur juste « part d'honneurs » comme dit Hésiode, en l'occurrence leur juste part des régions du monde ou des fonctions que Zeus affectera à chacun d'entre eux selon la justice, selon Thémis, une fois le conflit remporté.

... mais aussi la force

Mais l'intelligence et la justice ne suffisent pas à gagner une guerre. Il y faut aussi un troisième élément, la force. Et c'est dans ce domaine que Gaïa, comme on l'a déjà suggéré, a donné à Zeus un conseil singulièrement précieux en lui recommandant d'aller libérer les Cyclopes et les Cent Bras. Avec leur appui, la guerre finit par tourner en faveur des Olympiens. Les Cent-Bras, jettent, non plus des rochers contre les Titans, mais des montagnes entières, non plus des troncs d'arbres, mais des forêts au grand complet ! Quant à Zeus, avec ses éclairs foudroyants, il fait tout simplement bouillir les eaux et la terre elle-même. Le sol entre en fusion sous les pieds des Titans, de sorte que les affreux sont à la fois aspirés vers les sous-sols devenus liquides, et recouverts de montagnes et d'arbres énormes. Ils finissent alors par perdre le combat. Zeus les fait enchaîner dans le Tartare par les Cent-Bras. Poséidon referme sur eux les immenses portes de bronze qu'il a confectionnées pour l'occasion, mais en plus, Cerbère, un monstrueux chien doté de trois têtes énormes, d'une queue de serpent et d'un dos recouvert de têtes de vipères, va garder leur prison avec l'aide des Cent-Bras qui restent en appui.

Du chaos au cosmos organisé

Philosophie

C'est alors, une fois la guerre remportée, que Zeus va prendre une décision cruciale, une décision qui va être à l'origine de la philosophie grecque : il va partager le monde et les honneurs qui reviennent à chacun de manière juste, selon la justice, selon Thémis, sa deuxième femme. C'est le fameux « partage originaire », le « jugement de Zeus » qui marque à la fois l'avènement de la paix, de ce fameux « calme » qui va désormais régner sur l'Olympe, mais aussi et même surtout la naissance du cosmos, la création d'un univers paisible, harmonieux, juste, beau et bon qui vient enfin remplacer le chaos initial. Comme le dira plus tard la formule canonique du droit romain, Zeus « rend à chacun le sien » : il donne à chacun des dieux ce qui lui revient de droit, la mer à son frère Poséidon, la terre à Gaïa, le ciel à Ouranos, les sous-sols à son autre frère, Hadès, les saisons et les moissons à Déméter, la surveillance des foyers à sa sœur Hestia, etc. Il va aussi épouser Héra, qui restera pour toujours sa dernière épouse (ce qui ne l'empêchera pas d'avoir une infinité de maîtresses divines ou humaines). Et c'est de ce juste partage que naît enfin un monde harmonieux, un cosmos équilibré, bien organisé, un univers tout semblable à un organisme vivant où chaque membre, chaque organe est à sa place.

Theion et *logos* : un monde divin et logique à la fois

Philosophie

C'est de ce cosmos que les philosophes vont dire, en particulier les stoïciens, qu'il est à la fois divin et « logique », *theion* et *logos* : divin parce qu'extérieur et supérieur aux humains, institué par les dieux (avant tout par Zeus) et non par les hommes, mais aussi parce qu'il est composé de « morceaux » de dieux : comme nous l'avons vu, Gaïa, c'est la terre, Ouranos, le ciel, Poséidon, les mers, Tartare, les sous-sols, etc. On peut dire aussi que ce cosmos est « logique » en ce sens qu'il est harmonieux, donc « cohérent », accessible à la raison humaine et compréhensible par elle grâce à la science.

Il faut bien voir que toutes ces histoires, tous ces récits légendaires n'ont évidemment pas été inventés par les dieux mais par les humains, en l'occurrence par les Grecs. On aurait presque tendance à l'oublier tant on se sent peu à peu pris par la puissance de ces mythes. Reste que toute cette construction cosmologique n'a en réalité qu'une seule finalité : il ne s'agit pas, ou à tout le moins pas seulement, de raconter des histoires distrayantes, voire passionnantes, mais de permettre aux mortels que nous sommes de définir la vie bonne, de définir le sens de la vie. La vie bonne, pour Ulysse déjà comme pour les stoïciens plus tard, étant tout simplement la vie en harmonie avec le cosmos, en harmonie avec l'harmonie du monde.

L'idéal grec d'une vie harmonieuse

Le sens de la vie va donc, comme la « guerre des dieux » elle-même, du chaos vers l'harmonie, du désordre vers l'ordre cosmique et de la guerre à la paix, une trajectoire qui est déjà à l'œuvre dans l'*Odyssée* d'Homère, dans l'histoire d'Ulysse qui, elle aussi, va de la guerre (de Troie) à la paix (le retour à Ithaque), d'Éris, la discorde, à Éros, l'amour retrouvé par Ulysse dans les bras de Pénélope. On comprend ici que pour pouvoir définir la vie bonne comme un ajustement à ce qui est juste, comme une mise en harmonie de soi avec l'harmonie du monde, il fallait d'abord que cet ordre, que cette harmonie cosmique existât. C'était là tout l'enjeu de ce récit et c'est maintenant chose faite.

Philosophie

En quoi on mesure peut-être mieux maintenant l'importance à la fois cosmologique, philosophique et politique du deuxième mariage de Zeus, celui qui l'unit à Thémis : de même qu'il n'est pas possible de gagner la guerre sans la force brutale et le secours de l'intelligence symbolisée par Métis, de même, il n'est pas possible de gagner la paix sans justice. Contrairement à Ouranos et à Cronos,

Zeus a compris qu'il faut être juste pour régner en paix : avant même la fin de la guerre contre les Titans, il a d'ailleurs fait une promesse à tous ceux qui veulent se joindre à lui dans le combat contre les premiers dieux : le partage du monde sera fait de manière équitable. Ceux qui ont déjà des privilèges les garderont et ceux qui n'en ont pas encore en recevront.

Voici comment Hésiode rapporte la décision prise par Zeus à l'issue du conflit :

Citation

> « L'Olympien, maître de l'éclair, convoqua tous les dieux immortels sur les hauteurs de l'Olympe et il leur dit qu'à tout dieu qui se rangerait à ses côtés pour combattre les Titans, il ne retirerait pas, quels qu'ils fussent, ses privilèges, mais qu'au contraire, chacun d'eux conserverait au minimum les honneurs qu'il avait déjà en propre parmi les dieux immortels. Et Zeus ajouta que tous ceux qui se trouvaient, à cause de Cronos, privés d'honneurs et de privilèges qui leurs soient propres, obtiendraient des honneurs propres et des privilèges comme le veut la justice. »

Comme le chef de l'État avec ses ministres, Zeus répartit entre les dieux les missions et les fonctions, mais aussi les honneurs qui devront plus tard être rendus par les Hommes sous forme de cultes et de sacrifices (ça, c'est un peu différent de ce qui se passe aujourd'hui pour ministres...). Les dieux grecs adorent qu'on les adore, et ils aiment tout particulièrement sentir la bonne odeur de la viande grillée que les humains préparent pour eux au cours de somptueuses hécatombes. Zeus assigne aussi à chacun ses droits et ses devoirs. Dans la suite du poème, Hésiode précise comment le roi des dieux envisage de récompenser aussi bien les Cent-Bras et les Cyclopes que ceux des Titans qui, à l'instar d'Okéanos, ne se sont pas ligués avec Cronos contre lui. Okéanos, en effet, a eu le bon goût d'enjoindre à sa fille, Styx, la déesse qui est aussi l'un des quatre fleuves des enfers (ici encore, on voit comment une divinité peut coïncider avec un morceau de l'ordre cosmique), de rejoindre le camp de Zeus avec ses enfants, Kratos et Bia, la force et la violence. En récompense de quoi Styx sera éternellement honorée, et ses deux enfants auront l'insigne honneur de rester en toutes circonstances aux côtés de Zeus.

À retenir

Sans entrer davantage dans les détails, toute cette scène signifie que Zeus a compris qu'il faut, pour instituer un ordre durable, que cet ordre cosmique soit fondé en droit et que ce droit ne peut se réduire à celui du plus fort : il faut attribuer sa juste part à chacun et c'est seulement à ce prix que l'équilibre trouvé sera enfin stable.

Tableau des principaux dieux avec leurs noms grecs et latins

Tous ces dieux de l'Olympe – mais aussi nombre de héros grecs comme Héraclès, qui deviendra Hercule, et certains Titans, comme Cronos qui deviendra Saturne – vont recevoir un nouveau nom chez les Romains qui ne font pour l'essentiel que reprendre et adapter la mythologie grecque dans leur langue, comme ils le font pour la philosophie. Quoi qu'en disent certains, pas de Lucrèce sans Épicure, ni de Marc-Aurèle sans Épictète ou, pour parler plus clairement et expliciter ces noms propres : pas d'épicurisme sans Épicure ni de stoïcisme sans les pères fondateurs de l'école qui sont d'abord et avant tout des Grecs.

Les dieux de l'Olympe vont donc dans la littérature française être désignés tantôt par le nom grec, tantôt par le nom latin, ce pourquoi je vous donne leur liste avec les deux appellations : Zeus s'appellera Jupiter, Hestia devient Vesta, Déméter = Cérès, Héra = Junon, Hadès = Pluton, Poséidon = Neptune, Aphrodite = Vénus, Héphaïstos = Vulcain, Arès = Mars, Athéna = Minerve, Apollon = Phébus, Artémis = Diane, Hermès = Mercure, et Dionysos = Bacchus. Marqués par les traductions françaises anciennes, qui avaient pris l'habitude de latiniser les noms grecs, nous connaissons souvent mieux les dieux grecs sous leurs noms latins que sous leurs noms d'origine. Ce sont malgré tout des mêmes personnages qu'il s'agit. Hercule n'est autre qu'Héraclès, comme Vénus n'est autre qu'Aphrodite ou Jupiter Zeus, etc.

Il est par ailleurs essentiel, pour comprendre les mythes, de connaître, au moins dans les grandes lignes, leurs territoires et leurs fonctions, car ce sont eux qui vont se partager le monde et c'est ce partage équilibré de l'ensemble de l'univers, partage garanti par la suprématie de Zeus, qui est, comme nous l'avons vu, au fondement de l'ordre cosmique :

Zeus/Jupiter est bien entendu le roi des dieux, le maître de l'Olympe (voir chapitre 7).

Hestia/Vesta, en tant que déesse du foyer, protège les familles et les maisons. C'est la fille aînée de Cronos et de Rhéa – c'est donc à la fois la première à être avalée par Cronos, la dernière à être recrachée par lui et, par conséquent, c'est aussi une des sœurs de Zeus.

Déméter/Cérès, déesse des saisons et des moissons, règne sur le monde végétal, sur la vie des fleurs, des plantes. Elle aura avec son frère, Zeus, une fille, Perséphone, qu'elle adore et qui lui sera enlevée par Hadès avant de devenir la femme de ce dernier. En fait, Hadès et Déméter vont se partager Perséphone : ils l'auront avec eux chacun pendant quelques mois de l'année (voir chapitre 16).

Héra/Junon est « l'impératrice », la dernière épouse de Zeus (sinon sa dernière femme...). Souvent trompée par son illustre mari, et terriblement jalouse, elle poursuit de sa haine ses nombreuses rivales, mais aussi certains de ses enfants adultérins, comme Héraclès dont le nom signifie « la gloire d'Héra » : c'est elle, en effet, qui lui imposera d'accomplir pour sa gloire les fameux « douze travaux », en espérant au passage qu'il sera tué à l'occasion de l'une ou l'autre de ces épreuves (voir chapitre 23).

»

»

Poséidon/Neptune, dieu de la mer, déclenche les ouragans, les tsunamis et les tempêtes en frappant le sol avec son trident. Dieu inquiétant, il aura pour enfants une quantité impressionnante de monstres turbulents. Parmi eux, on trouve entre autres Polyphème, le cyclope avec lequel Ulysse aura maille à partir...

Hadès/Pluton règne sur les enfers avec sa femme, Perséphone, la fille de Déméter. On dit de lui qu'il est le plus riche (*ploutos*) de tous les dieux parce qu'il règne sur le peuple le plus nombreux : celui des morts.

Aphrodite/Vénus, déesse de la beauté et de l'amour, mariée avec Héphaïstos, possède tous les charmes, mais elle pratique aussi allègrement le mensonge et toutes les ruses de l'amour (voir chapitre 12).

Héphaïstos/Vulcain, dieu des forgerons, est d'une habileté à nulle autre pareille dans son art. C'est aussi le dieu boiteux, le seul qui soit en quelque façon enlaidi par sa blessure, ce qui ne l'empêchera pas d'épouser la plus belle des déesses, Aphrodite, laquelle ne cessera cependant pas de le tromper, entre autres avec Arès (voir chapitre 13).

Arès/Mars, brutal, violent, voire sanguinaire, c'est le dieu de la guerre et l'un des principaux amants d'Aphrodite (qui en a malgré tout quelques autres...) (voir chapitre 12).

Athéna/Minerve est la fille préférée de Zeus, la fille de sa première femme, Métis. La légende raconte qu'elle est née directement de la tête de Zeus. En effet, Zeus s'est résolu à avaler Métis lorsqu'il apprend qu'elle est enceinte, parce qu'on lui a prédit que si jamais elle avait un fils, il risquait, comme Cronos avec Ouranos et lui-même avec Cronos, de prendre sa place. En fait, Métis était enceinte d'une fille, Athéna, qui se retrouve donc prisonnière du corps de Zeus et qui en sortira... par la tête – ce qui est au fond assez logique puisqu'elle est la déesse de l'intelligence. Elle est aussi, comme son frère Arès, une divinité de la guerre, mais à la différence d'Arès, elle aborde les conflits tout en finesse, en ruse, en intelligence – même si elle sait aussi, quand il le faut, se battre physiquement de façon redoutable. Elle est également la divinité des arts et des techniques. C'est la guerre sous son côté stratégique plutôt que brutal qu'elle symbolise. Elle ressemble à son père, Zeus, et possède, en femme, toutes ses qualités : force, beauté, intelligence.

Apollon/Phébus est le plus beau des dieux et le plus doué de tous pour la musique et la médecine car il incarne l'harmonie sous toutes ses formes. C'est le frère jumeau d'Artémis (Diane en latin), la déesse de la chasse. Tous deux sont des enfants de Zeus et de Léto, elle-même fille de deux Titans (Coïos et Phoibé) et donc cousine germaine de Zeus. Apollon est le dieu de la lumière. C'est aussi l'inspirateur du plus fameux des oracles, celui de Delphes. En grec, Delphes veut dire « dauphin », parce que – si l'on en croit certains récits mythologiques postérieurs à Hésiode – c'est tiré par des dauphins que son bateau est arrivé dans ce lieu où il fera bâtir son temple (voir chapitre 9).

Artémis/Diane est aussi la fille de Zeus et de Léto. C'est la sœur jumelle d'Apollon. Déesse de la chasse, elle peut être redoutable et cruelle. Par exemple, un jour qu'elle fut surprise par un jeune homme alors qu'elle se baignait nue dans une rivière, elle le changea en cerf et le fit dévorer vivant par ses chiens.

»

Tableau des principaux dieux avec leurs noms grecs et latins *(suite)*

Hermès/Mercure : fils de Zeus et d'une nymphe, Maïa, il est le plus « ficelle » de tous les dieux. C'est le messager de Zeus, celui qui transmet ses instructions aux autres dieux comme aux mortels. En tant qu'intermédiaire ou médiateur, il sera le dieu des journalistes, mais aussi celui des commerçants... De nombreux journaux de par le monde portent son nom latin (*Mercure de France*, *Mercurio* au Chili, *Merkur* en Allemagne, etc.) (voir chapitre 9).

Dionysos/Bacchus (ou parfois encore, **Liber Pater**) : c'est le plus étrange de tous les dieux, celui dont on dit qu'il est né de la « cuisse de Jupiter » (voir chapitre 8). En faisant le compte, on s'aperçoit déjà que les douze Olympiens... sont en réalité quatorze ! Cette bizarrerie trouve tout simplement sa raison d'être dans le fait que les mythographes anciens n'étaient pas toujours d'accord entre eux sur une liste canonique des Olympiens, comme en témoignent les monuments que les archéologues ont retrouvés et qui donnent des listes légèrement différentes. Parfois, Déméter, Hadès ou Dionysos ne figurent pas dans la liste, de sorte que si on compte tous ceux qui sont, ici ou là, mentionnés comme tels, il y a bel et bien quatorze et non pas douze divinités. Comme dans certains romans policiers, les personnages de la mythologie sont au début trop nombreux pour qu'on les retienne tous du premier coup... Je vous propose donc un petit tableau (page suivante) qui vous aidera à vous repérer dans cette théogonie depuis le premier dieu, Chaos, jusqu'à nos Olympiens, en suivant l'ordre chronologique de leur apparition. Je m'en tiens bien entendu aux principales divinités, à celles qui jouent les premiers rôles dans la construction du cosmos.

Tableau récapitulatif de la naissance des principaux dieux

I. Les six premiers dieux

Ce sont ceux dont tous les autres seront les descendants :

» **Chaos**, l'abîme ténébreux, confus et désordonné.

» **Gaïa**, la terre-mère, solide et fiable.

» **Éros**, l'énergie vitale qui fait surgir les êtres à la lumière.

» **Tartare**, à la fois divinité terrible et lieu infernal situé dans les sous-sols les plus profonds de Gaïa, plein d'obscurité et de moisissure.

» **Ouranos**, le ciel, et **Pontos**, la mer, que **Gaïa** crée à partir d'elle-même, sans l'aide d'un amant ou d'un mari.

À l'exception de Gaïa, qui commence à être en quelque façon une personne, ces premiers dieux ne sont pas des individus doués de conscience, porteurs de traits de caractère. Ce sont plutôt des forces de la nature, des éléments naturels du cosmos à venir[1].

II. Les enfants de Gaïa et d'Ouranos

Il y en a trois séries :

» D'abord les **Titans** et leurs sœurs, les **Titanides** : **Okéanos, Coïos, Crios, Hypérion, Japet** et **Cronos** et, du côté des femmes : **Théïa, Rhéa, Thémis, Mnémosyné, Phoibé** et **Thétis**.

» Ensuite les trois **Cyclopes**, qui vont être enfermés sous terre par Cronos et qui vont donner la foudre à Zeus quand il les libérera : **Brontès** (le tonnerre), **Stéropès** (l'éclair) et **Argès** (la foudre).

» Les « **Cent-bras** » ou « **Hécatonchires** » : **Cottos, Briarée** et **Gygès**.

III. Les enfants nés du sexe coupé d'Ouranos – soit en tombant sur la terre (Gaïa) soit dans la mer (Pontos)

Ce sont donc des frères et sœurs – ou, s'agissant d'Aphrodite, une demi-sœur – des Titans, des Cyclopes et des Cent-Bras. Il y en a à nouveau trois lignées, auxquelles s'ajoute donc Aphrodite :

» **Les Érinyes**, divinités de la vengeance (elles veulent venger leur père, Ouranos, du crime commis par Cronos). Nous saurons par les poètes latins qu'elles sont au nombre de trois et que la dernière se nomme **Mégère**. On les appelle aussi les **Euménides**, c'est-à-dire les **Bienveillantes**, et, chez les Romains, elles prennent le nom imagé de **Furies**.

1. Suit encore, pour être plus complet, la lignée des enfants que Chaos « fabrique » seul et celle des enfants que Gaïa, elle aussi, conçoit toute seule. Du côté de Chaos, on trouve **Érèbe**, les ténèbres qui règnent sous la terre, et **Nyx**, la nuit qui règne au-dessus. Puis, des amours d'Érèbe et Nyx naissent les premiers petits enfants de Chaos, **Éther**, le brouillard lumineux qui va dominer le futur séjour des dieux au sommet de l'Olympe, et **Héméré**, le jour qui succède à la nuit. Cette lignée-là ne va jouer aucun rôle particulier dans la guerre des dieux à venir. On peut donc la laisser de côté pour l'instant, mais je la mentionne pour mémoire.

»

Tableau récapitulatif de la naissance des principaux dieux *(suite)*

- **Les nymphes méliennes** ou **Méliades**, divinités qui règnent sur les frênes, arbres qui fournissent le bois avec lequel on fabriquait les armes de guerre, les arcs, les flèches, les javelines, etc.
- **Les Géants**, qui sortent de terre tous casqués et armés, voués à la violence et à la guerre.
- **Aphrodite**, déesse de la beauté et de l'amour, qui naît elle aussi du sexe d'Ouranos, mais ici mélangé à l'eau et non à la terre (d'où le fait qu'elle est une demi-sœur).

Notons que les trois premières divinités – Érinyes, Géants et Méliades – sont des divinités de la discorde, dont la *Théogonie* fait aussi une divinité, **Éris**, une fille que Nyx, la nuit, a conçue toute seule, sans amant ni mari, tandis qu'Aphrodite relève du domaine, non d'Éris, mais d'**Éros**, l'amour.

IV. Les enfants de Cronos et de sa sœur, la Titanide Rhéa

Après les Titans, c'est la deuxième génération des « vrais » dieux, c'est-à-dire celle des premiers Olympiens que nous avons déjà évoqués et que je rappelle seulement pour mémoire :

- **Hestia** (Vesta en latin) déesse du foyer.
- **Déméter** (Cérès), déesse des saisons et des moissons.
- **Héra** (Junon) l'impératrice, dernière épouse de Zeus.
- **Poséidon** (Neptune), dieu de la mer et des fleuves.
- **Hadès** (Pluton), dieu des enfers.
- **Zeus** (Jupiter), roi des dieux.

V. Les Olympiens de la deuxième génération

- **Héphaïstos** (Vulcain), dieu des forgerons, fils de Zeus et de Héra.
- **Arès** (Mars), dieu de la guerre, frère d'Héphaïstos, fils de Zeus et de Héra.
- **Athéna** (Minerve), déesse de la guerre, de la ruse, des arts et des techniques, fille de Zeus et de Métis.
- **Apollon** (Phébus) et **Artémis** (Diane), les jumeaux, l'un étant dieu de la beauté et de l'intelligence, l'autre déesse de la chasse, nés des amours de Zeus et de Léto.
- **Hermès** (Mercure), fils et messager de Zeus dont la mère est Maïa.
- **Dionysos** (Bacchus), dieu du vin et de la fête, fils de Zeus et d'une mortelle, Sémélé.

DANS CE CHAPITRE

Zeus contre Typhon : l'ordre contre le chaos

•

La gigantomachie : le combat contre les Géants

Chapitre 2
Le triomphe de Zeus

Voyons maintenant comment Zeus va devoir défendre la paix et le cosmos contre la résurgence des puissances chaotiques de destruction incarnées par Typhon et les Géants.

Zeus contre Typhon : un épisode fondateur

Bien que le cosmos ait été partagé, comme nous l'avons vu, entre les différents dieux qui ont soutenu Zeus pendant la guerre, bien que l'univers soit en apparence paisible une fois que les Titans se trouvent enfermés dans les enfers, Zeus n'en a pourtant pas fini avec les soucis. Un certain nombre de menaces sérieuses pèsent encore sur sa création et, du reste, elles ne disparaîtront jamais tout à fait, la résurgence, sous la forme de monstres maléfiques, des puissances de destruction chaotiques étant toujours possible. Mais, en l'occurrence, Zeus va avoir affaire à force parti.

En effet, Gaïa, sa grand-mère, qui a pourtant toujours défendu son petit-fils (on se souvient qu'avec Rhéa, sa fille, elle a protégé la naissance et l'enfance du petit Zeus), ne peut pas accepter le sort qui a été réservé à ses premiers enfants, les Titans. Zeus les a enfermés dans le Tartare, un lieu effroyable, plein de ténèbres et de moisissure, de sorte que pour tenter de les sortir de leur prison, Gaïa va enfanter, justement avec Tartare (donc en quelque sorte avec elle-même), un nouveau monstre, plus puissant et plus belliqueux encore que les Titans, les Cent-Bras et les Cyclopes. On l'appelle « Typhon » (parfois aussi « Typhée ») et il va être chargé de déclarer la guerre à Zeus.

Apollodore a longuement décrit dans son livre majeur, *La Bibliothèque*, à la fois l'aspect extérieur du monstre, mais aussi le déroulement des principaux épisodes de son combat contre Zeus. Avant de lire le passage de son ouvrage, deux petites précisions sur cette « Bibliothèque » et sur son auteur, dont on sait si peu de chose.

Lexique

Dans le langage d'aujourd'hui, une « bibliothèque », ce n'est pas un livre, mais plutôt l'endroit – le meuble ou la salle – où on range des livres. D'ailleurs, déjà en grec, le mot *thêkê* désigne un « coffre » ou une « boîte » où l'on dépose quelque chose, en l'occurrence des livres (*biblios*). Pourtant, dans les temps anciens, le terme « bibliothèque » était parfois utilisé de manière figurée pour désigner un recueil qui, à l'image du meuble, rassemble en lui tout ce qu'on peut savoir par les livres sur un même sujet. Or, c'est exactement ce que fait la *Bibliothèque* d'Apollodore : on y trouve une espèce de résumé de tout le savoir mythologique disponible à son époque. C'est donc un livre qui réunit en lui beaucoup d'autres livres et c'est pourquoi on l'a assimilé à une « bibliothèque ».

Qui était Apollodore ?

S'agissant maintenant de son auteur, Apollodore lui-même, on a longtemps cru que sa *Bibliothèque*, infiniment précieuse pour mieux connaître les mythes, avait été écrite au IIe siècle avant Jésus-Christ par un certain Apollodore d'Athènes, un érudit, passionné de grammaire et de mythologie. On sait aujourd'hui qu'il n'en est rien, que la *Bibliothèque* a sans doute été rédigée vers le IIe siècle, non pas avant, mais après Jésus-Christ, par un auteur qui n'est donc pas cet Apollodore et dont, en vérité, on ignore tout. Et comme on ne sait rien de lui et que l'habitude avait été prise, on continue aujourd'hui, faute de mieux, à appeler ce livre la *Bibliothèque d'Apollodore*... bien qu'il ne s'agisse pas d'une bibliothèque et qu'il ne soit pas d'Apollodore ! L'ouvrage n'en est pas moins extraordinairement utile pour nous, parce que son auteur, quel qu'il soit, a eu accès à des textes, aujourd'hui perdus, dont nous ne gardons parfois le souvenir que grâce à lui.

Les différentes versions du mythe

Le récit du pseudo-Apollodore

Citation

« Quand les dieux eurent vaincu les Géants [*nous allons revenir plus loin sur cette guerre qu'on appelle la « gigantomachie », mais ce passage de la Bibliothèque suggère que la guerre des Olympiens contre les Géants a précédé celle que Zeus va mener contre Typhon*], Gaïa, encore plus irritée, s'unit à Tartare et c'est en Cilicie qu'elle enfanta Typhon dont la nature hybride mêlait en elle l'homme et la bête. Par sa taille et sa force physique, il l'emportait sur tous ceux que Gaïa avait déjà engendrés [*en d'autres termes : Typhon était encore plus puissant et plus terrifiant que les Titans, les Cyclopes et les Cent-Bras*]. Jusqu'aux cuisses, il avait forme humaine, mais sa taille était à ce point immense qu'il dépassait toutes les montagnes et, souvent même, sa tête touchait les astres. En se déployant, ses bras atteignaient, l'un le couchant, et l'autre le levant. De ses bras émergeaient cent têtes de serpent. À partir des cuisses, ce n'était qu'un énorme nid de vipères dont les anneaux s'étiraient jusqu'à sa tête et qui lançaient des sifflements stridents. Tout son corps était pourvu d'ailes et sur sa tête ainsi que sur ses joues, des crins sales flottaient au gré du vent tandis que ses yeux lançaient un regard de feu. Gigantesque et terrifiant, Typhon lançait des rocs enflammés contre le ciel lui-même dans un mélange de cris et de sifflements, tandis que sa bouche crachait une multitude de tourbillons de feu.

Les dieux, en le voyant lancer ses assauts contre le ciel allèrent s'exiler en Égypte, et, comme ils étaient pourchassés par lui, ils se déguisèrent en animaux. Tant que Typhon était à distance, Zeus lui lançait des traits de foudre, mais en combat rapproché, il le frappait avec une faucille d'acier et, lorsqu'il s'enfuit, il le poursuivit jusqu'au mont Casios, une montagne qui domine la Syrie. Là, le voyant tout couvert de blessures, il engagea le corps à corps, mais Typhon, enroulant ses anneaux de serpent autour de lui, le maîtrisa, lui arracha sa faucille et lui coupa les tendons des mains et des pieds.

Alors, Typhon chargea Zeus sur ses épaules, il le transporta à travers la mer jusqu'en Cilicie et, une fois arrivé dans la grotte de Corycos [*c'est le nom de l'antre où habitait Typhon*], il l'y déposa. C'est également là qu'il apporta les tendons qu'il dissimula dans une peau d'ours. Il en confia la garde à un dragon femelle, Delphynè, qui est moitié animal et moitié fille. Mais Hermès et Égipan dérobèrent furtivement les tendons et les réajustèrent à Zeus sans se faire voir. Alors Zeus recouvra sa force et il descendit en toute hâte du ciel sur un char attelé de chevaux ailés et, lâchant ses traits

> de foudre, il poursuivit Typhon jusqu'au mont nommé Nysa [*c'est aussi sur ce mont que naîtra Dionysos, dont le nom signifie « le dieu de Nysa »*] où les Moires trompèrent le fuyard : persuadé par elles que cela le rendrait plus fort, il goûta aux fruits éphémères [*les Moires étaient trois sœurs qui, selon la tradition la plus courante, étaient des filles de Zeus et de Thémis. Elles règlent le destin. En l'occurrence, elles ont pris le parti de leur père contre Typhon et elles ont tendu un piège à ce dernier en lui offrant des fruits qui, au lieu d'augmenter sa force comme elles le lui ont faire croire, vont l'affaiblir*]. Aussi, à nouveau poursuivi, il arriva en Thrace et, dans le combat qui s'engagea près du mont Hémos, il lançait des montagnes entières. Mais la foudre les faisait retomber sur lui de sorte qu'un flot de sang inonda bientôt la montagne : c'est pour cela, à ce qu'on dit, qu'elle fut appelée l'Hémos [*le « mont sanglant »*]. Comme Typhon s'élançait pour fuir encore à travers la mer de Sicile, Zeus jeta sur lui le mont Etna qui est en Sicile. C'est une montagne d'une hauteur prodigieuse et, encore aujourd'hui, on peut y voir des éruptions de feu qui proviennent, dit-on, des traits de foudres lancés par Zeus… »

Nous allons bien entendu commenter les différents moments de ce combat afin d'en dégager le sens profond – car il y en a un, et même plusieurs, et vous verrez que sous l'apparence d'un simple récit de guerre se cachent de nombreuses et passionnantes thèses philosophiques. Pour bien les comprendre, il faut avoir une idée plus précise de l'enjeu comme des causes de ce nouveau combat.

L'enjeu du combat

Philosophie

On aura compris que Typhon symbolise la résurgence des forces anti-cosmiques primitives, un retour des puissances chaotiques originelles. Du reste, comme les Titans, il est né de Gaïa, mais aussi de Tartare, c'est-à-dire deux fois de la terre, en grec *chtôn* : c'est, au sens étymologique du terme, un « autochtone », c'est-à-dire un être encore tout proche du chaos originel. Comme Hésiode le suggère dans sa *Théogonie,* si Typhon devait remporter la bataille à laquelle il se prépare contre Zeus, s'il parvenait à s'emparer du pouvoir sur l'ensemble du cosmos, s'il devenait un jour le maître de l'univers, le souverain des mortels comme des immortels, c'est alors le désordre le plus confus et le plus violent qui prendrait définitivement le dessus sur l'harmonie cosmique. Le chaos triompherait sur l'ordre, la guerre sur la paix, la violence sur la justice, la bêtise sur l'intelligence et le principal effet de cette terrifiante victoire serait que les humains ne pourraient plus chercher, ni *a fortiori* trouver, la vie bonne puisqu'il n'y aurait plus de cosmos harmonieux avec lequel s'accorder. Toute quête de sagesse, toute *philo-sophia* deviendrait impossible, et c'est ainsi l'affaire même de la philosophie qui serait anéantie.

Les raisons de l'existence de Typhon

Mais alors, pourquoi Typhon ? D'où surgit-il et pour quelles raisons ? Comment expliquer que Gaïa ait voulu créer contre Zeus un être aussi maléfique ? C'est pourtant elle, la Terre, qui a toujours pris le parti de son petit-fils, elle qui l'a sauvé de son père, Cronos, en le cachant dans une grotte fabriquée en son sein, elle encore qui l'a averti qu'il risquait d'avoir un fils qui le détrônerait s'il avait un enfant avec Métis, sa première femme, toujours elle qui lui a suggéré d'avaler Métis et conseillé ensuite de manière ô combien judicieuse, de libérer les Cyclopes et les Cent-Bras s'il voulait gagner la guerre contre les Titans. Alors pourquoi donc cette aimable grand-mère voudrait-elle nuire maintenant à son cher Zeus en déchaînant contre lui un monstre épouvantable qu'elle aurait fabriqué à dessein avec l'affreux Tartare ? Pas évident. D'autant qu'Hésiode, dans la *Théogonie,* ne nous dit rien des motivations de la Terre. Quant à Apollodore, il nous dit seulement qu'elle était « irritée », mais il ne nous dit pas pourquoi.

On peut risquer deux hypothèses.

La première, la plus superficielle, c'est que Gaïa, comme le suggère Apollodore, n'est pas satisfaite du sort que Zeus a réservé à ses premiers enfants, les Titans, en les enfermant dans le Tartare. Certes, ils sont effroyables, chaotiques au possible, mais enfin, ce sont quand même ses enfants et elle ne saurait accepter le sort affreux qui va être le leur pour l'éternité dans ses propres sous-sols. Disons le clairement : cette façon sentimentale de présenter les choses n'est guère satisfaisante. La psychologie des sentiments n'est pas le ressort du drame qui se joue ici, elle n'est au mieux qu'un travestissement d'une vérité plus profonde. Dans la cosmologie grecque, d'une manière générale, il faut se fier le moins possible à la logique moderne de l'affectivité, encore moins aux anecdotes biographiques : elles dissimulent presque toujours des réalités plus secrètes, des vérités enracinées dans une logique plus profonde, métaphysique, celle de la construction du cosmos dont la finalité ultime est de donner du sens à la vie des humains (n'oublions jamais que ce sont eux, et pas les dieux, qui ont inventé toutes ces légendes). Avec Typhon, il s'agit d'une affaire sérieuse, une affaire de cosmogonie et de cosmologie, c'est-à-dire d'édification d'un ordre du monde, un enjeu capital où les états d'âme n'entrent guère en ligne de compte.

Philosophie

Une seconde hypothèse est donc plus crédible : si Gaïa engendre Typhon contre Zeus, c'est parce que l'équilibre du cosmos n'est pas encore atteint tant que les forces de Chaos ne sont pas toutes canalisées, intégrées dans l'harmonie de l'univers. En déchaînant un nouveau monstre, elle va donner à Zeus l'occasion d'intégrer davantage encore les éléments chaotiques dans l'ordre cosmique.

En quoi, il ne s'agit pas seulement ici de conquête du pouvoir politique, comme le pensent la plupart les commentateurs, mais d'abord et avant tout de cosmologie et de philosophie. Car ce qu'incarne Typhon, c'est tout simplement le contraire absolu de ce que cherche Zeus : il est l'archétype de l'altérité, de la dissonance et, avec elles, du temps, de la différence, de la génération, de l'histoire, bref, du mouvement et de la vie. Il faut donc continuer à intégrer Chaos dans Cosmos, à absorber la différence et l'étrangeté dans l'identité, le désordre dans l'ordre, le déséquilibre dans l'équilibre, sans que Chaos soit pour autant anéanti de manière totale, faute de quoi, ce serait paradoxalement la mort qui l'emporterait sur la vie en même temps qu'une paix à proprement parler sans histoire régnerait sur le monde.

C'est cela que symbolise l'action de Gaïa quand on dit de manière certes imagée, mais cependant naïve, « qu'elle n'est pas contente du sort réservé à ses enfants ». Il faut plutôt croire que Gaïa, dans sa grande sagesse, sait bien que si l'on s'en tenait aux seules forces de l'ordre et aux gardiens de la paix, le monde finirait par se figer, le cosmos serait dépourvu de vie. C'est donc dans cette perspective cosmologique qu'il faut décrypter les différents épisodes du combat qui oppose Typhon aux Olympiens, et c'est pourquoi il faut maintenant les regarder de plus près, à la lumière de cette perspective cosmogonique, pour bien en percevoir le sens.

Le récit d'Hésiode : un récit simple et efficace

Chez Hésiode, le récit est assez bref et peu circonstancié. On y apprend seulement que le combat est terrifiant, d'une violence inouïe, que la terre tremble jusqu'au Tartare au point qu'Hadès lui-même, le dieu des enfers qui habite au plus profond des ténèbres, est saisi de peur, comme les Titans qui sont, Cronos le premier, enfermés dans ce lieu obscur et plein de moisissure depuis qu'ils ont perdu la guerre contre les Olympiens. On y lit encore que, sous l'effet de la foudre de Zeus comme du feu craché par Typhon, la terre prend feu, se transforme en lave et coule comme du métal fondu. Au final, c'est Zeus qui l'emporte grâce aux armes que les Cyclopes lui ont offertes : tonnerre, éclair et foudre. Une à une, les têtes de Typhon sont foudroyées, carbonisées, et le monstre infernal est expédié là où il se doit : dans les enfers. Tout cela, bien entendu, a du sens : il s'agit de suggérer au lecteur que l'enjeu de cette terrible lutte n'est rien de moins que la survie du cosmos lui-même. Avec Typhon, c'est l'univers tout entier qui est menacé dans son harmonie et son ordonnancement et c'est pourquoi il n'est pas inintéressant de lire très attentivement, malgré sa relative sécheresse, le texte d'Hésiode (au passage, on notera qu'il donne des indications sur la façon dont on se représente physiquement les protagonistes de cette guerre). Le voici :

Citation

« Lorsque Zeus eut chassé les Titans hors du ciel, l'énorme Terre engendra un dernier fils, Typhée, issu de ses amours avec Tartare par la grâce d'Aphrodite d'or [*on notera que Typhée – ou Typhon – est à la fois le dernier enfant de Gaïa, mais aussi l'un des derniers adversaires de Zeus, du moins parmi les êtres des origines qui peuplent la cosmogonie. C'est dire que si Zeus parvient à s'en rendre maître, il aura réussi sa mission principale qui consiste en la construction d'un cosmos paisible et harmonieux*]. Ses bras étaient faits pour des œuvres de force, et jamais ses pieds de dieu puissant ne se fatiguaient. De ses épaules jaillissaient cent têtes de serpents, d'effroyables dragons qui dardaient leurs langues noirâtres. De ses yeux, qui illuminaient ses têtes prodigieuses, jaillissaient, par-dessous les sourcils, des lueurs de feu. Des voix s'élevaient de toutes ces têtes terrifiantes, faisant entendre mille sons d'une indicible horreur. Tantôt c'étaient des sons que seuls les dieux peuvent comprendre ; tantôt c'était le mugissement d'un taureau, un animal puissant à la fougue indomptable, le rugissement d'un lion au cœur impitoyable, mais tantôt aussi bien les jappements d'un petit chien, étonnants à entendre, ou des sifflements que l'écho vient amplifier dans les hautes montagnes. C'est alors que quelque chose d'irréparable aurait pu se produire. Typhée aurait pu être le roi des immortels comme des mortels si le père des dieux et des hommes, de son œil perçant, ne l'avait soudain vu. Il tonna durement, avec force, et alentour, la terre retentit d'un fracas épouvantable comme aussi le vaste ciel au-dessus d'elle, et les flots marins, et les eaux d'Okéanos et le Tartare souterrain, tandis que le vaste Olympe tremblait sous les pieds immortels de son seigneur parti en guerre et que le sol lui répondait en gémissant… Le sol tout entier bouillonnait, et le ciel et la mer… Des vibrations irrépressibles commençaient à tout secouer : Hadès, le souverain des morts dans les enfers, tremblait, et aussi les Titans dans le fond du Tartare, autour de Cronos… Et Zeus, rassemblant ses forces ardentes et saisissant ses armes, le tonnerre, l'éclair et la foudre qui brûle, frappa du haut de l'Olympe d'où il s'était élancé. Il embrasa d'un seul coup circulaire les prodigieuses têtes du monstre terrifiant et, maté par le coup qui venait de le frapper, Typhée, mutilé, s'effondra tandis que l'énorme terre continuait de gémir… Et Zeus, l'âme en courroux, précipita Typhée dans le vaste Tartare. De Typhée continuent de sortir des vents violents au souffle humide, excepté le Notos, le Borée et le Zéphir qui blanchit le ciel. Eux, sont nés des dieux et sont un grand bienfait pour les mortels… Mais tous les autres sont de vaines bises qui soufflent sur la mer… Elles disloquent les navires, perdant les équipages, et contre de tels fléaux, il n'est point de recours. »

Philosophie

Où l'on voit, comme toujours, que la victoire de Zeus, si elle assure la paix du côté des dieux, n'en laisse pas moins échapper les maux les plus désastreux du côté des malheureux humains...

Comme l'a montré l'anthropologue Jean-Pierre Vernant, ce n'est pas sans raison que le bref récit d'Hésiode a été enrichi et dramatisé par les mythographes ultérieurs. Étant donné que l'enjeu de cette ultime étape de la construction du monde est essentiel (il s'agit de savoir qui, de Chaos ou de Cosmos, du désordre ou de l'harmonie, va finalement l'emporter, donc de comprendre au passage comment la vie, la différence, l'altérité et le temps peuvent être intégrés dans l'équilibre global), il était normal que le thème s'enrichît au fil des ans. Si Typhon gagne, c'en est fini de l'édification d'un cosmos harmonieux et juste. Mais si c'est Zeus qui obtient la victoire, si la justice règne sur l'univers, y aura-t-il encore de la vie, du mouvement, du temps et des histoires ? Avec de telles interrogations en ligne de mire, il eût été surprenant (et même dommage) de ne pas donner de ce conflit une version plus étoffée, plus haletante et dramatique que celle, un peu trop concentrée il est vrai, que nous livre Hésiode. Les mythographes tardifs s'en sont donc donné à cœur joie et le résultat de ces enrichissements successifs est assez remarquable.

Retour sur la version d'Apollodore : suspense et action

Revenons un instant au récit qu'on trouve dans la *Bibliothèque* d'Apollodore. Chez lui, le suspense est déjà beaucoup plus soutenu que chez Hésiode. Ce qu'on appelle au théâtre la « dramaturgie », la mise en scène de l'action, y est aussi plus intense, puisque, dans un premier temps, contrairement à ce qui se passe dans la *Théogonie*, c'est Typhon qui parvient à terrasser Zeus. Une fois n'est pas coutume, Zeus a « perdu ses nerfs », pas au sens figuré, bien sûr, mais pire encore, au sens le plus littéral du terme. Du reste, les autres dieux n'en mènent pas large non plus. Typhon est si monstrueux, si effrayant qu'en le voyant, les l'Olympiens sont à ce point pris de panique qu'ils s'enfuient vers l'Égypte et, tâchant de passer inaperçus afin d'échapper aux coups de Typhon, ils poussent la couardise jusqu'à se transformer en animaux – ce qui, il faut bien l'avouer, n'est pas spécialement glorieux pour des divinités olympiennes. Zeus est le seul qui reste debout, vaillant. Toujours aussi courageux, il attaque Typhon avec sa foudre, mais aussi, à bras-le-corps, avec une faucille, comme on l'a vu dans le texte que nous avons cité plus haut – peut-être celle dont son père, Cronos, s'était servi pour couper le sexe d'Ouranos. Mais Typhon désarme Zeus, et retournant la faucille contre lui, il parvient à lui couper les tendons des bras et des pieds de sorte que le roi des dieux, certes, n'est pas mort – c'est impossible puisqu'il est immortel –, mais cependant réduit à l'état de légume. Incapable de se mouvoir, il gît par terre, comme une loque, qui plus est sous bonne garde : Delphynè, une effrayante femme serpent qui s'est mise au service de Typhon, le surveille étroitement.

Fort heureusement Hermès est là. C'est un des nombreux enfants de Zeus, un de ses préférés, un fils qu'il a eu avec Maïa, la plus jeune des Pléiades.

Les Pléiades et Hermès

Les **Pléiades** sont sept sœurs. Ce sont des filles du Titan Atlas. Elles seront métamorphosées par Zeus en sept étoiles, celles qui forment la constellation qui porte leur nom.

Hermès, lui, est le roi des filous, le dieu des voleurs, des marchands et des journalistes – ce n'est pas pour rien que son nom latin, Mercure, va devenir un peu partout dans le monde celui d'une gazette ou d'un magazine.

Hermès sera, avec **Iris** (voir chapitre 27), le messager de Zeus, celui qui transmet ses instructions ou ses ordres aux autres dieux comme aux humains – ce pourquoi son nom deviendra celui d'une discipline universitaire, l'herméneutique, la science de l'interprétation des grands textes (comme Hermès est l'interprète des pensées de son père auprès des hommes ou des autres dieux).

Ici encore, Hermès va avoir l'occasion d'exercer ses talents de maraudeur. Dans cette affaire, il va se faire aider, si l'on en croit du moins la version d'Apollodore, par un certain « Égipan » – sans doute un autre nom du dieu Pan, un des fils d'Hermès, qui est connu comme le dieu des bergers et des troupeaux. On dit aussi qu'il est l'inventeur d'une flûte confectionnée à partir de sept roseaux, flûte qu'il nomma la « Syrinx » du nom d'une nymphe qu'il pourchassait dans la forêt pour la violer, mais qui fut métamorphosée *in extremis* en roseau afin d'échapper à ses assauts (voir chapitre 10). Tous les amateurs de musique classique connaissent d'ailleurs le magnifique solo de flûte que Debussy a intitulé « Syrinx », en mémoire de la malheureuse...

C'est justement avec l'envoûtante musique qui s'échappe de cette flûte que Pan – ou Égipan – va parvenir à détourner l'attention de Typhon – ce qui signifie que le monstre n'est pas insensible à l'harmonie, c'est-à-dire à la puissance des forces « cosmiques » qui sont pourtant le contraire du chaos qu'il représente – ce qui prouve au passage que si cosmos ne peut pas se passer de chaos, chaos ne peut pas non plus être séparé de cosmos. Typhon écoute la musique, il se laisse bercer, il dodeline de la tête, il somnole et, pendant ce temps-là, Hermès va en profiter pour subtiliser les divins tendons qu'il s'empresse de remettre en place dans le corps de son père. À nouveau debout, Zeus peut reprendre le combat. Il se lance à la poursuite de Typhon avec ses armes habituelles, la foudre, l'éclair et le tonnerre. Mais, là encore, une aide extérieure lui est indispensable, celle des trois Moires.

Les Moires

Ce sont, elles aussi, des enfants de Zeus, en l'occurrence des filles qu'il a conçues avec Thémis, la déesse de la justice. Elles règlent le destin des hommes, mais aussi celui des dieux, car le destin étant la loi universelle du monde, il est supérieur même aux Immortels. Tout être possède sa *moira*, sa destinée, sa part ou son lot de bonheur et de malheur dans l'existence, mais aussi l'heure de sa mort s'il s'agit d'un mortel, de sorte que la *moira* des Grecs n'est pas sans rappeler le *karma* des bouddhistes. Les Moires s'appellent **Atropos**, **Clotho** et **Lachesis**. On dit qu'elles décident de la durée de vie des êtres humains à l'aide d'un fil que la première file, la deuxième enroule et la troisième coupe quand le temps est venu.

À l'encontre de ce qui a eu lieu avec Ouranos et Cronos, les enfants de Zeus viennent en aide à leur père. Car c'est un père juste et bienveillant, pas un monstre qui les empêche de voir le jour. Comme Hermès, les Moires se portent au secours de Zeus, elles tendent un piège fort habile à Typhon : elles lui offrent des fruits délicieux en lui promettant qu'ils vont le rendre plus fort, voire invincible et qu'avec un tel don, il n'aura aucun mal à l'emporter sur Zeus. En vérité, ces fruits contiennent des drogues qui affaiblissent tout le corps, de sorte que Typhon, qui s'est laissé prendre à cette ruse, se trouve totalement démuni, lui aussi réduit à l'état de légume, et finalement vaincu par Zeus qui l'emprisonne sous un volcan, l'Etna, dont les éruptions sont le signe de ses ultimes mais vains soubresauts.

La version de Nonnos de Panopolis : une question de survie

Chez un autre mythographe, Nonnos de Panopolis, trois siècles après Apollodore, la même histoire s'est considérablement approfondie et développée, agrémentée, qui plus est, d'anecdotes et de dialogues qui ne figurent ni chez Hésiode, ni même dans la *Bibliothèque* de notre illustre inconnu. Nonnos de Panopolis est, lui, connu. C'est un grammairien et mythographe du Ve siècle après Jésus-Christ, et il consacre les deux premiers chants de son ouvrage, *Les Dionysiaques*, au combat de Typhée contre Zeus. Nonnos est surtout connu comme l'auteur de ce poème épique consacré pour l'essentiel, ainsi que son titre l'indique, aux aventures de Dionysos.

À retenir

Son œuvre est donc rédigée trois siècles après la *Bibliothèque* d'Apollodore et douze siècles après les poèmes d'Hésiode, ce qui donne une idée du temps qu'il a fallu pour constituer ce que nous lisons aujourd'hui sous la rubrique « mythologie grecque » comme s'il s'agissait presque d'un seul corpus comparable à la Bible ou au Coran, alors qu'il s'agit d'une compilation d'innombrables récits étalés sur le temps long. L'ouvrage de Nonnos est pour nous particulièrement intéressant parce qu'il constitue une véritable mine de renseignements sur les mythes grecs.

Chez lui, l'histoire, bien que proche du récit d'Apollodore dans les grandes lignes, est néanmoins beaucoup plus riche, plus intense et plus dramatique. Car Nonnos ne cesse de souligner, avec un luxe de détails qui nous renseignent utilement aujourd'hui sur la façon dont ces mythes pouvaient être compris à son époque, les enjeux cosmologiques du conflit. Avec lui, il est tout à fait clair que c'est bel et bien la survie du cosmos qui dépend de l'issue de la bataille : si Typhon l'emporte, ce sont tous les dieux de l'Olympe qui seront définitivement asservis à celui qui prendra la place de Zeus, y compris sa femme, Héra, que Typhon ne cesse de convoiter et de vouloir enlever au maître de l'Olympe.

Voyons de plus près comment les choses se sont passées selon lui.

Récit

Comme chez Apollodore, les Olympiens, à l'exception de Zeus, sont d'abord saisis d'effroi à la vue de Typhon et, comme chez lui encore, ils s'enfuient, littéralement affolés. Et, là aussi, Zeus « perd ses nerfs » : ses tendons sont arrachés et cachés dans un endroit gardé secret par Typhon. Mais ici, ce n'est plus Hermès qui joue les premiers rôles dans la victoire de Zeus. C'est Zeus lui-même qui va concevoir un plan de bataille pour se sortir d'affaire. Pour le mettre à exécution, il convoque Éros, le confident (ou, selon certains, le fils) d'Aphrodite. Mais il appelle aussi Cadmos à sa rescousse, ce roi rusé, fondateur légendaire de la ville de Thèbes et frère de la belle Europe que Zeus a enlevée en se métamorphosant en taureau. Pour récompenser Cadmos des services qu'il va lui rendre, Zeus lui promet de lui donner en mariage la ravissante Harmonie, qui n'est autre que la fille d'Arès et de la sublime d'Aphrodite. Il lui promet aussi, honneur suprême entre tous, que les dieux de l'Olympe assisteront à ses noces (notez au passage combien toutes ces histoires sont entremêlées : c'est une des filles de Cadmos, Sémélé, qui tombera amoureuse de Zeus et deviendra la mère de son fils Dionysos...).

Pas d'ordre sans désordre

Le stratagème imaginé par Zeus mérite l'attention : il est tout à fait significatif de l'enjeu cosmique de sa lutte contre Typhon. Zeus demande à Cadmos de se déguiser en berger. Muni de la Syrinx de Pan, cette flûte d'où sortent des sons enchanteurs, et avec l'aide d'Éros, il doit jouer une musique si douce et si prenante que Typhon tombe sous le charme. Ici encore, on mesure à quel point chaos est en réalité inséparable de cosmos, comment le désordre ne peut pas vivre sans l'ordre, ni l'ordre sans le désordre. Typhon est tellement charmé par cette musique qu'il promet mille choses à Cadmos – entre autres, la main d'Athéna – pour qu'il continue de jouer et pour qu'il soit le musicien de ses futures noces avec Héra, la femme de Zeus, qu'il compte bien épouser dès qu'il aura terrassé son illustre mari. Sûr de son coup, Typhon tombe dans le piège. Il s'endort, bercé par les sonorités de la Syrinx. Cadmos peut alors récupérer les tendons de Zeus qui les réinstalle et se retrouve à nouveau en position de remporter la victoire.

Philosophie

Comme vous pouvez le constater, cette troisième version du mythe est pleine de sens : il est notamment remarquable que ce soit par la musique, l'art cosmique entre tous puisqu'il repose sur l'harmonie, sur l'ordonnancement des sons qui doivent pour ainsi dire « rimer » entre eux, que le cosmos soit sauvé. Ce que souligne encore le fait que le prix de la victoire soit justement, pour Cadmos, la main d'Harmonie : tout un symbole ! Là encore, je préfère citer le texte original afin de faire entendre les termes, ô combien significatifs, que Zeus utilise pour inviter Cadmos et Éros à mettre en place le piège tendu à Typhon (comme toujours, je glisse mes commentaires entre crochets).

Citation

> « Cher Cadmos, joue de la Syrinx et le ciel redeviendra serein. Si tu tardes, le ciel tombera en gémissant sous le joug de Typhon, car il s'est emparé de mes traits célestes... [*en plus des tendons de Zeus, Typhon lui a en effet dérobé la foudre, l'éclair et le tonnerre et Zeus entend bien les récupérer au plus vite*]... Sois berger pour une seule aurore et, par la musique ensorceleuse de ta flûte champêtre, sauve le pasteur du cosmos [*c'est-à-dire lui-même, Zeus, le maître de l'Olympe qui parle ici de lui à la troisième personne*]... Par la mélodie de ta Syrinx qui ensorcelle, charme le cœur de Typhon. Moi, pour te récompenser de ta peine, je te ferai un double présent : je ferai de toi non seulement le sauveur de l'harmonie universelle, mais aussi l'époux d'Harmonie. Et toi, Éros, semence originelle et principe des unions fécondes, tends ton arc et

> le cosmos ne risquera plus de s'effondrer [*car Typhon, charmé non seulement par la musique, mais aussi par les flèches d'Éros, tombera dans le piège que les deux compères lui ont tendu, ce qui permettra de sauver le cosmos*]… »

« Le sauveur de l'harmonie universelle » : la formule est significative, elle laisse penser que ceux à qui on racontait ces mythes devaient bien comprendre qu'il en allait de la survie de l'ordre cosmique tout entier, menacé de destruction par Typhon. C'est bien le cosmos qu'il faut sauver par l'harmonie de la musique que la déesse Harmonie viendra consacrer en épousant Cadmos. Donc, Cadmos joue de sa flûte et Typhon, le violent qui symbolise pourtant les forces chaotiques des origines, tombe malgré tout sous le charme comme la première midinette venue. Il fait mille promesses à Cadmos pour qu'il vienne chanter sa victoire le jour de son mariage avec Héra. Alors Cadmos ruse : il prétend qu'avec un autre instrument de musique, la lyre, un instrument à cordes, il peut faire beaucoup mieux encore qu'avec la flûte de Pan. Il parviendra même à surpasser Apollon, le dieu des musiciens. Simplement, il lui faudrait des cordes à sa mesure, des cordes faites, si possible, dans des tendons divins, assez résistants pour pouvoir vraiment « jouer » de la musique, etc,. etc. Typhon, fort mais bête, ne voit rien venir. Il ne pense pas une seconde qu'on puisse lui tendre un piège, à lui qui est si puissant et qui a déjà vaincu le roi des dieux.

On remarquera au passage, afin de bien comprendre cette partie du mythe, que la lyre, à la différence de la flûte de Pan, est un instrument harmonique : avec elle, on peut jouer plusieurs cordes en même temps et réaliser ainsi des accords qui « mettent ensemble » plusieurs sons différents ce qu'on ne peut guère faire avec un instrument à vent. La Lyre apparaît ainsi comme plus harmonieuse et, en ce sens, plus « cosmique » que la flûte, quels que soient ses mérites (on retrouvera cette même opposition entre les instruments mélodiques et les instruments harmoniques dans la mythologie de Midas, notamment dans le fameux concours de musique qui opposera Apollon au satyre Marsyas et dont nous parlerons plus loin). Bien entendu, le stratagème ourdi par Cadmos vise à récupérer les nerfs de Zeus…

Citation

> « Et d'un signe de ses terrifiants sourcils, Typhon acquiesce ; il secoue ses boucles et sa chevelure, crachant le venin de vipère, le fait pleuvoir sur les montagnes. Et vite, il court vers sa grotte, il s'empare des nerfs de Zeus et il donne au rusé Cadmos, en signe d'hospitalité, ces nerfs qui étaient tombés sur le sol pendant son combat contre Zeus. Alors le faux berger le remercie de ce don divin. Il palpe avec soin les nerfs et, sous prétexte d'en faire plus tard les cordes de sa lyre, il cache au creux d'un rocher ce précieux cadeau qu'il garde pour Zeus, le tueur du Géant. Ensuite, refermant ses lèvres pour

obtenir un son plus modéré, il presse les tubes qui forment sa flûte, il met une sourdine à leur voix pour rendre la musique plus suave encore. Et Typhée tend la multitude de ses oreilles. Il écoute l'harmonie sans comprendre. Le Géant est sous le charme : le faux berger l'ensorcelle avec sa Syrinx. Sur sa Syrinx, il feint de dire la fuite des dieux, mais c'est la future victoire de Zeus, toute proche, qu'il célèbre. À Typhon, assis à ses côtés, il chante la mort de Typhon. »

Cadmée récupère alors les nerfs divins, il les rend à Zeus, qui s'empare à nouveau de ses armes pendant que Typhon dort et, dès qu'il est sur pieds, la guerre reprend son cours, qui menace plus que jamais l'ordre cosmique tout entier :

Citation

« Sous les projectiles du Géant, la terre se crevasse et ses flancs, mis à nu, libèrent une veine liquide : du gouffre béant jaillit le flot des rivières souterraines qui déversent l'eau que retenaient les sols désormais mis à nu. Les rochers que les combattants se lancent tombent comme des torrents de pierre du haut du ciel avant de s'abîmer dans la mer... De ces projectiles de terre naissent des îles nouvelles dont les fondations se fichent aussitôt au fond de la mer pour y prendre racine... Déjà, les assises immuables du cosmos vacillent sous les bras de Typhon... Les liens de l'indissoluble harmonie se dissolvent... »

De manière très précieuse pour nous aider à comprendre le sens de tout ce récit, la déesse Victoire, qui se tient aux côtés de Zeus, bien qu'elle soit pourtant une descendante directe des Titans, déclare, effrayée, au maître de l'Olympe :

Citation

« Bien qu'on me donne le nom de Titanide, je ne veux pas voir les Titans régner sur l'Olympe, mais je veux que ce soient toi et tes enfants. »

Un combat entre l'ordre harmonieux et le chaos

Ce qui indique, à nouveau, l'enjeu réel du conflit : si Typhée gagne, ce sont les forces du Chaos, et avec elles les puissances titanesques qui animent les premiers dieux, qui l'emporteront et le cosmos sera définitivement anéanti. Du reste, Typhon ne s'en cache pas lorsqu'il se lance dans la bataille, comme on le voit dans la façon dont il mobilise « ses troupes », c'est-à-dire en l'occurrence les membres innombrables qui forment son propre corps. Il n'hésite pas à leur commander la destruction de l'ordre harmonieux et même à déclarer haut et fort qu'à l'issue du conflit il libérera les dieux du chaos enfermés par Zeus dans le

Tartare, à commencer par Atlas, l'un des fils du Titan Japet qui est censé porter le cosmos tout entier sur son dos, ainsi que Cronos :

Citation

> « Ô mes bras, frappez la demeure de Zeus, ébranlez les assises du cosmos avec les Bienheureux, brisez le divin verrou de l'Olympe qui se meut de lui-même. Détruisez le pilier de l'Éther et qu'Atlas prenne la fuite devant cet effondrement et qu'il laisse tomber la voûte étoilée de l'Olympe sans plus en craindre la course circulaire... Et Cronos, le mangeur de chairs crues [*n'oublions pas qu'il mérite ce nom puisqu'il a dévoré ses propres enfants...*], est aussi de mon sang [*en effet, ils sont tous les deux des descendants de Gaïa et des divinités « chaotiques »*] : pour m'en faire un allié, je vais le ramener à la lumière, le sortir des profondeurs de la terre et délier les chaînes qui l'asservissent [*tout comme Zeus l'a fait avec les Cyclopes et les Hécatonchires : Typhée a compris que lui aussi a besoin de se faire des alliés*]. Je vais faire revenir les Titans dans l'éther [*c'est-à-dire dans le ciel lumineux qui contraste avec les ténèbres du Tartare*] ; et je vais conduire sous mon toit, dans le ciel, ces fils de Gaïa que sont les Cyclopes, et je leur ferai fabriquer d'autres traits de feu, car j'ai besoin pour combattre de beaucoup de foudre puisque j'ai deux cents mains et non pas deux seulement comme le Cronide [*c'est-à-dire Zeus, Cronide signifiant tout simplement « fils de Cronos »*]. »

La défaite de Typhon et l'harmonie retrouvée

On mesure ici combien l'histoire s'est transformée depuis Apollodore, mais aussi comment les transformations sont cohérentes, tout à la fois significatives et légitimes si l'on comprend le sens d'ensemble de cet épisode. Par exemple, ce n'est plus Pan le personnage clef, mais Cadmos. Pourtant, on voit bien qu'ils se ressemblent comme des frères : Pan est le dieu des bergers et l'inventeur de la Syrinx. Or Cadmos se déguise en berger et c'est grâce à la Syrinx qu'il va triompher de Typhon. On imagine assez bien comment, au fil des récits qu'on se transmettait bien davantage par oral que par écrit, de telles évolutions furent possibles.

À la fin, bien entendu, comme chez Hésiode et Apollodore, la victoire revient à Zeus. Mais plus que les autres, bien que dans le même esprit, Nonnos insiste sur l'harmonie retrouvée, sur la restauration de l'ordre cosmique qui fut si formidablement mis à mal au cours du conflit. Les morceaux de terre comme les astres du ciel vont retrouver leur place et la nature va les relier à nouveau harmonieusement entre eux pour reformer l'ordre cosmique :

Citation

> « À la fin de cette guerre, la nature originelle, maîtresse du cosmos, une fois régénérée, cicatrise les flancs béants de la terre dévastée. Elle recolle le sommet des îles détachées de leurs racines en les amarrant à nouveau par des liens solides. Le désordre ne règne plus parmi les astres : le Soleil rétablit près de la Vierge à l'épi le Lion à l'épaisse crinière qui avait quitté la route du zodiaque. La Lune ramène en arrière le Cancer qui avait bondi sur la face du Lion céleste et le fixe aux antipodes du Capricorne glacé... ».

Si l'on traduit en clair ce langage imagé, il signifie que tout est à nouveau en place, en ordre, que les astres ont retrouvé leur situation initiale de sorte que Zeus peut tenir ses promesses en célébrant le mariage de Cadmos et d'Harmonie.

Vaincu par les dieux, Typhon sévit parmi les mortels

Que deviendra Typhon et qu'en reste-t-il au sein du cosmos enfin rétabli ? Deux fléaux pour les humains, et Nonnos, ici, est à nouveau fidèle à Hésiode. Sur la mer, les ouragans, les tempêtes qu'on appelle justement des « typhons », ces vents mauvais contre lesquels les malheureux mortels ne peuvent rien... sinon mourir, justement. Et sur la terre, des orages terrifiants qui ravagent les cultures dans lesquelles les hommes ont mis tous leurs efforts et tous leurs soins. Ce qui signifie, le point est important, que c'est essentiellement pour les dieux, moins pour les hommes, que le cosmos a atteint désormais une forme de perfection. Toutes les forces du chaos sont sous contrôle, mais pour les débordements qui subsistent encore, ils sont du côté des seuls humains. Comme le souligne à juste titre Jean-Pierre Vernant, après la victoire de Zeus sur Typhon, le fait que les résidus de ses pouvoirs de nuisance subsistent exclusivement sur terre, signifie que les dieux, comme toujours, expédient le temps, le désordre et la mort vers le monde sublunaire, du côté des mortels, l'univers des dieux étant désormais à l'abri des intempéries. C'est dire qu'à leurs yeux, les imperfections qui restent sont mineures, inessentielles, voire distrayantes.

Du reste, à bien y réfléchir, il n'est pas même certain qu'il s'agisse réellement d'imperfections. Comme je l'ai déjà suggéré : s'il ne restait pas un peu de désordre, un peu de dysharmonie et de déséquilibre dans ce monde si distrayant des mortels, il ne se passerait plus rien ! Il n'y aurait plus de temps, plus d'histoire, et les dieux eux-mêmes finiraient par se lasser, car un cosmos parfaitement harmonieux et équilibré serait tout figé. Il ne bougerait plus, le fameux calme olympien serait confiné dans l'immobilité la plus totale et on s'y ennuierait à mourir. En ce sens, il est heureux qu'il reste un peu de chaos, que Typhon vaincu, enfermé sous l'Etna (ou peut-être le Vésuve), fasse entendre encore de temps à autre sa voix : voilà peut-être la signification ultime de ces jets de fumées et de ces souffles intempestifs qui subsistent à la fin ce dernier épisode de la cosmogonie.

La gigantomachie : le combat des dieux et des Géants

Nous avons maintenant fait le tour des étapes par lesquelles sont passés les dieux de l'Olympe pour parvenir à créer le cosmos. Toutefois, selon certaines traditions plus tardives, dont Apollodore, notamment, se fait l'écho, il y aurait eu encore une étape entre la titanomachie et la guerre contre Typhon – à savoir la « gigantomachie », c'est-à-dire le combat contre les Géants. En effet, Gaïa, avant de concevoir Typhon avec Tartare, aurait défendu les Géants révoltés contre les dieux. Je vous rappelle que les Géants sont des fils de Gaïa fécondée par le sang qui s'écoule sur elle en provenance du malheureux Ouranos dont le sexe a été tranché par son fils, Cronos. C'est d'ailleurs parce que ses enfants, les Géants, vont être anéantis par les Olympiens que, selon cette version de la légende, Gaïa va engendrer Typhon en représailles. Encore une fois, on ne trouve nulle trace de cette « gigantomachie » dans les temps les plus anciens, ni chez Hésiode, ni chez Homère. L'hypothèse, cependant, pour tardive qu'elle soit, n'est pas dénuée de sens : elle cadre bien avec l'épisode Typhon, c'est-à-dire avec l'idée qu'il faut maîtriser progressivement toutes les forces du chaos, donc aussi celles que représentent les Géants, pour parvenir à équilibrer parfaitement le cosmos.

Voilà pourquoi il n'est pas inutile de dire encore quelques mots de cette fameuse querelle.

Mais revenons d'abord aux origines du conflit. Saisis par cette arrogance proprement démesurée et folle que les Grecs nomment *hubris*, les Géants ont décidé de s'emparer de l'Olympe. Le poète Pindare y fait allusion à plusieurs reprises[1], mais c'est Ovide, dans les *Métamorphoses*, qui nous en donne enfin une version complète et cohérente. Cela dit, comme souvent, il faut attendre Apollodore pour avoir un récit vraiment détaillé de la gigantomachie. Comme Ovide, il place la gigantomachie avant le combat contre Typhon. Chez Apollodore, c'est même parce que Gaïa est irritée que Zeus ait terrassé les Géants qu'elle « fabrique » Typhon afin de faire en sorte que les forces chaotiques et titanesques dont elle est aussi la mère ne disparaissent pas totalement au profit d'un ordre cosmique immuable et immobile.

1. Notamment dans une de ses œuvres, la première *Néméenne*, où il note que Gaïa a prévenu les dieux qu'ils ne pourraient gagner cette guerre qu'avec l'aide de deux demi-dieux, en l'occurrence, Dionysos et Héraclès.

Les Géants

Les Géants appartiennent, comme nous l'avons vu, au premier cercle des divinités les plus archaïques, celles qui sont encore proches de Chaos et qui menacent sans cesse la construction de l'ordre cosmique harmonieux, équilibré et juste que Zeus appelle de ses vœux. Cela dit, les Géants possèdent un statut tout à fait singulier parmi les dieux : bien qu'ils soient nés de Gaïa et d'Ouranos, donc malgré leur origine divine, ce sont quand même des mortels. Enfin, pas tout à fait : ils peuvent être tués, mais à condition que ce soit à la fois par un dieu et par un mortel, homme ou demi-dieu (comme Héraclès). En outre, certains d'entre eux sont immortels tant qu'ils ont les pieds posés sur la terre dont ils sont nés. Où l'on voit qu'on s'approche de plus en plus de la synthèse recherchée entre chaos et cosmos : on a affaire à des êtres mixtes, ni tout à fait dieux, ni tout à fait hommes, des êtres qui sont donc potentiellement mortels ou immortels, c'est selon, voués à l'éternité mais aussi au changement et à la mort. Leur situation intermédiaire est d'autant plus étrange qu'il existe, comme on va le voir dans le récit d'Apollodore, une herbe magique qui peut rendre les Géants tout à fait immortels – herbe dont Zeus va tout faire pour s'emparer avant que Gaïa ne puisse la donner à ses enfants.

C'est donc dans cette perspective qu'il faut lire ces deux récits, également significatifs du problème posé par la nécessité d'intégrer toutes les forces anti-cosmiques, sans exception aucune, dans l'ordre harmonieux du monde afin d'éviter qu'il ne soit plombé par trop de calme.

Le récit d'Ovide

Chez Ovide, d'abord : le combat se déroule à une époque où la terre est peuplée par une race humaine, la « race de fer », particulièrement corrompue et violente. Mais, ajoute Ovide, les hauteurs supérieures de l'éther – c'est-à-dire les sommets de l'Olympe où vivent les dieux – ne sont pas mieux loties que les régions inférieures. Elles ne constituent plus un asile sûr, car les Géants ont décidé de s'en rendre maîtres. Comme ils sont vraiment gigantesques, d'une force prodigieuse, ils entassent purement et simplement les montagnes les unes sur les autres pour en faire une espèce d'escalier leur permettant de monter jusqu'à l'Olympe affronter les dieux ! Ovide ne nous dit pas grand-chose sur la guerre elle-même, sinon que Zeus se sert de son arme favorite, la foudre, pour faire tomber les montagnes sur les Géants qui se trouvent bientôt ensevelis sous des masses colossales de terre. Blessés, ils perdent des flots de sang et Gaïa, voulant éviter que cette race qui est, malgré tout, celle de ses enfants, ne s'éteigne à tout jamais, fabrique avec le mélange de sang et de terre qui s'échappe des décombres une nouvelle espèce vivante qui a « face humaine », mais qui respire la violence et le goût du carnage lié à ses origines.

Voici le texte exact d'Ovide :

Citation

> « Les Géants, à ce qu'on dit, voulurent conquérir le royaume du Ciel. Ils entassèrent montagnes sur montagnes jusqu'aux astres. Alors le père tout-puissant brisa l'Olympe d'un trait de foudre, arrachant le Pélion à l'Ossa qui le soutenait. Ensevelis sous cette masse, les corps de ces barbares gisaient. La Terre fut inondée du sang de ses enfants et, à ce qu'on dit, elle en fut tout imbibée. Alors elle donna une âme vivante à ces flots encore tièdes et, afin qu'il reste une trace de sa propre race, elle en fit d'autres êtres à face humaine. Mais cette race méprisa les dieux, elle se montra avide de carnages et se fit violente, où l'on voyait qu'elle était née du sang... »

Le récit d'Apollodore

Le récit d'Apollodore est plus circonstancié. Il décrit par le menu comment chacun des dieux de l'Olympe s'attelle à la tâche pour venir à bout des Géants : Zeus, bien sûr, mais aussi Athéna, Apollon, Héra, Dionysos, Poséidon, Hermès, Artémis, les Moires... Le combat est d'une extrême violence, terriblement sanglant – ce qui s'explique par les origines à la fois chaotiques et sanguinaires qui entourent la naissance des Géants. Par exemple, Athéna ne se contente pas de tuer celui qu'on nomme Pallas, mais elle l'écorche vif pour faire de sa peau une espèce de bouclier qu'elle colle sur son propre corps ! Quant à Apollon, il décoche l'une de ses flèches dans l'œil droit d'un de ses adversaires tandis que, de son côté, Héraclès en place une dans l'œil gauche ! En clair, on ne fait pas de quartier...

Surtout, conformément à ce qu'écrit Pindare, il faut, pour venir réellement et définitivement à bout des Géants, qu'un mortel, homme ou demi-dieu, aide les Olympiens dans le combat : c'est Héraclès qui, chaque fois qu'un Géant est plus ou moins terrassé par un dieu, vient à sa rescousse pour l'achever.

Mais, comme toujours, la force seule ne suffit pas. Gaïa, qui joue son habituel double jeu – à la fois elle veut la construction d'un cosmos équilibré, mais en même temps, elle ne veut pas que les forces primordiales, celles du chaos, soient totalement éliminées – projette d'aider les Géants en leur donnant une herbe qui les rendra immortels. Zeus, qui sait tout, la voit venir. Il demande alors au soleil, Hélios, à la Lune et à Aurore de cesser d'éclairer la terre, de sorte que personne n'y voit plus rien, ce qui lui laisse le temps d'aller chercher la fameuse herbe magique qui pourrait rendre les Géants immortels. Et dès qu'il l'a repérée, il s'empresse – là est la preuve de son intelligence rusée, de sa *métis* – d'aller lui-même couper toutes les herbes d'immortalité que Gaïa a fait pousser de sorte que les Géants n'ont plus aucune chance de gagner le combat.

Voici l'essentiel du récit qu'en donne Apollodore :

Citation

> « Gaïa, indignée par le traitement infligé aux Titans, enfanta des œuvres d'Ouranos les Géants, d'une taille insurpassable et d'une force invincible. On ne pouvait pas les voir sans être effrayé, une épaisse toison retombait de leurs têtes et de leurs joues... Ils lançaient contre le ciel des rochers et des chênes enflammés. Porphyrion et Alcyonée les surpassaient tous. Ce dernier était même immortel tant qu'il combattait sur sa terre natale [...] Il existait chez les dieux un oracle qui disait qu'à eux seuls, ils ne pouvaient faire périr aucun des Géants, mais qu'en revanche, avec l'aide d'un mortel, ils pourraient y parvenir. Quand elle l'apprit, Gaïa se mit en quête d'une herbe médicinale pour que les Géants ne puissent pas non plus être tués par un mortel. Mais Zeus défendit à Éos, à la Lune et au Soleil de paraître et, devançant Gaïa, il cueillit lui-même cette herbe, puis, par l'entremise d'Athéna, il demanda son aide à Héraclès. Héraclès commença par percer de ses flèches Alcyonée, mais en tombant à terre, il retrouvait toute sa vigueur. Alors, sur le conseil d'Athéna, Héraclès l'entraîna hors de Pallène, et c'est ainsi qu'Alcyonée mourut. Mais Porphyrion, au beau milieu de la bataille, s'élança sur Héraclès et sur Héra. Zeus suscita en lui le désir de posséder Héra, et comme il lui déchirait ses vêtements et qu'il s'apprêtait à la violer, Zeus le foudroya et Héraclès l'acheva en le perçant de ses flèches. Apollon transperça d'une flèche l'œil gauche d'Éphialtès, tandis qu'Héraclès transperçait son œil droit [...]. Athéna lança l'île de Sicile sur Encelade qui s'enfuyait, elle écorcha Pallas et, au beau milieu de la bataille, elle entreprit de couvrir son propre corps sous cette peau. Polybotès, poursuivi par Poséidon à travers la mer, arriva à Cos. Poséidon arracha une partie de l'île, celle qu'on nomme Nisyros, et il la lança sur lui [...] les autres furent tués par Zeus à coups de foudres, et tous furent achevés par Héraclès, transpercés par ses flèches. »

Trois sujets méritent commentaire dans ce texte. D'abord, comme toujours, l'extraordinaire créativité de la mythologie grecque. On se demande où ils sont allés chercher tout ça, tous ces détails, tous ces « tiroirs », toutes ces histoires dans l'histoire, tous ces noms (avez-vous noté que chaque Géant a un nom, voire des caractéristiques particulières, comme Alcyonée, qui reprend vigueur chaque fois qu'il pose le pied sur sa terre/mère natale...). Ensuite, c'est aussi ce mélange de cruauté et de sexe qui peut étonner. Ici, on écorche vif et là, si on tire une flèche, c'est forcément dans l'œil. Quant à Zeus, il n'hésite pas à se servir de sa femme pour rendre un Géant sexuellement si excité qu'il en perd la raison et devient une proie plus facile. Enfin, c'est toujours le côté cosmique qui finit par dominer : c'est carrément toute la Sicile qu'Athéna jette comme un vulgaire caillou à la tête du Géant Encelade ; quant à Poséidon, sans doute moins puissant qu'elle, c'est quand même avec un morceau d'île qu'il écrase Polybotès, manière de rappeler à l'auditeur ou au lecteur de ces récits que c'est bien l'univers tout entier qui est aux mains des dieux, que c'est bien de la construction ou de la destruction du cosmos qu'il est question dans cette affaire.

À retenir

Avec ces ultimes péripéties, c'est donc la cosmogonie qui s'achève. Ces deux guerres constituent en effet les épisodes qui marquent la fin de l'histoire de l'édification de l'ordre cosmique tout entier. Après la mort des Géants et la victoire de Zeus sur Typhon, les forces chaotiques qu'on a vues à l'œuvre tout au long de ces récits primordiaux sont enfin définitivement muselées ou, pour mieux dire, intégrées à l'ensemble et, au sens fort du terme, « remises à leur place », au plus profond de la terre. Le cosmos est désormais solidement installé. Sans doute reste-t-il encore, du côté des humains, quelques vents mauvais, quelques tremblements de terre assortis, le cas échéant, d'éruptions volcaniques. Des monstres vont en sortir, que les héros devront affronter à la place de Zeus et en son nom. Mais pour l'essentiel, l'univers ordonné, juste, beau, harmonieux et bon est édifié sur des bases enfin solides.

La plupart des expressions que nous allons maintenant découvrir et analyser ne sont compréhensibles qu'à partir du récit que nous venons d'achever, ce pourquoi il fallait commencer par lui.

AH SI ! JE M'EN SOUVIENS TRÈS BIEN ! TU AS SOUHAITÉ CRÉER LES HUMAINS PARCE QUE TU EN AVAIS MARRE DU CALME OLYMPIEN.
Faro

Dans cette partie...

Pour bien comprendre les expressions qui sont liées aux divinités, il est bon d'avoir à l'esprit quelques clefs d'interprétation.

On remarquera d'abord que dans la mythologie, théogonie = cosmogonie. En d'autres termes, la naissance des dieux et celle du cosmos ne font qu'une. Il s'agit de la même histoire et ce pour la bonne raison qu'à l'origine, les différentes parties de l'univers sont considérées tout à la fois comme des « morceaux de nature » et comme des divinités. C'est dire que ces divinités sont susceptibles, le cas échéant, de se mettre en couple, de s'unir entre elles, et d'avoir à leur tour des enfants : c'est ainsi que des milliers d'autres créatures plus ou moins divines naîtront de ces premiers dieux.

On ajoutera ensuite que ces divinités cosmiques font l'objet d'une personnalisation progressive. Je veux dire par là que les tout premiers dieux, à l'exemple de Chaos, ne sont pas encore des personnes douées d'un visage, d'un langage, d'un caractère. Même les Titans, à de rares exceptions près, et malgré quelques progrès dans la personnalisation, n'ont guère de psychologie. On ne s'intéresse ni à leurs sentiments, ni à leur pensée. Ce sont des entités guerrières, des puissances de destruction orientées vers la conquête ou la préservation du pouvoir, mais c'est à peu près tout ce qu'on peut en dire. C'est avec la génération des Olympiens que des caractères se forgent, que des caractéristiques liées à la personnalité d'Athéna, de Zeus ou d'Héra commencent d'apparaître, des caractéristiques qui sont au demeurant le plus souvent très humaines, voire trop humaines... En bref, les dieux grecs, à la différence des dieux des grands monothéismes, n'ont aucune prétention à quelque perfection morale que ce soit, ils sont dans leurs vies aussi pleins de défauts que des humains ordinaires, leur véritable différence d'avec les mortels tenant avant tout à leur force, à leur relative omniscience et, bien entendu, à leur immortalité.

DANS CE CHAPITRE

Les cinq âges de l'humanité selon Hésiode

Chapitre 3
L'Âge d'or
Le paradis perdu

C'était l'âge d'or

C'est dans l'œuvre d'Hésiode intitulée *Les Travaux et les Jours* que le mythe de l'âge d'or apparaît pour la première fois. Il décrit le premier stade d'une histoire légendaire, celle des *cinq âges* de l'humanité ou, pour suivre la lettre du texte grec, des « cinq races humaines ». Hésiode y présente cinq humanités différentes, cinq types humains qui se seraient succédé au fil des temps, mais dont on peut aussi penser qu'ils restent à des titres divers toujours plus ou moins présents, ou à tout le moins possibles, au sein de l'humanité actuelle. Voici comment est décrit l'âge d'or, une période censée être la plus heureuse de l'histoire humaine :

Citation

> « C'est d'abord une race d'or, une race d'hommes éphémères, que créèrent les dieux immortels qui ont leur séjour sur l'Olympe. C'était du temps où Cronos, qui régnait sur le ciel et les mortels qui vivaient alors comme les dieux, dans l'insouciance, sans labeurs pénibles ni souffrances ; la sinistre vieillesse ne les affligeait point ; leurs bras et leurs jambes conservaient leur vigueur et, à l'écart de tous les maux, ils vivaient dans la joie... Ils mouraient comme emportés par le sommeil. Tout était beau et bon pour eux. La terre, d'elle-même féconde, leur offrait des fruits en abondance... Vivant en paix et le cœur joyeux, ils menaient leur existence au milieu de tous ces biens, riches de leurs troupeaux, chéris des dieux immortels... »

Quand hommes et dieux vivaient en bonne entente

L'âge d'or est donc une époque au plus haut point sereine et calme, une période où l'humanité ne connaît aucun des maux auxquels elle est aujourd'hui confrontée, ni la vieillesse ni la maladie, ni les travaux pénibles, ni les conflits et, en fin de parcours, une mort douce, sans jamais avoir eu à s'en inquiéter. Tout cela parce qu'en ces temps bénis des origines, les hommes vivaient encore en communauté de bonne entente avec les dieux.

À cette époque, ils étaient fidèles à *dikè*, à la justice, ils étaient des justes de sorte que la paix régnait entre eux. C'est dire aussi qu'ils s'abstenaient encore de cette fâcheuse *hubris*, cette démesure arrogante qui conduit à demander plus que sa part et à méconnaître ainsi tout à la fois qui l'on est et en quoi consiste l'ordre du monde.

En ce temps-là, nous dit encore Hésiode, les hommes bénéficiaient de trois merveilleux privilèges, des privilèges dont, encore aujourd'hui nous voudrions bien disposer. D'abord, comme je l'ai suggéré, ils n'avaient nul besoin de travailler pour gagner leur vie. La nature était alors si généreuse qu'elle leur donnait d'elle-même – comme dans le jardin d'Éden, le fameux paradis perdu du mythe biblique d'Adam et Ève – tout ce qu'il faut pour vivre agréablement : les fruits de la terre les plus délicieux, des troupeaux gras et nombreux, des sources d'eau fraîche et des rivières accueillantes, un climat doux et constant, bref de quoi manger, boire, se vêtir et profiter de la vie sans aucun souci. Ensuite, ils ne connaissaient ni la souffrance, ni la maladie, ni les maux liés au grand âge. Ils vivaient à l'abri des fléaux qui gâtent d'ordinaire l'existence humaine, à l'écart des malheurs qui frappent tout un chacun presque quotidiennement de nos jours. Enfin, bien qu'ils fussent malgré tout mortels, ils mourraient « aussi peu que possible », sans douleur ni angoisse, « comme pris par leur sommeil » nous dit Hésiode. S'ils étaient « à peine mortels », c'est que, tout simplement, ils n'avaient pas peur d'une mort qui advient comme en un clin d'œil, sans faire d'histoire, de sorte qu'ils étaient au plus proche des dieux dont ils partageaient d'ailleurs la vie quotidienne.

Le saviez-vous ?

Lorsque cette race finit un jour par s'éteindre, « avalée par la terre » selon la formule d'Hésiode, ces hommes-là ne disparaissent pas tout à fait. Ils deviennent ce que les Grecs appellent des « démons », le mot n'ayant pas pour eux le sens négatif qu'il a pris dans la tradition chrétienne et auquel nous sommes aujourd'hui accoutumés.

Anges gardiens et démons

Il s'agit d'esprits bienveillants et justes, capables de distinguer *hubris* de *dikè*, la démesure et la justice, le mal et le bien, l'injuste et le juste. En raison de ce discernement, ils vont recevoir de Zeus le privilège insigne de répartir les richesses en fonction des bonnes et des mauvaises actions des hommes. Et ce qui montre qu'après leur mort, ces êtres-là continuent en quelque façon de vivre et même de bien vivre, c'est qu'une fois transformés en démons/anges gardiens, ils restent avec les vivants sur la terre et non dessous, dans les ténèbres, comme les méchants qui ont été punis par les dieux.

De l'âge d'or à l'humaine condition

Après l'âge d'or vient, hélas, l'âge d'argent où règne une race d'hommes puérils et méchants, puis l'âge de bronze, lui aussi détestable, peuplé d'êtres terrifiants et sanguinaires, auquel succède l'âge des héros, guerriers eux aussi, mais valeureux et nobles, qui finiront leurs jours dans l'île des bienheureux où leur vie ressemble en tout point à celle qui régnait dans l'âge d'or. Enfin vient l'âge de fer, c'est-à-dire notre époque et notre humanité. Et là, la description d'Hésiode est, si j'ose dire, apocalyptique. Cette période, à coup sûr, est la pire de toutes.

À l'âge de fer, les hommes ne cessent de peiner et de souffrir. Il n'est pas une seule joie qui, pour eux, ne soit accompagnée aussitôt d'une peine, pas un bien qui n'implique, comme le revers d'une médaille, un mal. Non seulement les hommes vieillissent à toute vitesse, mais ils doivent travailler dur pour gagner leur vie. Et encore, nous n'en sommes qu'au début de cette ère et les choses peuvent empirer. Pourquoi ? Tout simplement parce que cette humanité vit dans l'*hubris*, dans la démesure, dans cet orgueil prométhéen qui n'est plus limité, comme celui des hommes de bronze, à la brutalité guerrière, mais qui contamine toutes les dimensions de l'existence humaine. Habitée par la jalousie, l'envie, la violence, cette race détestable ne respecte ni l'amitié, ni les serments, ni la justice sous quelque forme que ce soit, de sorte que les derniers dieux qui habitent la terre et vivent encore auprès des hommes risquent fort de s'en aller définitivement pour rejoindre l'Olympe. Nous sommes ici aux antipodes du bel âge d'or où les êtres humains vivaient en communauté d'amitié avec les dieux, sans travailler, sans souffrir, et (presque) sans mourir. Où l'on voit les méfaits ultimes et ravageurs d'une vie livrée à l'*hubris,* d'une vie en désaccord avec l'ordre cosmique et, c'est tout un, d'une existence sans respect des dieux.

À retenir

Ce mythe a donné lieu à une infinie pluralité d'interprétations comme à une iconographie extraordinairement riche. Les romantiques s'y intéressèrent tout particulièrement. Ils y voyaient l'origine de leur thème favori, celui de la nostalgie d'un paradis perdu face aux temps modernes issus des Lumières et voués à la déréliction. C'est ainsi que dans les parcs des palais, en Suisse et en Allemagne, on construisait parfois des ruines évoquant ce paradis perdu, cet âge d'or des temps heureux, ceux d'avant la « chute » et du déclin de l'Occident...

DANS CE CHAPITRE

La toute première génération des dieux combattus par Zeus

•

L'histoire d'Atlas qui soutient la voûte céleste

•

Prométhée, Hercule et le jardin des Hespérides

Chapitre 4

Les Titans
Une force à soulever des montagnes

Un combat de titans – une force titanesque

Lexique

Je vous ai raconté dans le premier chapitre la naissance des Titans. Nous avons vu comment, dans la *Théogonie* d'Hésiode, ils appartiennent à la génération des premiers dieux (pour être plus précis, ils sont la deuxième génération, celle qui suit Chaos, Gaïa et Ouranos). Dieux terribles, ils sont encore proches du chaos initial et pour cette raison, ils sont voués à la guerre, à la violence et à la discorde – en quoi ils vont apparaître comme par avance résolument opposés à l'harmonie cosmique que voudra installer la troisième génération des dieux, celle de Zeus et des Olympiens. Je n'y reviens donc pas, sinon pour préciser que le nom propre, Titan(s), est devenu commun dans les années 1830 pour désigner tout simplement un géant, tandis que l'adjectif « titanesque », signifiant « gigantesque, démesuré », faisait son apparition dans les dictionnaires dans les années 1840. Aujourd'hui encore, un métal aussi dur que résistant, le titane, leur doit son nom.

L'Atlas

Celui qui porte la voûte céleste

Selon la généalogie la plus courante (mais comme souvent, il y en a plusieurs autres), Atlas est un des quatre fils du Titan Japet. Il est donc le frère de Prométhée, d'Épiméthée et de Ménétios. Son nom signifie « celui qui porte », du verbe *tlao*, qui veut dire « porter », « supporter ».

Récit

Pour le punir d'avoir participé aux côtés des Titans dans leur guerre contre les Olympiens, Zeus le condamna à tenir éternellement la voûte céleste sur ses épaules, tandis qu'il foudroya son frère Ménétios, un être beaucoup trop puissant et trop plein d'*hubris* pour que Zeus lui laisse la vie. C'est en souvenir de ce dieu qui portait « le toit de l'univers » sur sa nuque qu'on a donné son nom à la première des sept vertèbres cervicales, ainsi qu'à tous les recueils de cartes géographiques grand format. Atlas est aussi présenté comme le père des Hespérides, les nymphes du soir (en grec : *hespéros*), des divinités du couchant, et de Calypso, la nymphe qui tombera amoureuse d'Ulysse et qui le gardera sur son île et même le cachera (du verbe *calyptein*, qui veut dire « cacher ») pendant sept longues années.

C'est surtout dans les douze travaux d'Héraclès qu'on aura l'occasion de croiser le personnage d'Atlas. Parmi les diverses tâches qu'Héra impose à Héraclès par l'intermédiaire de son cousin Eurysthée, il en est une qui consiste à s'emparer des fameuses pommes d'or des Hespérides – c'est une de ces pommes qu'Éris, la déesse de la discorde, a posée sur une table, au beau milieu du banquet, lors du mariage de Thétis et de Pélée (voir l'histoire de la pomme de discorde, chapitre 19).

Ce sont des pommes très spéciales, qui poussent directement sur leur arbre en métal précieux, et pour cause : c'est le présent que Gaïa, la grand-mère de Zeus, a offert à Héra le jour de son mariage avec son petit-fils. La reine des dieux les a trouvées si sublimes qu'elle a fait planter le pommier qui les produit dans un jardin situé aux confins du monde réel, un jardin gardé justement par Atlas.

Où il est aussi question d'Héraclès, de Prométhée et du jardin des Hespérides

Héra craint toujours qu'on vienne lui voler ses pommes. Elle place donc pour plus de sûreté, deux sortes de gardiens à l'entrée du parc. Il y a d'abord trois nymphes, les Hespérides (ce qui en grec veut simplement dire « fille d'Hespéris », cette dernière étant elle-même la fille d'Hespéros, le soir). Ces divinités portent des noms qui évoquent les couleurs de la fin de la journée : « la Brillante », « la Rouge », « l'Aethuse du couchant »... Mais comme Héra, à ce qu'on raconte, n'est pas très sûre de ses nymphes, elle a ajouté un second gardien : un dragon immortel qui, comme de bien entendu, est un fils de Typhon et d'Échidna, décidément toujours en travers du chemin d'Héraclès comme ils l'étaient en travers de son père.

C'est au cours de cette expédition à la recherche des pommes d'or qu'Héraclès va libérer Prométhée de ses chaînes : il tue à coups de flèches l'aigle qui lui dévore le foie (et qui est lui aussi un fils de Typhon et d'Échidna). Curieusement, ce n'est pas par la force, mais par la ruse qu'Héraclès va parvenir à voler les pommes d'Héra – preuve qu'il est bel et bien un fils de Zeus qui a avalé sa première femme, Métis, un nom qui en grec signifie « la ruse ».

Prométhée, une fois libéré, ne fait évidemment pas de difficulté pour indiquer à Héraclès ce qu'il cherche depuis plus d'un an maintenant : l'emplacement exact du fameux jardin des Hespérides. C'est facile, puisqu'il est justement là où est son frère, Atlas. Prométhée lui conseille de ne pas aller voler les pommes lui-même – ce serait un larcin peu pardonnable – mais d'envoyer Atlas les chercher pour lui. Lorsqu'il arrive chez Atlas, Héraclès lui propose un marché : il tiendra le monde sur ses épaules à sa place, le temps que ce dernier aille récupérer les pommes. Atlas accepte, mais, à son retour, il se sent tout léger. Il découvre à quel point il est agréable de vivre sans fardeau, à quel point il en a assez de porter le monde sur son dos. On le comprend ! Et il déclare à Héraclès qu'il va, tout bien pesé, apporter lui-même les pommes à Eurysthée. Pendant tout ce temps, Héraclès retient la voûte céleste sur les épaules. Il a beau être fort, ça commence à lui peser. Il faut qu'il trouve une solution pour la remettre d'urgence sur celles d'Atlas. L'air de rien, pour ne pas attirer son attention, il lui dit que c'est d'accord : il va garder le monde sur ses épaules. Simplement, si Atlas avait la bonté de reprendre le fardeau une seconde, cela lui permettrait de se saisir d'un petit coussin qu'il mettra sous sa tête pour être un peu plus à l'aise. Atlas tombe dans le piège, reprend la voûte et, bien évidemment, Héraclès lui tire sa révérence et s'en retourne chez Eurysthée avec les pommes, en laissant le pauvre Atlas livré pour l'éternité à son funeste destin.

DANS CE CHAPITRE

Prométhée et Épiméthée se partage la création du monde vivant

•

Prométhée crée les hommes pour divertir les dieux

•

Prométhée vole le feu aux dieux

Chapitre 5

Prométhée

Le titan qui vola le feu aux dieux...

L'homme prométhéen

Philosophie

Depuis que j'ai écrit un livre sur le projet transhumaniste et les progrès des biotechnologies qui travaillent à l'allongement de la vie humaine en même temps qu'à la « fabrication » d'un « homme augmenté », la question revient souvent chez mes interlocuteurs : n'êtes-vous pas effrayé par l'*hubris*, l'orgueil démesuré de « l'Homme prométhéen » ? C'est chaque fois l'occasion de rappeler que le mythe originel, certes, pointe les dangers que la liberté humaine fait courir au cosmos comme à sa propre espèce, mais qu'il dévoile aussi le fait que ces périls sont inséparables de la grandeur de l'Homme, une grandeur qui tient à cette faculté singulière qu'est sa liberté de choix, une faculté que les animaux ignorent et qui fait de l'être humain un être unique au sein du vivant.

Si l'on en croit Platon, qui évoque longuement le mythe de Prométhée, tout commence le jour où, les Olympiens ayant gagné la guerre contre les Titans, le célèbre calme qui s'installe sur l'Olympe vient à les ennuyer. Voici la scène telle qu'on peut la reconstituer d'après les œuvres d'Hésiode : derrière Zeus, on aperçoit ses deux gardes du corps, Kratos (la force), un homme impassible aux muscles impressionnants, et Bia (la violence), une femme tout aussi redoutable que son collègue. Zeus prend la parole et s'adresse aux autres dieux en des termes sans doute proches de ceux que j'imagine ici d'après les textes qui rapportent cet épisode :

Citation

« "Nous avons gagné la guerre contre les Titans. Ils sont désormais enfermés dans le Tartare, derrière les portes de bronze que Poséidon a construites. Et comme ils sont gardés par Cerbère, nous pouvons enfin dormir tranquilles !" Zeus s'arrête un instant, le temps que les souvenirs de ce conflit terrible s'estompent. Puis il reprend : "J'ai partagé le monde entre vous, j'ai rendu à chacun les honneurs qui lui reviennent. Ma grand-mère, Gaïa, reste gardienne de la terre et Ouranos du ciel ; Okéanos, l'un des rares Titans à nous avoir rejoints, sera le père des fleuves ; Héra, ma divine, tu es l'impératrice ; ma fille, Athéna, tu es déesse des arts et de la guerre ; quant à vous, mes deux frères, je ne vous ai pas oubliés : Poséidon, tu seras le maître des mers et l'Ébranleur de la terre, quant à toi, Hadès, tu garderas les sous-sols infernaux... Bref, chacun d'entre vous a eu sa part d'honneur et le monde, maintenant, est stable, paisible et bien partagé. Profitez-en, amusez-vous, reposez-vous, soyez enfin bienheureux..." »

La création des hommes et des animaux

Les dieux applaudissent, félicitent Zeus, et on les voit s'égayer dans la nature, retournant chacun dans son palais Et de fait, ils se reposent et s'amusent, absorbent les nourritures divines, le nectar et l'ambroisie, dans leurs magnifiques demeures, servis par des nymphes ravissantes. Ils jouent, font de la musique, font l'amour, se font des farces, parfois, se disputent aussi, de temps à autre, bref, ils profitent du bon temps comme on fait en général en famille dans une période d'après-guerre où revient le goût des joies simples de l'existence. Peu à peu, on sent pourtant que les dieux commencent à s'ennuyer, à trouver le temps long. On les voit bailler de plus en plus souvent. Certains, comme Arès, en viennent même à regretter le temps de la guerre qui du moins les occupait, donnait du sens à leur vie. Ils se demandent ce qu'ils vont bien pouvoir faire maintenant que tout est stable dans le monde, qu'il ne se passe plus rien, qu'il n'y a plus d'histoire, plus de vie, plus aucun mouvement dans l'univers... Zeus, qui voit et comprend tout, se dit qu'il faut trouver une occupation à ses troupes. Après un temps de réflexion, une idée fabuleuse lui vient à l'esprit. Tout enthousiaste, il convoque à nouveau l'assemblée des dieux dans le même amphithéâtre :

Citation

> « Le monde est devenu bien calme ces temps-ci, peut-être même trop calme, pour ne pas dire monotone. Eh bien, mes amis, j'ai eu une idée : nous allons fabriquer des êtres mortels, toutes sortes d'êtres mortels. Nous pourrons alors jouer avec eux, les regarder vivre, suivre leurs aventures, y participer au besoin et comme ça, la vie et les intrigues de tous ordres reviendront dans l'univers et nous ne manquerons plus jamais de distractions ni de sujets de réflexion : qu'en dites-vous ? »

Grosse approbation sur les bancs de l'assemblée des dieux. Alors, Zeus poursuit son discours :

Citation

> « J'ai décidé de demander à mon cousin Prométhée, le fils du Titan Japet, qui lui aussi nous a rejoints dans la guerre, de s'occuper de ce travail. Vous savez combien, à la différence de son frère Épiméthée, ce pauvre nigaud, Prométhée est intelligent : je suis certain qu'il va s'acquitter de cette tâche à merveille ! »

Lexique

Je vous rappelle au passage qu'en grec, *pro-méthée* signifie « celui qui comprend en avance, qui pense avant les autres » comme un maître qui a un coup d'avance aux échecs, tandis qu'*épi-méthée*, c'est « celui qui comprend après coup », celui qui a, comme on dit si bien en français, « l'esprit d'escalier ». En clair : c'est l'idiot de la famille et nous allons voir bientôt quels désastres sa bêtise va engendrer pour l'humanité.

Épiméthée supplie malgré tout son frère de le laisser participer au travail commandé par Zeus. Il affirme qu'il pourrait très bien s'occuper de ces mortels de rang inférieur que sont les animaux. Prométhée à quelques doutes, mais enfin, il ne s'agit après tout que des bêtes, alors il finit par accepter la proposition de son frère. Plein d'application, Épiméthée distribue des dons divers aux différentes espèces animales. Il entend construire ainsi un système parfaitement équilibré, un règne animal viable, où chaque espèce a ses chances de survie par rapport aux autres. Aux petits animaux, il donne des ailes, ou bien la rapidité à la course, ou la capacité à construire des terriers pour échapper aux prédateurs et s'abriter du danger. Pour la tortue, qui est trop lente pour ne pas être une victime des bêtes féroces, il confectionne une carapace ; dans les pays froids, les animaux reçoivent une épaisse fourrure, dans les forêts des griffes pour grimper aux arbres, dans la mer des nageoires, etc., de sorte qu'au total, l'ensemble forme un univers parfaitement bien agencé, ce que les Grecs appellent un « cosmos » et que nous, aujourd'hui, nous appellerions un « écosystème » équilibré.

Pour les hommes, Prométhée vole le feu et les arts

Quand Prométhée vient examiner le travail de son frère, il est pourtant consterné, et ce pour la simple et bonne raison qu'il ne reste plus rien, plus aucun don pour les humains. Épiméthée ayant tout distribué aux bêtes, les êtres humains, privés de tout, naissent tout nus, sans fourrure ni griffes, sans carapaces ni ailes, ni nageoires, ni rapidité à la course, bref, à la merci des autres animaux. C'est pour compenser ce néant de don et réparer les bêtises de son frère que Prométhée se précipite chez Héphaïstos et Athéna afin de dérober au premier le feu, et à la seconde les arts (les techniques) – un larcin qui lui vaudra, comme nous le verrons à propos de la boîte de Pandore (voir chapitre 39), un terrible châtiment de la part de Zeus. Pourquoi ? Tout simplement parce que Prométhée vient, sans le vouloir, de doter les Hommes d'un pouvoir nouveau, d'une liberté de choix et d'un génie créateur qui risquent fort de les conduire à se prendre pour des dieux, à céder à l'*hubris*, à l'ivresse de la technique déchaînée. Car avec les arts et le feu, ils apparaissent désormais comme les seuls vivants capables d'inventer par eux-mêmes non seulement de quoi survivre (des chaussures, des vêtements, des maisons…), mais aussi des armes, des chars, des bateaux, plus tard des avions, et finalement une technoscience dont le développement sans limite menacera bientôt l'ordre cosmique si péniblement établi par Zeus. Mais il y a plus : ils sont désormais les seuls à pouvoir inventer leurs vies, à se doter librement de toutes sortes de destinées différentes. Paradoxalement, c'est parce qu'ils ne sont rien au départ, parce qu'ils n'ont aucun don particulier, qu'ils peuvent devenir tout, qu'ils sont libres de choisir leurs destinées multiples. Au contraire des animaux, qui sont programmés de toute éternité par les dons qu'ils ont reçus de la nature commune à leur espèce, les humains, privés au départ de tout talent naturel, ne sont prisonniers d'aucun programme absolument déterminant.

Avec la liberté de choisir, l'homme prométhéen égale les dieux

Philosophie

C'est donc une espèce prodigieusement dangereuse et inquiétante pour l'ordre cosmique que Prométhée vient faire naître sans l'accord de Zeus. On comprend que ce dernier choisisse, non seulement de punir ce fils de Titan, mais aussi les humains afin de les remettre eux aussi à leur place et les inviter à ne jamais céder à l'*hubris*. C'est donc parce qu'elle est dotée d'une liberté de choix que l'humanité est tout à la fois la seule espèce parmi les vivants capable de détruire le monde, mais aussi la seule qui soit en mesure de forger par elle-même son destin. À la différence des abeilles qui, de génération en génération, ne peuvent rien faire d'autre que butiner les fleurs et fabriquer du miel, ou des chats, qui courent après les souris depuis des millénaires en répétant indéfiniment les mêmes gestes, seule l'humanité échappe à tout logiciel, à tout programme « naturel » déterminant dont nul ne pourrait s'émanciper. Les humains auront pour cette raison une double histoire, directement liée au fait qu'ils sont libres, peu programmés par l'instinct naturel : celle de l'individu, qui s'appelle l'éducation, et celle de l'espèce, qu'on nomme culture et politique. En quoi l'Homme prométhéen, n'est pas, ou en tout cas pas seulement, un nuisible, puisqu'il est aussi le seul être qui soit capable de morale, attendu que cette dernière suppose toujours une liberté de choix. (Voir aussi chapitre 39 « Pandore ».)

DANS CE CHAPITRE

Le royaume de Zeus et des dieux sur le mont Olympe

•

L'Olympe s'oppose au chaos des origines

•

Un royaume calme, bien trop calme…

Chapitre 6

L'Olympe
Séjour des dieux…

Un calme olympien

Le mont Olympe, qui culmine à près de 3 000 mètres de hauteur, est le plus élevé du massif montagneux qui domine la Grèce. Il s'élève entre la Thessalie au sud et la Macédoine au nord. La mythologie en a fait la résidence de la troisième génération des dieux, celle qui est conduite par Zeus et qui succède au règne des Titans, fils et filles de Gaïa et Ouranos. Après avoir vaincu Cronos et les Titans, Zeus s'y est installé en compagnie des 11 (ou 13) autres divinités olympiennes – 11 ou 13, les différentes listes canoniques étant, comme je l'ai suggéré dans le chapitre 1 de ce livre, variables selon les documents que l'archéologie a exhumés. Je rappelle qu'à l'encontre d'une idée souvent reçue, les Olympiens ne sont pas 12 mais, au total, 14. Voici comment Homère, au chant VI de l'*Odyssée*, a décrit l'Olympe :

Citation

> « [Un lieu] où le séjour immortel des dieux est toujours tranquille, un lieu que les vents n'agitent jamais, qui ne connaît jamais ni la pluie, ni le mauvais temps, ni la neige. Il y règne en permanence une sérénité sans nuages entourée d'une lumineuse clarté. Les dieux y jouissent sans aucune interruption de plaisirs aussi immortels qu'ils le sont eux-mêmes. »

Toute la mythologie est structurée autour de l'opposition entre chaos et cosmos, entre les dieux des origines, les Titans, qui sont des dieux de la violence et de la guerre et qui habitent sur le mont Othrys, et les Olympiens, dieux de l'harmonie et de la paix. Ce que symbolise l'Olympe, par opposition au mont Othrys, c'est justement cette harmonie et cette paix, ce fameux « calme olympien » que Zeus instaure enfin quand il a gagné la guerre contre les Titans et qu'il partage harmonieusement le monde entre les dieux qui l'ont soutenu et accompagné dans ce terrible conflit. En fait, ce calme sera si calme, qu'il en deviendra, sinon mortel (les dieux ne le sont pas), du moins à périr d'ennui – de sorte que pour se distraire et pour échapper à un calme trop parfait, les Olympiens demanderont à Prométhée de créer les mortels (voir chapitres 5 et 39). C'est grâce à ces derniers que la vie et l'histoire se réintroduiront dans le cosmos pour la plus grande joie de Zeus, finalement bien content d'échapper à une paix trop immuable pour ne pas devenir ennuyeuse.

DANS CE CHAPITRE

Amalthée, la chèvre qui nourrit Zeus enfant

•

Sémélée foudroyée par Zeus

•

Dyonisos, né de la cuisse de son père

Chapitre 7

Zeus (Jupiter)

De la corne d'abondance à la cuisse de Jupiter

La corne d'abondance – sous l'égide de...

Lexique

En apparence, les deux expressions n'ont aucun lien entre elles. Elles appartiennent pourtant à la même légende, celle de la chèvre Amalthée, la nourrice bienveillante de Zeus. En français moderne, la corne d'abondance désigne quelque chose comme une manne infinie, une source de revenus illimités. Il existe même un mot, il est vrai fort peu usité, pour désigner la théorie selon laquelle il existerait de telles ressources qui permettraient toujours de résoudre les problèmes de l'humanité : c'est le mot « cornucopianisme », qui provient de l'expression latine qui désigne la corne d'abondance : *cornu copiae*, « la corne copieuse ».

Quant à « l'égide », quand on dit par exemple que tel colloque ou telle conférence « est placé sous l'égide de X ou Y », en général d'un personnage connu et haut placé, d'une bienveillante fondation ou du président de la République en personne, cela signifie tout simplement que l'événement bénéficie de la protection, du financement ou à tout le moins de l'approbation de l'entité ou de la personnalité en question.

D'où viennent donc ces deux notions, quel lien y a-t-il entre elles et quel rapport avec une chèvre ? D'abord ceci : en grec *aïg-aïgos* veut dire « chèvre » et *aigeos* signifie « de chèvre », *aigéè* désignant plus directement encore la peau de la chèvre. Être placé « sous l'égide de » signifie donc à peu près ceci : être sous la protection d'une peau de chèvre ! Pour comprendre le sens de cette étrange formule, il faut se souvenir que Zeus est le fils cadet du Titan Cronos, un père indigne qui avait pris l'habitude de dévorer ses enfants dès la naissance afin d'éviter qu'ils ne lui volent un jour sa place royale sur le trône. Désespérée, la mère de Zeus, Rhéa, l'épouse de Cronos et la fille de Gaïa, la terre, décide de cacher son fils dans une grotte souterraine pour le protéger des fureurs de son père. Avec l'aide de sa mère, Gaïa, elle parvient à dissimuler le petit Zeus au plus profond d'une caverne. C'est là que Zeus a été nourri du lait de la chèvre Amalthée, dont la peau est réputée magique, impossible à transpercer, même par les lames les plus acérées. C'est de cette peau, une fois la bête sacrifiée, que Zeus se fera un bouclier qui le protégera dans sa guerre contre les Titans conduits par son propre père Cronos. L'égide, c'était donc, dans la mythologie, le bouclier de Zeus, une protection impossible à prendre en défaut, quelle que soit l'arme utilisée, parce qu'il était recouvert de la peau de cette chèvre magique. Dans l'*Iliade*, Homère évoque à plusieurs reprises l'usage qu'en fait le roi des dieux, comme on le voit par exemple au chant XVII (593-596) :

Citation

> « De son côté, le fils de Cronos saisit son égide aux mille franges d'or : il couvrit le mont Ida de nuages, lançant l'éclair à grands fracas et secoua le mont, donnant la victoire aux Troyens et faisant fuir les autres. »

Au sujet de la corne d'abondance, il existe, comme presque toujours avec les mythes grecs, plusieurs versions différentes. Selon la plus courante, la corne d'abondance proviendrait là encore de la nourrice de Zeus, une corne qui une fois arrachée de la tête de la chèvre, laisse couler en abondance illimitée les nourritures les plus délicieuses – nourritures qui permettront au petit Zeus de grandir et embellir dans sa grotte souterraine jusqu'à l'âge adulte. Selon l'autre version, cette corne serait celle que Zeus aurait arrachée au dieu fleuve Achéloos au cours d'un combat qui les opposait l'un à l'autre et qui fait l'objet d'un autre mythe encore. Il n'en reste pas moins que cette corne a acquis la propriété de se remplir d'autant de nourriture et de boisson que l'on pouvait en désirer, d'où son nom de « corne d'abondance ».

Né de la cuisse de Jupiter

Lexique

En français courant, « être né de la cuisse de Jupiter » signifie avoir une ascendance, ou à tout le moins s'imaginer qu'on en a une, non seulement très noble, mais tout à fait extraordinaire. La formule est en général utilisée de manière plutôt négative, pour se moquer de quelqu'un de prétentieux, d'un type « qui se croit », comme on disait dans la campagne de mon enfance, pour parler d'un homme arrogant, convaincu d'être supérieur aux autres.

En fait, c'est Dionysos, le dieu du vin, de la nature sauvage, de la sexualité et de la fête, le fils de Zeus et d'une mortelle nommée Sémélé, qui est d'abord visé par l'expression en raison de sa naissance, en effet très singulière.

Une histoire à trois : Zeus, Sémélé et Héra

Récit

Selon la plupart des versions du mythe, Héra est folle de jalousie quand elle apprend que son illustre mari, Zeus (Jupiter) couche avec une mortelle, la belle Sémélé. Comme avec Héraclès qu'elle poursuit de sa haine en lui infligeant les douze travaux pour tenter de le conduire à sa perte, Héra est bien décidée à se venger de l'infidélité du roi des dieux.

Elle ourdit un piège qui va conduire à la mort atroce de Sémélé et, du même coup, à l'étonnante venue au monde de son fils, Dionysos. Dans ses *Métamorphoses* (mais l'histoire est déjà connue et attestée dans la Grèce archaïque, donc bien avant Ovide), le poète raconte comment les rondeurs de Sémélé, enceinte de Dionysos par les œuvres de Zeus, sont une insulte insupportable pour Héra, un affront qui jette son infortune à la face du monde entier. Voici les paroles exactes qu'Ovide met dans la bouche d'Héra qui, en l'occurrence, se parle à elle-même à voix basse en ruminant son infortune en même temps que sa jalousie à l'endroit de Sémélé :

Citation

> « Mais elle est enceinte ! Il ne me manquait plus que ça ! Son ventre rond et plein révèle à l'évidence sa faute ! Alors que Jupiter ne m'a, moi, rendue mère qu'à peine, elle veut l'être par lui seul tant elle a confiance en sa beauté ! Eh bien je vais faire en sorte que cette beauté tourne à sa perte. Non, je ne suis pas la fille de Saturne si elle ne finit pas noyée par son Jupiter dans les eaux du Styx [*c'est-à-dire, dans les enfers, le Styx étant dans la cosmologie grecque un des quatre fleuves qui coulent dans l'Hadès*]. »

Héra décide donc, pour se venger de la ravissante Sémélé (ravissante puisqu'elle est la fille d'Harmonie et la petite-fille d'Aphrodite !) de l'inciter à exiger de Zeus qu'il se montre à elle sous son véritable jour, non pas sous sa forme humaine, mais dans toute sa splendeur divine. Héra sait bien que la jeune mortelle ne résistera pas une minute au rayonnement du maître de l'Olympe et qu'elle périra brûlée vive. Pour être crédible, la reine des dieux, qui détient ce pouvoir, se transforme en une vieille servante en qui Sémélé à toute confiance. Écoutons encore le récit d'Ovide. Il dévoile toute la perfidie d'Héra qui prend un ton très doux pour persuader sa malheureuse rivale qu'elle doit absolument vérifier l'identité de son amant :

Citation

> « Héra prend l'aspect d'une vieille femme, couvre ses tempes de cheveux blancs, creuse sa peau de rides et, courbant les jambes, elle se met à marcher à pas tremblants. Elle adopte en outre la voix d'une vieille dame, celle de Béroé d'Épidaure, la nourrice de Sémélé. Elle entortille Sémélé avec de long discours, puis elle finit par amener la conversation sur le nom de Jupiter. Après avoir poussé un long soupir, elle prend la parole : "J'espère, dit-elle, que c'est bien de Jupiter qu'il s'agit, mais j'ai bien peur que ce ne soit pas le cas. Ils sont nombreux ceux qui, sous le nom d'un dieu, se sont glissés dans des lits honnêtes. Du reste, il ne suffit pas qu'il soit Jupiter, il faut encore qu'il te donne une preuve de son amour... s'il s'agit vraiment de lui, bien sûr ! Demande donc, quand il couche avec toi, qu'il te donne à voir la même grandeur et la même beauté que quand la grande Junon le reçoit dans ses bras. Qu'il commence donc par t'apparaître dans toute sa splendeur !" »

Une naissance hors du commun

Quand Sémélé, la naïve, convaincue par les paroles de sa fausse nourrice, lui adresse sa demande, Zeus fait tout ce qu'il peut pour s'y soustraire, mais rien n'y fait, Sémélé est intraitable. Alors il se dépouille autant qu'il est possible de ses armes étincelantes, mais, même sous cette forme légèrement amoindrie, le rayonnement de l'astre divin est insupportable aux simples mortels :

Citation

> « Autant qu'il le peut, il essaie de diminuer sa puissance. Il ne s'arme pas non plus du feu sous lequel il a abattu Typhon aux cent mains, il est trop terrible ! Il est une autre foudre, plus légère, à laquelle la main des Cyclopes a mêlé moins de violence, moins de flamme et de colère : les dieux l'appellent foudre de second ordre. Il s'en saisit et entre dans la maison d'Agénor. Le corps d'une mortelle ne peut pas supporter le déchaînement céleste qui ébranlait les airs, il brûle du cadeau fait par l'amant. Le bébé, qui n'est pas encore venu à maturité, est arraché au sein de sa mère et, tout frêle encore,

il est cousu [*il faut le croire*], dans la cuisse de son père où il achève le temps qu'il aurait dû passer dans le ventre maternel. Ino, la sœur de sa mère, le place dans un berceau et lui dispense des premiers soins. Ensuite, elle le confie aux nymphes de Nysa qui le cachèrent dans leur grotte et le nourrirent de lait. »

Le saviez-vous ?

De là le nom du dieu né de la cuisse de Jupiter : *dio-nysos*, le dieu de Nysa (sur Dionysos, voir chapitre 8)...

DANS CE CHAPITRE

L'origine des dithyrambes et de la tragédie

•

Dionysos, dieu du vin et de la sexualité débridée

•

Le cortège des Bacchantes, les Satyres et Priape

Chapitre 8

Dionysos (Bacchus)

Ivresse, folie et désordre

Des propos dithyrambiques

Lexique

Quand on dit de quelqu'un qui fait l'éloge d'un film, d'un roman, ou de ce que vous voudrez d'autre, que ses propos étaient « dithyrambiques », on veut dire par là que ses éloges étaient si enthousiastes qu'ils en étaient quelque peu « hyperboliques », à la limite excessifs, comme lorsqu'on dit qu'on « ne trouve pas les mots » pour remercier, pour dire son admiration, etc.

Dans la culture grecque, les dithyrambes étaient des poèmes, en l'occurrence des hymnes cultuels dédiés à Dionysos. À l'origine, ils étaient chantés par un chœur d'hommes accompagné par une espèce de hautbois à deux tuyaux, l'aulos. On y dansait aussi, la chorégraphie soulignant en général l'emprise de Dionysos sur les humains en proie à l'ivresse, à la fête et à la sexualité débridée. À Athènes, Pisistrate, le tyran qui fit rédiger l'*Iliade* et l'*Odyssée* mais qui organisa aussi les concours de tragédies, fit des dithyrambes un genre littéraire placé aux cœurs des Panathénées et des Dionysies, ou Bacchanales, les fameuses fêtes organisées en l'honneur de Dionysos (qu'on appelait aussi Bacchos, un nom qui donna le Bacchus des romains).

L'origine de la tragédie ?

On voit en général dans les bacchanales l'origine de la tragédie, un mot dont l'étymologie (*tragos/odè* = le chant du bouc) renvoie très probablement au cortège de Dionysos dont l'animal fétiche est le bouc, ses proches, les Satyres et les Silènes, possédant le bas du corps de cet animal. Les dithyrambes occupèrent une place exceptionnelle dans la vie cultuelle et culturelle de l'Athènes du VIe siècle puisque le spectacle fut augmenté jusqu'à mobiliser dix chœurs de cinquante hommes et de cinquante éphèbes. L'un des plus grands poètes grecs, Pindare, fut l'un des meilleurs auteurs de dithyrambes, à côté de Simonide de Céos et de Bacchylide.

Avec Dionysos, le dieu de la fête et de la nature sauvage, de la folie et de l'ivresse, de la sexualité et du sadisme, nous avons affaire à un personnage terrifiant. Il ne fait pas bon lui manquer de respect – tous ceux qui s'y sont essayés si peu que ce soit l'ont payé de leur vie, toujours dans des conditions effroyables, les vengeances de Dionysos étant d'une abominable cruauté. Voilà pourquoi il vaut mieux être dithyrambique avec lui.

Philosophie

Plus profondément, c'est avec le personnage de Dionysos que les mythes grecs ouvrent une réflexion d'une profondeur abyssale sur l'altérité et l'étrangeté. La mythologie ne se borne pas à nous offrir des descriptions sublimes des splendeurs de l'univers, de la beauté et de l'harmonie qui règnent dans l'ordre cosmique. Elle tente aussi d'intégrer ce qui est autre que ce bel ordonnancement, de lui aménager une place dans un schéma de pensée dominant qui privilégie pourtant l'harmonie avant toute chose.

C'est un fait : la cosmologie met en exergue l'ordre et la justice, le calme olympien, l'accord et l'identité. Mais elle n'en est pas moins sensible à ce qui fait aussi le trouble attrait du chaos, de la différence, de la folie qui vient, dans la fête et dans l'ivresse, rompre la monotonie des travaux et des jours, bref, à tout ce qui relève à première vue d'autre chose que de la sagesse.

À retenir

Si on se place dans cette perspective, ce qui paraît réellement admirable dans les constructions mythologiques, c'est qu'elles aient eu l'incroyable audace de faire droit à cet aspect des choses, de le prendre en compte de manière explicite en l'incarnant dans un personnage : celui de Dionysos, cet étranger qui déchaîne volontiers autour de lui les passions les plus effroyables. Il fallait une singulière imagination pour faire d'un être aussi peu fréquentable un Olympien, pour l'intégrer de manière aussi éclatante et assumée au cœur du cœur du système cosmologique.

Être dans la gloire de Bacchus

Lexique

« Être dans la gloire de Bacchus », c'est être ivre, rond comme une pelle à feu, bourré comme un coing – les expressions ne manquent pas dans le français familier pour décrire la chose, mais en grec et en latin, ça sonne évidemment de manière plus élégante. La formule est répertoriée dès 1749 dans le *Dictionnaire des proverbes français* d'André Joseph Panckoucke et, comme on voit, elle est construite sur une plaisante opposition entre la noblesse de la gloire et la trivialité d'une beuverie.

Le dieu du vin et de l'ivresse

Lexique

Bacchus est tout simplement la version latine de Dionysos, le dieu de la fête, de la nature sauvage, de la folie, de la sexualité débridée et du vin qui engendre l'ivresse. Il porte toute une série de noms, ou à tout le moins d'épithètes qui l'accompagnent (et qu'on appelle dans le langage savant des « épiclèses »), ce qui est assez unique dans le Panthéon grec et qui fonctionne déjà comme un indice de sa singularité, de la multiplicité des visages de cet être aussi divers qu'insaisissable qu'est ce dieu *a priori* très peu olympien : on l'appelle aussi Bacchos, ou encore Liber Pater (du nom d'un ancien dieu italique de la fécondité, dont le culte remonte à la très haute Antiquité romaine). *Liber* peut être rattaché au latin *libare*, « verser, répandre », ce qui évoque le geste d'arroser de vin les autels, de remplir les coupes, de faire des libations, etc.

Selon Diodore de Sicile, il aurait aussi inventé les représentations théâtrales et les écoles de musique (*Bibliothèque historique*, IV, 5) – de sorte qu'il serait à l'origine du genre tragique. Mais on lui donne encore bien d'autres noms : Iacchos, Bromios (le frémissant), Lyeus (celui qui nous fait oublier tous nos soucis, grâce au vin, évidemment), Évohé ou Élélée (cri de ralliement des Bacchantes qui forment sa suite, son cortège, dans le langage savant : son « thiase »), Lénéus (le génie du pressoir), Nyctélius (le dieu des mystères de la nuit), voire Dithyrambos (celui à qui s'adressent les dithyrambes) : aucun dieu de l'Olympe n'affiche une telle collection d'épiclèses, comme si la multiplicité de ses facettes devait se refléter dans celle de son état civil.

Le dieu de l'altérité

Avec ce personnage étrange, fils de Zeus et d'une mortelle, la princesse Sémélé, né dans des conditions hors normes d'une mère déjà morte avant d'accoucher, arraché encore fœtus au ventre de Sémélé pour être logé dans la cuisse de son père où il finira d’achever sa croissance, les Grecs ont ouvert une étonnante réflexion sur ce que l’on pourrait désigner d’une manière générale comme « l’altérité », comme « l’Autre » du cosmos et de l’harmonie. Bacchus était toujours escorté d’une joyeuse cohorte de femmes possédées par des transes, les Bacchantes ou Ménades, de Satyres aux pieds de bouc dont Pan était le guide (voir chapitre 10), et de son précepteur, Silène, vieillard pansu, toujours saoul, monté sur un âne. Bacchus était parfois accompagné de ses deux fils, Priape (*Priapos*), dieu de la fécondité (son membre viril était immense et toujours en érection), gardien des vignobles et des vergers de son ivrogne de père, et Hyménée (*Humenaeos*), dieu du mariage : le monde gréco-romain mêlait ainsi les jeux de l’amour à ceux de la boisson.

Lexique

De Bacchus nous viennent aussi les bacchanales ou dionysies, fêtes initiatiques en l’honneur du dieu, dégénérant souvent en orgies violentes et finalement interdites par le Sénat de Rome. Les bacchantes étaient d’abord les prêtresses du dieu. À la fin du XVIIe siècle, on qualifia aussi de bacchantes des femmes de mauvaises mœurs. Les deux enfants de Dionysos/Bacchus, Priape et Hyménée, sont nés l’un comme l’autre de son union avec Vénus (Aphrodite), déesse de l’Amour, de la Beauté et de la Fécondité. Féconde, Vénus le fut sans conteste : avec Mars (Arès) elle eut trois enfants, avec Bacchus, deux, avec Mercure (Hermès), un seul, Hermaphrodite. Elle aima aussi Adonis, et même un simple mortel, le berger Anchise, avec qui elle engendra Énée.

De son père, Priape hérita la lubricité et de l’ardeur sexuelle (d’où le mot *priapisme*), une propension, c’est un euphémisme, à l’ivresse. Hyménaeos, lui, hérita de la beauté de sa mère et il fut chargé des affaires nuptiales : hommes et femmes ne manquaient pas d’invoquer son nom au moment de leurs noces. Il présidait aussi, tout naturellement, aux déflorations (le grec *humên* signifie « membrane »). Dans le monde des mortels, la descendance du dieu de la vigne et du vin est innombrable puisque l’expression *enfant de Bacchus* qualifie encore les ivrognes, dont le nombre n’a certainement pas diminué sur la planète…

DANS CE CHAPITRE

Le symbole de la beauté masculine

•

Les propos sibyllins de la Pythie, oracle du sanctuaire de Delphes

•

Hermès et l'invention de la lyre

•

L'opposition Apollon/Dionysos

Chapitre 9

Apollon

Harmonie, beauté et volupté

C'est un apollon

Fils de Zeus et de Léto (Latone chez les Romains), frère jumeau d'Artémis (Diane), la déesse de la chasse, Apollon s'appelle aussi Phoibos (Phœbus), ce qui, en grec, veut dire « le Brillant », « l'Étincelant ». C'est l'une des plus importantes divinités de l'Olympe. Il possède quatre qualités qui sont en vérité inséparables entre elles : c'est à la fois le dieu de la musique, le détenteur de l'instrument divin par excellence qu'est la lyre, que son petit frère, Hermès, lui a offerte ; c'est ensuite l'archer divin et, comme sa sœur, c'est un tireur d'élite qui ne manque jamais sa cible ; c'est également le dieu de la médecine et le père d'Asclépios, l'Esculape des Romains, figure tutélaire de l'art médical (voir chapitre 15). À ces trois qualités s'en ajoute une quatrième qui vient pour ainsi dire les couronner : la beauté. Quand on dit de quelqu'un « qu'il n'est pas un Apollon », c'est pour dire qu'il est moche à pleurer.

L'harmonie, encore et toujours

Apollon c'est le dieu cosmique par excellence, celui qui symbolise plus et mieux qu'aucun autre ce que la cosmologie grecque valorise par-dessus tout : la justesse, le calme et la concorde. De là le lien qui existe entre musique et médecine, la première visant l'harmonie des sons, la seconde l'harmonie des corps, c'est-à-dire la santé. De là aussi sa justesse dans l'art du tir à l'arc et enfin, la beauté qui se dégage de sa personne comme de ses œuvres. Apollon est l'antithèse de Dionysos, son opposé absolu. Il existe encore un cinquième trait qui vient achever les caractéristiques du personnage, décidément central dans la mythologie : il est le dieu des oracles, celui dont la Sibylle délivre les prophéties (voir plus loin), ce qui va avec sa connaissance intime des lois de l'harmonie cosmique, car celui qui en dispose peut sans se tromper prédire l'avenir puisque ce dernier est forcément inscrit dans l'ordre du monde présent.

Lexique

C'est donc sur son temple que figurent les inscriptions qui stigmatisent *hubris*, la démesure : « Rien de trop » et « Connais-toi toi même » (*gnoti seaoton*). Les légendes qui lui sont attachées ne sont pas moins nombreuses que les pouvoirs qui lui sont attribués. Si le nom commun (« un apollon ») ne semble pas avoir été utilisé avant le XIXe siècle, l'antonomase (c'est-à-dire la désignation d'un individu par un personnage dont il rappelle le caractère typique) est apparue bien avant puisque, le 6 juillet 1739, Voltaire écrit au philosophe Helvétius : « J'attends, mon bel Apollon, votre ouvrage, avec autant de vivacité que vous le faites. » « Bel Apollon » y relève d'ailleurs du pléonasme ou de l'emphase. Le vocabulaire entomologique a, pour sa part, emprunté le mot dès 1758, Linné ayant donné le nom d'« apollon » (*Parnassius apollo apollo*) à un beau papillon diurne dont les ailes sont constellées d'ocelles rouges et noirs.

La musique avant toute chose

Nous verrons comment la musique d'Apollon (voir plus loin le passage consacré au dionysiaque et à l'apollinien), celle de sa lyre, est harmonieuse, douce et juste. Nous évoquerons aussi son opposition radicale avec une autre musique, celle de Dionysos et de ses satyres, une musique rauque, sauvage et sensuelle qui ne se joue pas sur une lyre, mais sur des instruments à vent tels que l'aulos et la flûte de Pan. C'est cette opposition que raconte Hygin, dans une de ses fables qui évoque l'histoire d'un concours entre le dieu delphique et le satyre Marsyas. Hygin commence par nous raconter l'invention de l'aulos, cette sorte de hautbois à deux tuyaux dont le satyre va se servir pour défier Apollon. Ce récit n'a rien d'anecdotique car à travers lui, c'est comme toujours l'opposition entre cosmos et chaos, entre l'ordre et le désordre, entre l'harmonie cosmique et la dissonance chaotique, entre la beauté et la laideur sauvage qui est mise en scène :

Citation

> « On raconte que Minerve [*Athéna*] fut la première à confectionner une flûte avec un os de cerf. Un jour, elle vint en jouer au banquet des dieux. Junon [*Héra*] et Vénus [*Aphrodite*] s'étant moquées d'elle parce qu'elle avait les yeux tout gris et les joues gonflées, Minerve, que sa prestation avait enlaidie ce qui avait engendré ces moqueries, se rendit près d'une fontaine dans la forêt de l'Ida. Alors, elle se contempla dans l'eau en train jouer et elle comprit que ce n'était pas sans raison qu'on s'était moqué. Elle lança sa flûte au loin et elle jura que celui qui la trouverait subirait un effroyable supplice. C'est un des Satyres, Marsyas, berger fils d'Oéagre, qui la trouva. Il s'exerça tant et si bien qu'il finit par obtenir un son fort agréable ce qui lui donna l'envie de provoquer Apollon et sa Lyre dans un concours de musique. Quand Apollon arriva, ils prirent tous deux les muses pour juges. Au début, il semblait que Marsyas fut vainqueur, alors Apollon retourna sa cithare et il en sortit le même son. Marsyas ne put en faire autant avec son hautbois. Marsyas fut donc vaincu et Apollon le livra à un Scythe afin que ce dernier l'écorche membre après membre… et son sang donna son nom au fleuve Marsyas ».

Ovide, qui aurait sans doute aimé écrire, s'il vivait encore de nos jours, des scénarios de films d'épouvante, rapporte en ces termes l'effroyable supplice alors infligé par Apollon à Marsyas (comme toujours, j'indique mes commentaires entre crochets et en italique) :

Citation

> « "Pourquoi m'arraches-tu à moi-même ?" demandait le Satyre [*formule qui signifie bien sûr qu'Apollon arrache la peau du satyre et le sépare ainsi en quelque sorte de lui-même*]. Et il hurlait : "Ah ! comme je regrette ! Ah ! Ma flûte ne valait pas d'être payée à ce prix !" Malgré ses hurlements, on lui arrache la peau sur tout le corps ; il n'est plus qu'une plaie. Son sang coule de toutes parts ; ses muscles mis à nus apparaissent au grand jour ; une espèce de trépidation frénétique fait trembler ses veines, dépouillées de la peau ; on pourrait compter ses viscères palpitants et les fibres que la lumière vient éclairer dans sa poitrine. Les faunes de la campagne, divinités des bois, les Satyres, ses frères, Olympus [*le père de Marsyas*]… et les nymphes le pleurèrent. Leurs larmes, en s'écoulant, baignèrent la terre fertile… Ainsi est né un fleuve… celui qu'on appelle Marsyas, le plus limpide de la Phrygie. »

La musique, art cosmique par excellence puisqu'elle repose sur l'harmonie (du moins quand elle est apollinienne et pas dionysiaque, tonale et pas atonale), est au cœur de ces deux récits. Dans les deux cas, on a affaire au conflit entre, d'un côté, un dieu qui incarne l'harmonie cosmique et, de l'autre côté, des êtres de chaos, des proches de Dionysos qui se servent d'instruments dont on a vu en quoi, loin d'engendrer l'harmonie, ils enlaidissent ceux qui s'en servent. À travers ce type de légende, c'est toujours l'opposition entre chaos et cosmos qui se joue et se rejoue sans cesse.

Un python et une Pythie aux paroles sibyllines

Lexique

Quel lien entre l'un des plus grands serpents non venimeux du monde et l'oracle de Delphes qui annonçait les nouvelles (le plus souvent mauvaises) à ceux qui venaient le consulter ? Et surtout, quel rapport entre un python, une pythie et le verbe grec *pythein* qui signifie « pourrir », et qui se trouve à l'origine de ces différents noms ? Et bien le voici : lorsqu'Apollon décida d'établir son sanctuaire au pied du Parnasse, près de Delphes, il y rencontra un dragon sanguinaire, un monstre qui terrorisait la région et dévorait les humains autant que les troupeaux de bêtes. Apollon le transperça de ses flèches et il le laissa « pourrir » – *pythein* – au soleil – d'où son nom.

Python passait pour être un des fils de Gaïa, la terre, comme nombre d'autres êtres monstrueux (par exemple Typhon) incarnant les puissances de destruction « chaotiques » des origines du monde. On prétendait qu'il délivrait lui aussi des oracles, des prédictions divines. Apollon le fit enterrer au cœur de son temple, ou pour mieux dire, sous ce qu'on appelle l'*omphalos*, le nombril du temple, et c'est de là que désormais, sa fameuse prêtresse, la Pythie, serait chargée de dire à son tour les oracles du dieu et de prédire ainsi l'avenir aux hommes. Voilà pourquoi son nom rappelle celui du monstre vaincu par Apollon. Assise sur un trépied consacré, la Pythie était censée parler au nom du dieu et les paroles « oraculaires » qu'elle prononçait étaient en général difficiles à interpréter, la Pythie ne dévoilant le destin de celui qui venait la consulter que de manière énigmatique et détournée.

Lexique

De là une autre expression qui, elle aussi est passée dans la langue courante en français. Quand on dit de certaines paroles qu'elles sont « sibyllines », on veut dire par là qu'elles ne sont pas claires, qu'elles sont ambiguës ou équivoques, et qu'on n'en comprend pas forcément tout à fait le sens. C'est une allusion à Sibylle, une célèbre pythie autour du nom de laquelle il existe toute une série de légendes. On lui attribue des paternités diverses, mais il existe à cette pluralité de mythes un point commun : Sibylle, quelles que soient son identité et son ascendance, était si renommée pour ses dons exceptionnels de devineresse que son nom finit par être utilisé comme un nom commun selon cette figure de rhétorique qu'on appelle une antonomase : on parlait d'une « sibylle » pour désigner d'une manière générale toutes les prêtresses, toutes les pythies capables d'annoncer leur avenir aux mortels.

La lyre et le lyrisme

Lexique

La lyre, dont nous avons vu pourquoi elle était l'instrument apollinien par excellence, fut inventée par Hermès, le petit frère d'Apollon. C'est bien sûr de cet instrument que le mot « lyrique » a été tiré. Rappelons qu'Hermès est un des fils préférés de Zeus. Il en a même fait son principal ambassadeur, celui qu'il envoie lorsqu'il a un message vraiment important à transmettre à un mortel ou un immortel.

Hermès, musicien et voleur !

Récit

Sa mère est une nymphe ravissante, Maïa, une des sept Pléiades, qui sont elles-mêmes les filles de Pleioné et du Titan Atlas, un frère de Prométhée et d'Épiméthée que Zeus a puni en l'obligeant à porter le monde sur ses épaules (voir chapitre 4). C'est peu de dire que le petit Hermès est incroyablement précoce.

Citation

> « Né au matin, [*nous dit l'auteur de l'*Hymne homérique *qui lui est consacré*], il jouait de la cithare [*dans les textes anciens, cithare et lyre désignent le plus souvent le même instrument*] dès le milieu du jour et, le soir, il déroba les vaches de l'archer Apollon... »

Première journée d'existence plutôt bien remplie pour un nourrisson qui n'a encore que quelques heures, Hermès est déjà un musicien accompli et un voleur hors pair ! En effet, dès qu'il ouvre l'œil, à peine sorti du ventre de sa mère, le petit Hermès se met aussitôt à la recherche des vaches du troupeau d'Apollon. En chemin, il rencontre une tortue qui vit dans la montagne et il éclate de rire : dès qu'il aperçoit l'animal, il comprend tout le parti qu'il va pouvoir en tirer. Il rentre aussitôt chez lui, évide la pauvre bête, tue une vache, tend sa peau sur le pourtour de la carapace, fabrique des cordes avec ses boyaux et des clefs pour les tendre avec des roseaux. La lyre est née, avec laquelle il peut faire des sons d'une parfaite justesse, autrement plus harmonieux que ceux de la flûte de pan ou de l'aulos des satyres. Non content de cette première invention, il repart à la recherche des vaches immortelles de son grand frère.

Apercevant le troupeau, il prélève cinquante bêtes et pour que son larcin passe inaperçu, il les conduit en marche arrière, après avoir pris soin d'attacher à leurs sabots des sortes de raquettes en herbes qu'il a confectionnées en toute hâte pour camoufler leur pas. Il conduit les bêtes dans une grotte. Quelques minutes encore, ayant réinventé tout seul le feu, il s'empresse de sacrifier deux vaches aux dieux afin de se faire pardonner et il passe la fin de la nuit à disperser les cendres du foyer… Puis il entre dans son antre, là où il a été conçu par Maïa, là où se trouve son berceau, et il se rendort en reprenant son statut de bébé innocent… À sa mère qui le gronde, il répond simplement qu'il en a assez de leur pauvreté et qu'il veut devenir riche. On comprend déjà à quel titre il deviendra aussi le dieu des commerçants… et des voleurs.

La musique adoucit les mœurs

Bien entendu, Apollon finit par découvrir le pot aux roses. Quand il retrouve le nourrisson de Zeus, il menace de le jeter dans le Tartare s'il ne lui rend pas ses vaches. Hermès proteste, menteur comme pas deux, il jure qu'il est innocent. Apollon le brandit à bout de bras pour le jeter au loin, mais Hermès lui fait des mimiques si comiques qu'Apollon, sidéré, finit par lâcher prise. Le litige est porté devant le tribunal de Zeus… qui éclate évidemment de rire devant tant de précocité. En fait, il est tout fier de son dernier fils. Alors Hermès sort l'arme absolue, sa lyre, et il se met à en jouer avec un tel art qu'Apollon, tout comme Zeus, tombe sous le charme du petit garçon. Apollon est tout simplement ébloui par la beauté des sons qui sortent de cet instrument qu'il ne connaît pas encore. En échange de la lyre, il promet à Hermès de le rendre riche afin qu'il puisse prendre soin de sa mère. Mais le petit continue à négocier, à marchander, et il obtient en plus la garde des troupeaux de son grand frère. Apollon lui offre même, pour faire bonne mesure, le fouet du pasteur et la baguette magique de richesse et d'opulence, celle qui servira à fabriquer l'emblème d'Hermès, le caducée (voir aussi chapitre 15). Voici le passage des *Hymnes* qui nous rapporte cette histoire :

Citation

> « Hermès, alors qu'il était couché dans son berceau, encore dans ses langes, s'en débarrassa et partit pour la Piérie où il vola les vaches d'Apollon. Pour ne pas être démasqué par les traces qu'elles laissaient, il fixa des sandales à leurs sabots et il les conduisit à Pylos, alors il les dissimula dans une grotte à l'exception de deux qu'il sacrifia. Ensuite, il cloua leur peau sur des rochers… Devant la grotte, il trouva une tortue qui était en train de manger. Il l'évida et après avoir tendu sur sa carapace des cordes confectionnées avec

les boyaux des vaches qu'il avait sacrifiées, il fabriqua la lyre… Apollon, qui cherchait ses vaches, arriva à Pylos et il se mit à interroger les habitants du lieu. Ils lui expliquèrent qu'ils avaient vu un petit enfant qui conduisait du bétail mais qu'ils ne pouvaient pas lui dire où parce qu'on ne pouvait pas trouver de traces. Grâce à son art de la divination, Apollon découvrit l'identité du voleur et il se rendit sur le mont Cyllène chez Maïa où il entreprit d'accuser Hermès. Mais Maïa le lui montra encore dans ses langes. Alors Apollon le conduisit devant Zeus et il réclama à nouveau ses vaches. Comme Zeus intimait à Hermès l'ordre de les rendre, Hermès continua à nier. Hermès ne parvint cependant pas à convaincre Apollon, alors il l'emmena à Pylos et il lui rendit ses vaches. Mais une fois qu'il eut entendu la lyre, Apollon l'échangea contre ses vaches… »

Le dionysiaque et l'apollinien

Nietzsche avec Schopenhauer

C'est une opposition cruciale que Nietzsche a analysée avec une grande profondeur dans ses œuvres de jeunesse, en particulier dans *La Naissance de la tragédie à partir de l'esprit de la musique,* à une époque où il est encore largement influencé par son maître, Schopenhauer (avec lequel il rompra plus tard).

Philosophie

Pour comprendre la façon dont Nietzsche propose de comprendre ces deux notions, il faut bien voir qu'elles recoupent la distinction que faisait Schopenhauer entre le monde de la représentation (ce que Nietzsche va désigner comme l'apollinien) et celui de la volonté (ce que Nietzsche va désigner comme le dionysiaque). Apollon et Dionysos vont représenter deux visions du monde, mais aussi deux types d'art et de musique en tout point opposés, le génie grec qui s'exprime dans la tragédie consistant selon lui à tenter d'articuler ces deux extrêmes.

Le monde apollinien de la conscience

Commençons par caractériser très brièvement le monde de la représentation tel que Schopenhauer le conçoit et que Nietzsche l'applique à la compréhension des deux arts en compétition, d'un côté la musique claire et juste d'Apollon qui s'exprime par son instrument fétiche, la lyre, et de l'autre, la musique de Dionysos, mais aussi de ces satyres qui appartiennent à son infernal cortège et qui préfèrent à la lyre les accents rauques, sensuels et démoniaques de la flûte de Pan.

Le monde de la représentation possède selon Schopenhauer quatre caractéristiques qui en font un univers aussi superficiel qu'illusoire :

1 **Tout y est en apparence identifiable, conforme au** *principium individuationis*, **au principe d'individuation ou d'identité, en quoi dans ce monde tout est bien délimité et bien déterminé (comme le sont les notes de la lyre) : c'est le contraire du chaos primitif, l'opposé absolu de cette indétermination qui caractérise les origines chaotiques dont le monde des êtres identifiables est sorti.**

2 **Parmi toutes les illusions liées à la notion d'identité figure au premier chef celle du Moi, l'illusion de cet ego qui se croit naïvement individuel et doué de conscience claire, distinct de tous les autres et qui, du coup, craint la mort parce qu'en tant que dissolution de l'individu, elle représente son anéantissement.**

3 **Dans le monde de la représentation, tout paraît rationnel, limpide et lumineux, explicable par la science selon le principe de causalité (ou principe de raison).**

4 **Enfin, tout y est sensé, au double sens du terme : orienté dans une certaine direction et doté d'une signification déterminée.**

C'est donc un monde très rassurant : les choses y sont ce qu'elles sont, elles ne sont pas ouvertes sur un abîme, il n'y a pas de souterrains dissimulés, pas de chaos à l'horizon. Pour parler comme Descartes, tout est « clair et distinct » dans cet univers où l'inconscient n'a pas sa place. Tous les événements sont, au moins en droit sinon en fait, explicables par notre raison, toutes les actions, même les plus folles en apparence, sont quand même finalement pleines de sens, de sorte que dans ce monde-là, les humains sont plutôt à l'aise.

Le monde dionysiaque de l'inconscient

Quand on passe à l'étage inférieur, quand on descend vers les « arrière-monde », vers ces « souterrains » dont parle Dostoïevski, un auteur que Nietzsche a lu et qu'il admire, quand on creuse un peu sous la surface, vers la face immergée de l'iceberg et qu'on plonge dans l'inconscient du vouloir aveugle, on découvre un tout autre monde. Ce n'est plus celui d'Apollon, mais de Dionysos, et il est à tous égards le contraire de ce qui se passe à l'étage au-dessus, celui de la conscience claire et de la représentation. On y a aussitôt affaire à un champ de forces aveugles, à des pulsions sauvages et multiples, à cette « volonté de puissance » que Nietzsche décrira comme un tissu d'instincts chaotiques.

Dans ce monde-là, à la différence du premier, rien n'est vraiment distinct, individué et identifiable, bien séparé du reste. Tout y est *apeiron*, indéterminé, fondu dans l'unité comme les individus se fondent entre eux sous l'effet de l'alcool et de la musique dans l'orgie dionysiaque. La force qui fait que les plantes poussent, celle qui fait que la pierre tombe, celle qui me permet de me lever de mon bureau, sont une seule et même force : celle du vouloir, de la volonté. Cette réalité fondamentale est selon Schopenhauer univoque, elle possède la même nature sous toutes ses formes différentes. Or, ce vouloir ou cette volonté, qui sont largement inconscients et qui s'opposent au visible comme à l'invisible, au manifeste comme au latent, se situent derrière la représentation, en dessous d'elle. Ils la déterminent sans qu'elle le sache : c'est le côté obscur de toute chose, ce que Freud appellera « l'inconscient dynamique » en suivant Schopenhauer bien davantage qu'il ne voulait l'avouer. Mais c'est aussi ce monde-là que Nietzsche appelle dionysiaque par opposition au monde apollinien de la représentation claire. De là aussi, j'y reviens maintenant, l'opposition entre deux arts, et plus précisément, entre deux types de musiques inspirées elles-mêmes par deux types de Muses.

Chacun ses Muses et sa musique…

Le saviez-vous ?

Filles de Zeus, les Muses sont le fruit des neuf nuits d'amour que le roi des dieux a passées avec une de ses tantes, Mnémosyne, une Titanide (voir chapitre 32). Divinités de la musique, dont la vertu principale est en principe l'harmonie, les Muses sont également des divinités de la parole juste et paisible. Quand elles s'expriment, elles tiennent toujours des propos qui adoucissent les conflits et restaurent l'harmonie lorsqu'elle a été perdue.

Cela dit, rien n'étant simple dans la mythologie grecque, il y a, si l'on en croit certaines légendes, deux groupes de Muses bien différentes, deux familles qui correspondent à deux types, eux aussi bien différents, voire tout à fait opposés, de musiques : il y a d'un côté les Muses de Thrace qui sont dédiées à Dionysos, et c'est peu de dire que leur musique n'adoucit pas les mœurs – tout sauf harmonieuse, aux antipodes des chants qui sont en phase avec l'ordre cosmique, c'est une musique chaotique, sauvage, dissonante – ; de l'autre côté, on trouve les Muses de Béotie. Dédiées à Apollon, dieu de la beauté et de la médecine, elles sont à l'origine d'une musique, non pas chaotique, mais « cosmique », une musique à la fois douce, civilisée et harmonieuse aux antipodes de la folie festive dionysiaque.

Ces deux musiques sont symbolisées par deux instruments situés eux aussi à l'opposé l'un de l'autre : d'un côté la lyre d'Apollon, aux sons harmonieux, justes, bien accordés et agréables ; de l'autre, la flûte de Pan, rauque, sensuelle, incapable d'accords, dont les *glissendo* ne sont jamais tout à fait justes.

À retenir

Tout au long de l'histoire, on retrouvera cette opposition entre une musique apollinienne et une musique dionysiaque, selon que le compositeur choisit l'harmonie des sons justes ou préfère au contraire rester dans le flou, voire dans la dissonance, dans ce que les Grecs appellent l'*apeiron*, l'indéfini, ce qui n'a pas de contours bien nets et qui évoque le chaos initial. En quoi la douceur des accords de la lyre et le cri rauque de la flûte de Pan s'opposent diamétralement comme cosmos et chaos, comme les forces titanesques primitives à l'univers paisible et ordonné instauré par Zeus après sa victoire contre les Titans. Lorsqu'elle met au cœur de l'art le souci de la note « juste », des accords bien identifiés, la musique est une métaphore, une évocation symbolique du cosmos ou, comme l'écrit Nietzsche, « une réplique ou une seconde version de l'univers ». Mais, à l'inverse, quand elle emprunte au dionysiaque, qu'elle devient rustique, brutale et sensuelle, c'est le chaos initial qu'elle évoque. On notera que cette opposition est toujours aussi vivante de nos jours où l'on préférera sans nul doute jouer du hard rock ou du rap dans une boîte de nuit où l'on boit de l'alcool, où les danses évoquent l'amour et la sexualité, plutôt que l'*andante* d'un trio de Schubert...

Des univers opposés mais complémentaires

Dans l'opposition entre Apollon et Dionysos, c'est donc, comme dans la plupart des grands mythes grecs, la question des liens entre chaos et cosmos, entre le titanesque et l'olympien, qui est en jeu. Malgré tout, même si les deux univers divins, celui harmonieux et calme d'Apollon et celui dissonant et brutal de Dionysos, s'opposent radicalement, ils n'en sont pas moins inséparables : sans l'harmonie cosmique, le chaos l'emporte et tout est dévasté, mais sans le chaos, l'ordre cosmique se fige et toute vie et toute histoire disparaissent. Telle est du reste la raison pour laquelle cet étranger qu'est Dionysos, cet être au teint doré, aux yeux en amandes, qui n'est pas une divinité pure puisque sa mère, Sémélé, est une mortelle, qui a été frappé de folie, qui organise des orgies sexuelles et sadiques éminemment transgressives, qui se déguise en femme, qui a vécu une partie de son enfance métamorphosé en animal (en chevreau), bref, qui n'a ni l'apparence ni les caractéristiques d'un « Grec de souche » et semble avoir toutes les tares possibles et imaginables selon les critères cosmologiques et harmonieux d'un Apollon, n'en siège pas moins sur l'Olympe.

Philosophie

Or c'est de cette impossible séparation qu'est née la tragédie dans laquelle Nietzsche voyait la mise en scène grandiose et dramatique des liens entre les deux sphères que nous venons de distinguer : d'un côté, pour reprendre les catégories chères à Schopenhauer, celle de la « représentation », qui est incarnée par Apollon, le dieu cosmique et clair par excellence ; de l'autre celle de la volonté aveugle et floue, dont Dionysos, dieu du vin, de la fête et de la folie est évidemment le représentant. Dans cette perspective, la musique de Dionysos, celle des Satyres, de Marsyas et de Pan, est une espèce d'analogue artistique de la mort chez Schopenhauer, c'est-à-dire de la dissolution de l'individu dans l'espèce, du vivant particulier dans la vie universelle : c'est par la musique qu'au sein même de la vie, dans les fêtes dionysiaques, grâce au vin et à la folie qu'il déchaîne, on parvient à dépasser l'individualité, à sortir du monde illusoire de la représentation pour entrer dans celui, fusionnel, des souterrains du vouloir. En quoi Nietzsche aurait très certainement préféré les Muses de Thrace à celles de Béotie, comme on peut le conclure d'après ce passage de son livre que je retraduis ici :

Citation

> « La musique d'Apollon avait une architecture sonore d'ordre dorique. Ses sons étaient fixés d'avance, comme le sont ceux des cordes d'une Lyre. Tout ce qui caractérise la musique dionysiaque, c'est-à-dire en vérité toute musique considérée dans son essence véritable, en fut soigneusement exclu comme non apollinien... Apollon, en tant que dieu éthique, exige des siens de la mesure et, pour qu'ils puissent s'y tenir, la connaissance d'eux-mêmes. Voilà pourquoi, à côté de la nécessité esthétique de la beauté figure l'exigence du "connais-toi toi-même" et du "rien de trop", tandis que l'excès d'orgueil et la démesure, étaient considérés comme des démons ennemis appartenant à la sphère non apollinienne, comme des caractéristiques des temps pré-apolliniens, de l'époque des Titans, du monde extra-apollinien, c'est-à-dire du monde barbare. C'est à cause de son amour titanesque pour l'humanité que Prométhée devait finir dévoré par les vautours, mais c'est aussi en raison de sa sagesse excessive, une sagesse qui lui permit de résoudre l'énigme du Sphinx, qu'Œdipe devait être précipité dans le tourbillon confus de ses crimes. Car c'est bien comme ça que le dieu de Delphes interprétait le passé grec. Le Grec apollinien dut ressentir aussi comme "titanesque" et "barbare" les effets du dionysiaque, sans toutefois pouvoir se dissimuler qu'au fond de son être, il était en quelque façon parent de ces Titans et de ces héros. À vrai dire, il était même obligé de ressentir que toute son existence, avec sa beauté et sa mesure, reposait malgré tout sur un arrière-fond caché de souffrance et de connaissance que le dionysiaque lui faisait redécouvrir. En fait, Apollon ne pouvait vivre sans Dionysos ! L'élément "titanesque" et "barbare" était en définitive aussi nécessaire que l'Apollinien. Imaginons maintenant comment la musique extatique de la fête dionysiaque, avec ses accents magiques et ensorcelants, devait retentir dans ce monde artificiellement barricadé et construit sur l'apparence et la mesure... Imaginons ce que pouvait signifier, en face de ces démoniaques chants populaires, l'artiste apollinien psalmodiant aux sons exsangues de sa lyre. Les Muses consacrées aux arts plastiques devaient pâlir devant un

art qui, par son ivresse même, proclamait la vérité tandis que la sagesse de Silène hurlait "Malheur ! Malheur !" face au calme olympien... La démesure se révéla comme vérité, la contradiction, la joie née de la douleur parlèrent un langage jailli du fond de la nature, de sorte qu'en tous lieux où pénétrait le dionysiaque, l'apollinien était aboli et anéanti. »

Un univers harmonieux constamment menacé par le désordre

C'est dans ce contexte que la lyre apparaît comme l'attribut par excellence d'Apollon. Il faut bien voir que, globalement, Apollon est du côté de Zeus, c'est-à-dire de ces Olympiens qui luttent en permanence pour l'établissement d'un ordre cosmique ou pour son maintien. Cet ordre est tout à la fois juste, car résultant du partage originaire établi par Zeus après sa victoire sur les Titans, mais il est avant tout harmonieux ce qui en fait un modèle pour la recherche de la beauté comme pour celle de la justice et du bien. Or les forces telluriques de Chaos, comme celles de ses descendants multiples et variés depuis Typhon, menacent sans cesse cette harmonie fragile. Apollon représente ici une force olympienne, anti-chaotique, anti-titanesque, une puissance attachée au fameux « Connais-toi toi-même » et au « Rien de trop » qui ornent son temple à Delphes, et qui signifient : « Sache où est ta place, ton lieu naturel, et restes-y, ne te prends surtout pas pour plus que tu n'es ! » Pas d'*hubris*, pas d'arrogance, de démesure qui viendraient troubler la belle ordonnance cosmique.

Philosophie

Si Apollon aime la musique, c'est parce qu'elle est une métaphore du cosmos. Dionysos, à bien des égards, Nietzsche a raison, est, comme nous l'avons vu, l'inverse d'Apollon. Pourtant, Dionysos est lui aussi un Olympien, un fils de Zeus, mais au premier chef, ce qui frappe chez lui, c'est son côté « acosmique » : il aime la fête, le vin et le sexe jusqu'à la folie meurtrière qui s'empare des Bacchantes, ces femmes saisies de transes qui forment sa troupe. Dionysos est lui aussi un dieu de la musique, bien sûr, mais la musique qu'il aime est tout sauf douce et harmonieuse, mais plutôt bestiale, dissonante et déchaînée. Autrement dit, loin d'adoucir les mœurs, elle exprime de manière volontairement indécente le chant des passions les plus archaïques et les moins civilisées.

DANS CE CHAPITRE

Fils d'Hermès, compagnon de Dionysos

•

Syrinx se transforme en roseaux et la création de la flute de Pan

•

Un dieu qui provoque la panique partout où il passe

Chapitre 10

Pan

Un dieu sauvage

La flûte de pan – une syrinx

Lexique

Tout le monde connaît, notamment grâce au génial Gheorghe Zamfir, ce fameux instrument de musique qu'est la flûte de Pan. Elle est formée de tuyaux de bois de longueurs différentes assemblés les uns aux autres de manière continue et dégradée. Cette flûte porte aussi un autre nom, la syrinx, qui vient lui aussi de la mythologie grecque. Comment et pourquoi ? En voici l'histoire.

Récit

Syrinx était une nymphe qui vivait en Arcadie. Comme toutes les nymphes, elle était ravissante, et comme toutes les nymphes aussi, elle était souvent poursuivie par les satyres, des êtres mi-hommes mi-boucs, munis d'un membre viril dont les dimensions étaient à l'image de leur ardeur sexuelle. Mais il se trouve que la jeune nymphe s'était vouée au culte d'Artémis, ce qui impliquait pour la jeune fille de faire serment de rester vierge. Cet obsédé sexuel qu'est le dieu Pan n'en a cure et il commence à la poursuivre dans les bois avec la ferme intention de la violer. La nymphe s'enfuit à toutes jambes, mais elle est bientôt stoppée dans sa course éperdue par l'eau du dieu fleuve Ladon, qui l'empêche d'aller plus loin. Alors, Syrinx, au désespoir, supplie ses sœurs de bien vouloir la métamorphoser. Son vœu est exaucé : elle est sur-le-champ transformée en roseau. Pan soupire si fort en voyant qu'il a manqué sa proie que l'air sorti de ses poumons fait naître de doux sons à travers les roseaux. Séduit par cette mélodie, il décide que ces roseaux seront le bois dont il fera sa flûte. Il les rassemble et donne à l'instrument le nom de la nymphe. Syrinx désigne aussi, par analogie, le larynx inférieur des oiseaux, grâce auquel ils émettent leurs vocalises. L'histoire se trouve rapportée dans *Les Métamorphoses* où Ovide décrit avec délices la rencontre fatale entre Pan et Syrinx (je place mes commentaires entre crochets) :

Citation

> « Dans les montagnes glacées de l'Arcadie, il y avait autrefois, plus célèbre que les Hamadryades de Nonacris [*les Hamadryades sont des nymphes des arbres, en particulier des chênes, auxquelles elles sont attachées affectivement puisqu'elles naissent avec eux et partagent leur destin*], une Naïade [*les naïades sont des nymphes du liquide, en particulier des cours d'eau et des sources, elles vivent très longtemps mais sont néanmoins mortelles*] que les nymphes appelaient Syrinx. Elle avait échappé plus d'une fois déjà aux poursuites des Satyres et de ces dieux qui habitent les forêts ombrageuses et la campagne fertile. Elle était vouée au culte de la déesse d'Ortygie et défendait sa virginité avec ardeur [*Ortygie est une petite île grecque qui était dédiée à Artémis et Athéna, deux divinités dont les prêtresses se devaient de rester vierges : c'est d'Artémis, la Diane des Latins, qu'il s'agit ici comme l'indique la suite du texte d'Ovide*]. Elle portait une ceinture tout à fait semblable à celle de Diane, au point qu'on aurait pu s'y méprendre et la croire fille de Latone [*Latone, en grec Léto, était la mère d'Artémis et d'Apollon*]... Elle revenait de la colline du Lycée lorsque Pan l'aperçoit... Insensible à ses avances, la nymphe s'enfuit à travers champs jusqu'à ce qu'elle arrive aux eaux paisibles du Ladon sablonneux. Devant les eaux qui stoppent sa course, elle supplie ses sœurs liquides [les Naïades, nymphes du liquide] de la métamorphoser. Au moment où Pan pensait enfin s'emparer de Syrinx, au lieu de la nymphe, ce ne sont que les roseaux du marais qu'il presse contre lui. Il soupire fortement, et l'air qui vibre dans la flûte produit un son léger, semblable à une plainte. Le dieu, charmé par la nouveauté artistique de cette voix s'exclame : "Ce sera désormais à l'avenir comme notre conversation à toi et moi." Et c'est ainsi que, joignant avec de la cire des roseaux de longueur inégale, il leur garda le nom de la jeune fille. »

Le saviez-vous ?

La légende ne pouvait que séduire poètes et musiciens. Deux exemples : Claude Debussy, qui intitulera *Syrinx* une pièce pour flûte traversière solo, écrite en 1912. À l'origine, cette mélodie accompagnait les derniers instants de Pan dans une pièce de Gabriel Mourey dont le titre est *Psyché*. On attribue aussi à Théocrite, un poète grec qui vécut au IIIe siècle avant notre ère, un poème, *La Syrinx*, composé de vers de plus en plus courts qui étaient censés évoquer de cette manière les tuyaux de la flûte de Pan.

Être saisi de panique

Lexique

Le mot « panique » est déjà ancien, le verbe « paniquer », qui n'est guère élégant, et qu'un homme ou une femme de goût n'emploiera jamais, est en revanche de création récente, car attesté seulement à partir des années 1930. Alors d'où vient cette panique ? Directement, comme on pouvait s'y attendre d'après son nom, du terrifiant dieu Pan. Comme les Satyres, Pan faisait preuve d'une activité sexuelle débordante. Il passait son temps dans les bois à courir après les jeunes gens pour les violer, qu'ils fussent d'ailleurs garçons ou filles. De là la peur « panique » qui s'emparaient d'eux à la vue de cet être aussi violent d'une laideur repoussante. Il faut rappeler que, dans le cortège de Dionysos, à côté des Satyres, on voyait souvent Silène.

Silène

Père spirituel et précepteur du dieu du vin, de la folie, de la nature vierge, de la sexualité débridée et de la fête. Silène avait la réputation d'être lui aussi affreux, d'une laideur proprement épouvantable, à effrayer les petits enfants. Mi-homme mi-bouc, il était affublé d'un nez épaté d'une taille démesurée, d'oreilles d'ânes et d'un menton protubérant tandis que son corps était velu comme celui d'un singe.

Le dieu Pan, qu'on tient le plus souvent (mais, comme toujours, il y a plusieurs versions) pour un fils d'Hermès, lui-même fils de Zeus, n'était, comme je vous l'ai dit, guère plus ravissant. Dieu des bergers d'Arcadie, dieu des bois et des forêts, de la nature sauvage, non cultivée, il allait devenir, comme Silène et les Satyres, un proche de Dionysos, un dieu lui aussi « très nature » et très sauvage.

Lexique

Son nom, qui signifie « tout », serait d'abord venu du fait que lorsqu'Hermès le ramena sur l'Olympe pour montrer son fils aux autres dieux, sa laideur effroyable les mit *tous* en joie. Le plus enthousiaste fut bien sûr Dionysos, qui reconnu aussitôt un des siens dans l'affreux petit personnage, mélange d'homme et de bouc, qu'Hermès, son demi-frère, venait de lui présenter. Sa laideur l'enchanta au point qu'il décida d'en faire un membre de son Thyrse (de son cortège). Mais, de proche en proche, Pan finit par être assimilé au dieu du « tout » de la nature sauvage, où l'on trouve une origine de la notion de « panthéisme », l'idée que la nature est divine ou que Dieu se confond avec la totalité du monde.

Le grand Pan est mort

Lexique

Selon une légende tardive, rapportée par Plutarque, on dit que des marins auraient entendu l'annonce de la mort du dieu : c'est là qu'on trouverait pour la première fois la formule selon laquelle « le grand Pan est mort ». Bien plus tard, elle servira à désigner ce que Max Weber appellera le « désenchantement du monde », c'est-à-dire cette conviction rationaliste, née avec le monde moderne et la révolution scientifique, que la nature n'a plus rien de sacré, rien de divin, qu'elle n'est qu'un stock d'objets matériels dépourvus d'âmes et de vie, que rien ne nous oblige à respecter si peu que ce soit et dont on peut par conséquent user selon notre bon vouloir.

Le désenchantement du monde ou la mort du grand Pan sont ainsi liés directement à la formulation par Descartes du principe d'inertie, le principe selon lequel rien dans le monde n'advient sans raison, sans cause, attendu qu'un corps, par exemple une boule de billard, ne change pas de direction ni de vitesse si un autre corps ne vient pas le « choquer » ou l'entraver de quelque façon. De là la formule, qu'on retrouvera encore dans une chanson de Brassens, par laquelle on désigne parfois ce désenchantement du monde en disant simplement que « le grand Pan est mort ».

DANS CE CHAPITRE

Charmeur et séduisant, malgré ses défauts

•

Un dieu double entre douleur et plaisir

•

Platon, *Le Banquet* et *Ménon*

•

La philosophie est érotique

Chapitre 11

Éros (Cupidon)

Érotisme, vérité et sagesse

Érotisme, érotique

C'est sans doute au IVe siècle, avec Platon, dans le célèbre dialogue intitulé *Le Banquet*, une œuvre tout entière consacrée à la philosophie de l'amour, qu'Éros apparaît pour la première fois comme une divinité personnelle, comme un être doté d'une personnalité et de traits de caractère dont nous allons voir combien ils sont porteurs de sens sur le plan philosophique. Si nous en croyons Platon, Éros n'est pas vraiment quelqu'un de distingué, ni même d'élégant. Il est plutôt jaloux, avide, cupide (d'où son nom romain : Cupidon), possessif, malpropre, bref, il ressemble plus à une espèce de chien errant qu'à un homme du monde. Pourtant, il est séduisant, il arrive à charmer les jeunes gens, filles et garçons, car il tient ses défauts comme ses qualités de ses deux parents qui n'ont rien d'ordinaire : Poros, son père, et sa mère Pénia.

Éros, fils d'Astuce et Misère

Comme presque toujours dans les mythes grecs, ces noms ont un sens, ils sont pleins d'enseignements. On traduit en général – je parle des traductions françaises les plus usuelles – Poros, par « Expédient » ou « Ressource », ce qui, pour être franc, ne veut pas dire grand-chose et n'est guère parlant dans le langage courant. En fait, Poros, c'est « l'astucieux », « l'ingénieux », le débrouillard qui trouve des solutions à tout. Il est, du reste, le petit-fils de Métis, la déesse de la ruse et de l'intelligence. Il incarne donc le contraire de ce qu'on appelle une « aporie », c'est-à-dire une impasse, un problème sans issue. Si l'on s'abstient de tout jugement moral, nous allons voir pourquoi Éros est sans cesse empêtré dans des contradictions, dans des situations de vie plus ou moins intenables, ce qui le conduit à être sans arrêt en quête de solutions.

Quant à sa mère, Pénia, c'est la pauvreté, ou pour mieux dire, la misère : la malheureuse est toujours en manque de quelque chose, de nourriture, de boisson, de vêtements pour se protéger du froid ou de la pluie, voire tout simplement d'un abri pour passer la nuit.

Éros, un être double...

Dans *Le Banquet*, c'est à une femme, une certaine Diotime, que Platon confie le soin d'exposer sa propre conception d'Éros et ses rapports avec les autres visages de l'amour. Diotime est réputée sage au plus haut degré parce que, nous dit Platon, elle « s'y connaît comme personne dans les choses de l'amour ». Dans le dialogue, c'est Diotime qui raconte la naissance de celui qui sera le confident et le compagnon d'Aphrodite, la déesse de l'amour et de la beauté :

Citation

> « Les dieux avaient organisé un grand banquet. Parmi eux figurait le fils de Métis, Poros. Quand le dîner fut terminé, Pénia rejoignit les divinités. Elle se tenait près de la porte, avec la ferme intention de venir mendier quelque nourriture. Il faut dire que le banquet avait été somptueux. Poros, enivré par le nectar – à cette époque, le vin n'existait pas encore –, entra dans le jardin de Zeus et, engourdi par l'ivresse, il sombra dans un profond sommeil. Pénia, se disant que rien d'astucieux ne lui arrivait jamais, eut l'idée de se faire faire un enfant par Poros l'astucieux. Elle se coucha sur lui et c'est ainsi qu'elle conçu Éros. »

Drôle d'ascendance, non ? Un père ivrogne et une mère miséreuse, voilà bien les parents d'Éros ! C'est, selon Diotime, cette singulière filiation qui permet de comprendre la double nature d'Éros, un être intermédiaire entre les contraires, entre le manque et le plein, entre l'intelligence et la bêtise, entre la sagesse et l'intempérance, entre l'immortalité et la mort, entre le désir et la satisfaction... En toutes choses, Éros est caractérisé par son étrange statut de moyen terme, de trait d'union entre des opposés. Comme sa mère, il est toujours en manque, insatisfait, toujours en quête de quelque chose, jamais vraiment comblé par ce qu'il parvient à posséder. Voici maintenant qu'il est devenu adulte, comment Diotime le décrit dans le dialogue de Platon :

Citation

> « En tant que fils de Poros et de Pénia, Éros se trouve placé sous les auspices suivants : d'abord, il est toujours pauvre, et il s'en faut de beaucoup qu'il soit aussi délicat et beau qu'on se l'imagine d'ordinaire. C'est tout l'inverse : il est malpropre, c'est une espèce de va-nu-pieds qui n'a pas de toit, qui couche par terre, à la dure, à la belle étoile, dans la rue ou sur le pas des portes. Mais comme il tient aussi de son père, il est toujours à l'affût des choses qui sont belles et bonnes. Il est courageux, aventurier, les forces toujours en tension vers quelque but ; c'est un chasseur hors pair, toujours prêt à inventer une solution nouvelle, il est passionné d'inventions et plein d'astuces. Il emploie sans cesse sa vie à philosopher, habile comme un sorcier, il invente des potions magiques, c'est un sophiste. En outre, sa nature n'est ni celle d'un immortel, ni celle d'un mortel, mais tantôt, dans la même journée, il se meurt et tantôt il revit et refleurit quand réussissent les ruses qu'il tient de son père. Pourtant, tout le profit qu'il en tire glisse sans cesse entre ses doigts de sorte qu'Éros n'est jamais ni dans le manque, ni dans la satisfaction. Pour les mêmes raisons, il est un intermédiaire entre le savoir et l'ignorance. Car il faut bien comprendre ceci : parmi les dieux, aucun ne s'inquiète de philosopher, aucun ne cherche à devenir sage, car les dieux le sont déjà, et nul sage ne s'emploie jamais à philosopher. Mais cela vaut tout autant pour les ignorants qui ne cherchent pas non plus à philosopher, car ils n'ont pas envie de devenir sages... Car celui qui ne croit pas être dépourvu de quelque chose n'a point envie de ce dont il ne croit pas avoir besoin d'être pourvu. »

Philosophie

Eh oui, comme dit l'adage, les idiots ressemblent aux morts : ils ne savent pas qu'ils sont idiots, comme les morts ne savent pas qu'ils sont morts... On notera, dans ce magnifique passage du *Banquet* de Platon, la nature extraordinairement profonde du lien qui unit érotisme et philosophie. En effet, le philosophe n'est pas un sage et la philosophie n'est pas non plus la sagesse, puisqu'elle est seulement quête ou amour de la sagesse. Le sage, lui, ne cherche pas la sagesse : comme les dieux, il la possède déjà, il la vit, il est « dedans » si l'on peut dire. Socrate, Bouddha ou Jésus sont des sages : ils n'écrivent pas, ils ne commentent pas, ils ne cherchent pas quelque chose qui leur manquerait, ils vivent, voilà tout, et tout au plus, ils font don par oral de leurs messages fondamentaux à leurs disciples. La première conviction de l'imbécile, c'est qu'il est intelligent : pourquoi chercherait-il la sagesse, puisqu'il est convaincu, le pauvre, qu'il la possède déjà plus que quiconque ? Telle est la raison pour laquelle ni les dieux, ni les sages, ni les imbéciles ne sont philosophes. Seuls peuvent le devenir les êtres humains « érotiques », ces mortels que parfois Éros anime et met pour ainsi dire en quête de la sagesse...

... mais aussi un dieu « entre deux »

De là aussi le statut intermédiaire du dieu de l'amour : intermédiaire entre la richesse et l'opulence, entre le vide et le plein, le manque et le comble, entre le mortel et l'immortel, entre la sagesse et l'imbécillité. Comme on va le voir dans un instant, Éros possède exactement la même structure que le plaisir et la douleur. Aussitôt que comblé, il est à nouveau en manque, et c'est cela même qu'on appelle le désir, cette aspiration sourde, tantôt satisfaite, tantôt insatisfaite, sans laquelle l'érotisme n'existerait tout simplement pas. Lorsqu'il est comblé, il meurt à nouveau, avant de renaître du manque, ce processus dialectique étant lui-même sans fin – en quoi, comme le dit Diotime, il n'est ni mortel, ni immortel, mais en quelque façon les deux à la fois parce qu'il est un *continuum* permanent de mort et de renaissance, de manque et de comblement.

À retenir

La structure de l'érotisme est donc par essence contradictoire : la passion érotique a besoin du manque autant que de la présence de l'être aimé, comme le plaisir de boire ou de manger a besoin de la soif ou de la faim pour exister. C'est là ce qui faisait dire à Montaigne que le mariage est un tue-l'amour, une union forcément anti-érotique, une « cage ainsi faite que les oiseaux qui sont dehors rêvent d'y entrer tandis que ceux qui sont dedans n'ont qu'une idée, en sortir ! » ; en effet, dans le mariage, l'être aimé est pour ainsi dire trop présent, toujours là, à disposition, de sorte que le manque n'a jamais le temps de s'installer assez durablement pour que le désir et le plaisir renaissent dans toute leur splendeur.

J'ai dit plus tôt que les parents d'Éros, l'astuce et la misère, expliquent ses caractéristiques les plus essentielles. Nous allons les retrouver dans la théorie platonicienne du plaisir et de la douleur, deux passions qui ont la même structure, à proprement parler « érotique », que celle du dieu de l'amour.

À la fois plaisir et douleur

Philosophie

Qu'est-ce, en effet, que la douleur ? Il s'agit selon Platon d'un processus à trois temps que nous allons retrouver, mais inversé, dans la doctrine du plaisir. Premier temps : l'organisme est en équilibre avec son milieu, tout va bien, il ne ressent rien de spécial, ni douleur, ni plaisir pour le moment. Puis, deuxième temps, une rupture brutale d'équilibre s'introduit dans l'organisme. Par exemple, je me coupe bêtement le doigt avec un couteau. Aïe ! Douleur... Puis vient le troisième temps, celui du retour progressif à l'équilibre. On notera que ce retour est lent, il prend du temps : c'est la cicatrisation, qui ne procure aucun plaisir particulier. Donc, nous avons bien affaire à une structure à trois temps : équilibre initial, rupture brutale, retour lent. Voilà ce qu'est la douleur.

Le plaisir, c'est l'inverse, mais toujours avec trois temps. Je suis dans un état d'équilibre aussi au départ, mais, cette fois-ci, à la différence de ce qui a lieu avec la douleur, la rupture d'équilibre est lente. Le modèle, c'est la soif ou la faim : je ne m'aperçois tout de suite que j'ai soif ou que j'ai faim, cela prend du temps, mon corps se dessèche peu à peu. En fin de parcours, toutefois, ce lent déséquilibre devient quand même douloureux. En revanche, le retour à l'équilibre, lui, est rapide : je bois un grand verre d'eau glacée, je mange un plat délicieux, et c'est un vrai plaisir ! Où l'on retrouve nos trois temps, mais à l'envers : dans la douleur la rupture est brutale et le retour à l'équilibre lent, dans le plaisir c'est l'inverse : la rupture est lente et le retour brutal.

À retenir

Où l'on voit en quoi la théorie du plaisir et de la douleur possède bel et bien une structure érotique : comme chez Éros, sans le manque, je n'aurais jamais le moindre plaisir à combler le vide qui me tourmente, en quoi pour Éros, l'absence de l'objet aimé est paradoxalement tout aussi importante que sa présence : il lui faut l'alternance des deux. Nous allons retrouver cette même structure érotique fondamentale dans la théorie platonicienne de la vérité, une théorie qui, comme celle du plaisir et de la douleur, va pratiquement traverser toute l'histoire de la philosophie jusqu'à nos jours.

Une très « érotique » doctrine de la vérité

Philosophie

Nous avons vu en quel sens on pouvait dire d'Éros qu'il était philosophe. Ni dieu, ni sage, ni imbécile, mais bel et bien philosophe. Car celui qui désire la sagesse et qui cherche la vérité s'inscrit sans même y penser dans une démarche qu'on peut dire « érotique » au sens le plus profond du terme. Pour bien le comprendre, il faut rappeler que Platon élabore sa théorie de la vérité en réponse à un sophisme, c'est-à-dire un raisonnement spécieux mais qui possède l'apparence du vrai. Ce fameux sophisme est exposé dans un de ses dialogues de Platon les plus fameux, le *Ménon*, du nom de l'interlocuteur de Socrate, ce dernier jouant, comme souvent chez Platon, le rôle du personnage principal.

Ménon prétendait que l'idée même d'une recherche de la vérité était intrinsèquement contradictoire : la sophistique se présente dans son discours comme une contre-philosophie, comme opposée au principe même de la volonté de vérité qui caractérise la science et la philosophie. De deux choses l'une, en effet, poursuivait son argumentation sophistique : ou bien nous avons déjà la vérité et alors, ce n'est pas la peine de la chercher. Et de fait, cela semble évident : si nous étions déjà en possession de la vérité, par définition, nous ne la chercherions pas ! Ou bien, seconde hypothèse, nous ne la détenons pas encore et, dans ces conditions, nous ne la trouverons jamais. Pourquoi ? Tout simplement parce que parmi tous les lieux communs qui traînent ici ou là dans l'espace public, parmi toutes les opinions « courantes », comme on dit si bien, il faut, pour distinguer celles qui sont vraies de celles qui sont fausses, déjà disposer d'un critère et d'un critère qui soit lui-même vrai !

Lexique

Le mot « critère » vient du verbe grec *krinein*, qui veut dire « distinguer, séparer » : séparer le bon grain de l'ivraie avec un « crible », un tamis, par exemple. Les mots « crise » et « critique » possèdent en français la même étymologie. Le critère est donc le préalable nécessaire pour reconnaître la vérité et la distinguer des opinions fausses, de la doxa. Or, dit le sophisme que défend Ménon, si jamais on tombait par hasard sur la vérité, parmi toutes les opinions qui courent sur le marché des idées, il faudrait bien avoir ce critère vrai du vrai pour distinguer la vérité de l'opinion. Pour que ce critère soit pertinent, il faudrait en effet qu'il soit déjà lui-même véridique. Par conséquent, pour trouver la vérité, il faut déjà la posséder, comme tente de le montrer *Ménon* dans ce passage particulièrement clair du dialogue de Platon :

Citation

> « Ménon : Et comment vas-tu t'y prendre, Socrate, pour chercher cette réalité dont tu n'as pas la moindre idée de ce en quoi elle consiste ? Parmi toutes les choses que tu ignores, laquelle prendras-tu comme objet de ta recherche ? Mettons les choses au mieux et supposons même que tu tombes dessus par hasard, comment saurais-tu qu'il s'agit de cette chose que tu ne connaissais pas ?
>
> Socrate : Je vois parfaitement ce que tu veux dire, Ménon. Pourtant, tu dois bien comprendre que l'argument que tu fais valoir ici, un argument selon lequel il n'est pas possible à un homme de chercher ni ce qu'il connaît, ni ce qu'il ne connaît pas, est tout à fait spécieux ! En effet, selon toi, il ne peut

pas chercher ce qu'il connaît, puisqu'il le connaît, et que le connaissant, il n'a nul besoin de le rechercher ; et ce qu'il ne connaît pas, il ne peut pas non plus le chercher, puisqu'il ne sait même pas ce qu'il devrait chercher !

Ménon : Ne penses-tu pas que cet argument soit bon, Socrate ?

Socrate : Non, je ne le pense pas.

Ménon : Peux-tu alors me dire en quoi il n'est pas bon ?

Socrate : Oui, je vais te le dire [...] Étant donné que l'âme est immortelle et qu'elle renaît plusieurs fois, elle a donc vu les choses d'ici-bas en même temps que celles qui sont dans l'Hadès [*le monde de l'invisible*]. Autrement dit, elle a vu toutes les réalités, il n'y a rien qu'elle n'ait appris, en sorte qu'il n'est pas étonnant qu'elle soit capable, à propos de la vertu comme à propos d'autres choses, de se remémorer ces réalités dont elle avait justement eu connaissance dans un temps antérieur [...] Voilà pourquoi le fait de chercher et le fait d'apprendre sont essentiellement la même chose, à savoir une réminiscence. »

À retenir

Le paradoxe mis en avant par Ménon n'est peut-être pas très puissant, mais la réponse de Socrate, elle, est à proprement parler géniale. Commentons brièvement ce texte essentiel. C'est toute la philosophie de Platon, toute sa théorie de la vérité comme réminiscence, qui va être contenue dans la réponse faite par Socrate à Ménon. Elle consiste à dire que si nous pouvons reconnaître la vérité au milieu de toutes les opinions fausses, c'est pour la bonne et simple raison que nous l'avons déjà connue avant notre naissance. Comme dans le cas du plaisir, notre rapport à la vérité passe par trois phases, par trois temps – en quoi nous allons pouvoir comprendre d'un même mouvement pourquoi Éros est philosophe et pourquoi la théorie platonicienne de la vérité est bien « érotique ».

La théorie platonicienne de la vérité

Philosophie

Dans un premier temps, nous avons été mis en présence de la vérité. C'était avant la « chute », avant notre naissance, quand l'âme n'était pas encore prisonnière d'un corps sensible, avant qu'elle ne tombe dans ce corps matériel, avant l'incarnation.

Vous connaissez peut-être ce jeu de mots que Socrate avance dans ce contexte, à savoir que le corps (en grec, *soma*, qui a donné par exemple « somatique » ou « somatiser » en français) est pour l'âme une prison (en grec, *sema*). Avant que l'âme ne soit « emprisonnée » dans ce corps sensible, elle voyait les idées dans toute leur splendeur, elle les contemplait, par-delà les apparences, dans toute leur pureté intelligible, non déformées par les cinq sens. Elle pouvait donc voir la vérité « toute nue », dans sa parfaite luminosité.

Mais vient justement le deuxième temps, celui de la chute, de la déchéance, de l'incarnation de l'âme dans la prison du corps : c'est le moment de la naissance, de cette catastrophe que signifie pour nous la venue dans le monde sensible – voyez d'ailleurs les hurlements des nourrissons au moment où ils sortent du ventre de leur mère : le moins qu'on puisse dire est qu'ils n'ont pas l'air particulièrement joyeux. L'âme tombe dans un corps, elle s'incarne dans cette prison sensible et trompeuse : c'est la fameuse descente dans la caverne de Platon. Les sens sont trompeurs, en effet, puisqu'ils nous présentent sans cesse des choses identiques comme différentes. Voyez par exemple le cas de l'eau : tantôt elle est dure et glacée, tantôt liquide et chaude, et pourtant c'est bien de la même eau qu'il s'agit. Et réfléchissez à ceci : si nous ne disposions pour connaître le monde que de nos sens, si nous n'avions pas l'intelligence, la raison, nous serions sans cesse trompés par eux, car ils contredisent le principe de non-contradiction, qui est le pilier fondamental de la logique, en nous présentant la même eau sous deux aspects différents.

Ce qui nous conduit au troisième temps de cette théorie de la vérité, celui de la « remémoration ». En grec, cela se dit *anamnèse* : il s'agit, comme le dit Socrate à la fin du texte qu'on vient de citer, d'un travail de réminiscence. Après la chute de l'âme dans un corps sensible qui l'emprisonne, l'esprit tente de se remémorer une vérité qu'il a déjà connue mais qu'il a perdue, oubliée au moment de la naissance. La connaissance est donc toujours re-connaissance, le savoir véritable est souvenir, lutte contre l'oubli, idée qui va permettre de résoudre le fameux sophisme initial : si la connaissance est reconnaissance, remémoration d'une vérité perdue, cela explique en effet que, lorsqu'on la retrouvera, fût-ce par hasard, au milieu des opinions courantes, on saura que c'était la vérité. Comme on la connaissait avant, on se contentera en fait de la retrouver.

Connaître c'est reconnaître

À retenir

Voilà comment Platon répond au paradoxe sophistique : nous avons connu la vérité, puis vient la chute dans le corps sensible, avant qu'un long et douloureux travail de retour au vrai nous permette de sortir de la caverne et de reconnaître à nouveau les idées vraies. L'allemand l'exprime comme en grec : *kennen* c'est *erkennen* – connaître, c'est re-connaître, effectuer un travail de remémoration. Dans le dialogue de Platon, c'est cette tâche philosophique que Socrate anime en posant toujours à ses interlocuteurs les questions qui les guident vers la vérité perdue, oubliée. Et c'est aussi en cela qu'il se compare à sa mère, qui était sage-femme.

Lexique

Le travail de l'accouchement se dit en grec *maieutikê* : c'est la « maïeutique », la méthode socratique par excellence, qui consiste à accoucher, non pas les corps des femmes, mais les esprits des hommes – comme il est dit (de manière peu féministe) dans un autre dialogue de Platon, le *Théétète*. La philosophie est donc le contraire du dogmatisme. Son travail n'est pas d'apporter la vérité de l'extérieur, du haut d'un savoir tout constitué et non critiquable, mais de la faire découvrir aux élèves. Le travail de Socrate est un travail qui aide seulement son interlocuteur à la remémoration. Il l'aide à se souvenir d'une vérité qu'il a connue puis oubliée et il le fait, un peu comme un psychanalyste, en lui posant des questions – en quoi Socrate restera jusqu'à nos jours le modèle du professeur de philosophie qui pousse ses élèves à la réflexion personnelle plus qu'il ne les gave de l'extérieur avec des certitudes, comme on le voit dans ce passage du *Théétète* :

Citation

> « Socrate : Mon métier, qui consiste à faire les accouchements, contient en lui très exactement tout ce que font les sages-femmes à ceci près qu'il consiste à faire accoucher des hommes, mais non des femmes, et à prendre soin de leurs âmes en train d'enfanter, mais non de leurs corps. [...] Malgré ces différences, je n'en ai pas moins les mêmes caractéristiques que les sages-femmes. Je suis incapable d'apporter moi-même un savoir tout constitué, ce que beaucoup m'ont déjà reproché. Je questionne les autres, mais que moi-même je ne réponds rien sur rien parce qu'il n'y a en moi rien de savant. C'est donc bien à juste titre qu'ils me font ce reproche, et la cause en est la suivante : un dieu me contraint de procéder aux accouchements, mais il m'interdit d'engendrer. De fait, je ne suis nullement moi-même quelqu'un de savant... Mes interlocuteurs n'ont jamais rien appris qui vienne de moi, c'est en eux-mêmes et à partir d'eux-mêmes qu'ils ont appris une foule de belles choses, et ils en restent possesseurs. De l'accouchement, certes le dieu est cause, et moi aussi, mais de rien d'autre... »

À retenir

Cette théorie platonicienne de la vérité traversera toute l'histoire de la philosophie. On en retrouvera encore des traces jusque chez Marx, Nietzsche ou Heidegger, avec l'idée que le début de l'histoire contient déjà le point d'arrivée, le communisme primitif, par exemple, préfigurant le communisme final, ou la pensée grecque, chez Nietzsche et Heidegger, étant plus lumineuse et plus juste que la déréliction moderniste. En quoi il n'est pas inutile de l'avoir présente à l'esprit pour comprendre l'une des structures « érotiques » les plus intimes de l'histoire de la philosophie.

Cupidon

Cupidon est le dieu romain de l'Amour et du Désir (le latin *cupidus*, à l'origine du français « cupide », signifie « qui désire »). On identifie Cupidon à l'Éros grec. Dans le conte d'Apulée, *L'Âne d'or*, il est le fils de Vénus (Aphrodite) et de Mars (Arès) – mais il ne faut pas le confondre avec un autre Éros, cette espèce de force de vie primitive qui préside à l'apparition du cosmos. Les amours de Psyché et Cupidon ont été contées et chantées par bien des auteurs : Apulée, le premier, comme on l'a vu ici, mais aussi La Fontaine, Calderón, Molière, Lully ou Manuel de Falla parmi tant d'autres, sans compter les innombrables sculptures et peintures où Cupidon est en général représenté sous les traits d'un beau jeune homme ailé ou d'un angelot espiègle et joufflu muni de son fameux arc et de ses flèches qui transpercent les cœurs des amoureux. L'amour étant réputé aveugle, notre dieu apparaît parfois dans l'iconographie avec les yeux bandés.

DANS CE CHAPITRE

Née de l'écume
et du sperme d'Ouranos

•

Incarnation de l'amour
et du désir amoureux

•

Mariée à Héphaïstos,
le dieu boîteux

Chapitre 12

Aphrodite (Vénus)

Sous le règne de l'amour

Un aphrodisiaque

Lexique

Aphrodite est la déesse de l'amour et de la beauté, elle deviendra Vénus chez les Romains. Sa naissance est très particulière et son nom l'évoque puisqu'il signifie la fille de l'écume (en grec : *aphros*). En effet, elle est née du sang d'Ouranos dont le sexe coupé par son fils Cronos est tombé dans la mer. Le sperme qui s'en écoule se mélange alors à l'écume des flots et c'est de ce singulier mélange que jaillit Aphrodite, fille de cette double écume dont on comprend que, symboliquement, elle est prédisposée à l'amour, la mer liquide et le sperme viril étant en quelque façon unis en elle.

Rappelons aussi qu'elle est la tante de Zeus et que c'est sans doute la plus belle et la plus aimable des déesses. Elle se mariera avec Héphaïstos, le dieu boiteux, mais elle aura bien des amants, dont Arès, le dieu de la guerre, avec qui selon certaines légendes, elle enfantera notamment Éros. Elle est pleine de charme, mais ses origines chaotiques lui permettent aussi d'user de tous les tours pour séduire. Elle est aimable, certes, au sens propre du terme, mais aussi jalouse, menteuse, hypocrite, infidèle, possessive, orgueilleuse, vindicative, cruelle, bref, elle incarne tous les charmes, mais aussi tous les défauts de la vie et du discours amoureux. Si l'on en croit Hésiode, c'est, accompagnée d'Éros, l'amour, qu'Aphrodite sort de l'eau, mais aussi d'Iméros, le désir.

La reine des cœurs mortels et immortels

Dans le préambule de l'*Hymne homérique* qui lui est consacré, le poète ne manque pas l'occasion de vanter l'influence d'Aphrodite. En tant que divinité de l'amour, elle exerce son pouvoir sur tous les hommes, bien sûr, mais aussi sur la plupart des dieux, à commencer par Zeus qui, bien que roi des dieux (ou peut-être à cause de cela ?), passe les trois quarts de son existence à courir après l'amour. Seules trois déesses résistent à la tentation qu'incarne Aphrodite : Athéna, la déesse de la guerre, de l'intelligence, des arts et des techniques, Artémis, qui préfère se consacrer à la chasse, et Hestia, la divinité du foyer. Toutes trois souhaitent rester vierge. En revanche, les autres dieux cèdent tous à la logique de l'amour qu'Aphrodite met dans les cœurs, au point que Zeus, un beau jour, décide de se venger en la rendant elle aussi amoureuse afin qu'elle subisse cette passion dévorante qu'elle inflige si volontiers aux autres. C'est ainsi, du moins si l'on en croit l'*Hymne homérique*, qu'Aphrodite, manipulée par Zeus, va tomber folle amoureuse d'un jeune homme, le bel Anchise, avec qui elle aura un fils, Énée, qui participera à la guerre de Troie et dont l'un des descendants, Romulus, sera considéré comme le fondateur de Rome.

Le rire homérique

Aphrodite est aussi à l'origine de ce qu'en bon français, on appelle encore aujourd'hui un « rire homérique », c'est-à-dire un rire énorme, inextinguible, à gorge déployée, comme on dit encore. C'est dans l'*Odyssée* d'Homère, au chant I, qu'on trouve l'origine de la formule en question. Elle se rapporte directement aux amours malheureuses de ce pauvre Héphaïstos, le dieu des forgerons, celui qui deviendra le Vulcain des Romains, avec la (trop) belle Aphrodite.

Malheureux avec ses parents, Héphaïstos le sera aussi avec sa femme qui s'empressera de le tromper avec le dieu de la guerre, Arès, un être peu sympathique, pas très intelligent, mais viril comme pas deux.

Héphaïstos, le dieu infirme

Héphaïstos est une divinité singulière, un peu à part dans le monde parfait des Olympiens. D'abord, bien que fils de Zeus et d'Héra, il est le seul à ne pas être physiquement parfait. C'est un dieu boiteux, on l'appelle d'ailleurs souvent le « bétourné ». D'où lui vient cette infirmité, improbable pour un dieu grec ? Selon la version la plus courante, celle qu'on trouve dans l'*Iliade*, elle lui serait venue d'un conflit entre ses deux parents. Un jour qu'Héra et Zeus se disputaient à propos d'Héraclès, Héphaïstos pris le parti de sa mère. Furieux, Zeus le saisit violemment par un pied et le jeta du haut de l'Olympe. Selon le récit que l'*Iliade* donne de la scène, le malheureux tomba une journée entière avant de s'écraser le soir sur l'île de Lemnos. C'est de cette chute qu'il conservera un certain handicap… qui ne l'empêchera toutefois pas d'épouser la plus ravissante de toutes les divinités, Aphrodite. (Voir aussi chapitre 13.)

Apprenant qu'il était trompé, Héphaïstos confectionna un filet en mailles de fer impossible à déchirer. Il l'ajusta délicatement dans le lit des deux amants et il fit en sorte de les emprisonner lorsqu'ils s'y couchèrent pour se livrer à leurs ébats amoureux. Voulant naïvement dévoiler leur forfait aux autres Olympiens, il les appela aussitôt pour contempler le spectacle. Ce qu'ils firent, certes, mais au lieu de s'apitoyer sur le sort de leur malheureux collègue, les Olympiens furent pris d'un rire colossal, ce fameux rire qu'on dit « homérique » parce qu'il fut rapporté pour la première fois par Homère, un rire auquel Héphaïstos ne s'attendait pas et qui le vexa à jamais ! Voici comment le Chant I de l'*Odyssée* nous a décrit la scène :

Citation

> « Héphaïstos, dieu des forges, était boiteux, mais cela ne l'empêcha pas de s'unir à Aphrodite. Cependant cette dernière se laissa séduire par Arès et trompa son mari. Quand il découvrit la chose, Héphaïstos disposa un filet autour du lit de sa femme, attendit patiemment que les amants s'y couchent, et referma le piège qui immobilisa les coupables. Alors il convoqua les dieux pour assister à cette prise, et au lieu de compatir, tous partirent d'un rire inextinguible… »

Si l'on en croit la version rapportée par les *Métamorphoses* d'Ovide, c'est Hélios, le soleil, qui le premier s'aperçut qu'Aphrodite couchait avec Arès, trompant ainsi son mari. Voici comment Ovide nous a raconté la scène. Elle se situe au moment où le dieu du soleil, choqué par l'adultère qu'il vient de constater, s'empresse d'en faire part au malheureux mari :

Citation

> « Le mari en perd la raison, il en laisse tomber l'ouvrage auquel il était en train de travailler. Aussitôt, il se met à polir de minces chaînes de bronze, des filets et des lacets imperceptibles à l'œil nu. Les fils les plus fins et les toiles que l'araignée suspend aux poutres dans les hauteurs n'égalent pas son travail. Il fait en sorte qu'ils répondent au plus léger contact, au moindre mouvement. Il en entoure le lit et les dispose habilement. À peine l'épouse et le dieu adultère se sont-ils réunis dans le même lit que, grâce à l'art du mari, ils se retrouvent tous les deux pris dans les rets, immobilisés au beau milieu de leurs ébats. Aussitôt, le dieu de Lemnos ouvre en grand les portes d'ivoire et fait entrer les autres dieux. Les amants sont encore étendus, enchaînés, tout honteux. Parmi les dieux, que ce spectacle n'attriste guère, il y en eut même un qui avoua bien vouloir affronter la même honte, pourvu que ce soit au même prix ! Les immortels éclatent alors de rire et pendant longtemps, cette histoire fut contée dans tout le ciel. »

À retenir

Ce qui prouve trois choses. D'abord que les dieux grecs n'ont pas bon fond, qu'ils ne brillent guère par la compassion et qu'ils sont à tous égards aux antipodes du Dieu des chrétiens. Ensuite, qu'ils n'hésitent pas à se tromper les uns les autres comme à se mentir entre eux. Enfin, que le handicap ne pardonne pas dans le monde de la Grèce archaïque, surtout en amour, un univers où la beauté et l'harmonie se situent bien au-dessus de la pitié, par-delà le bien et le mal.

DANS CE CHAPITRE

Dieu des forges
et des forgerons

•

Jeté du haut de l'Olympe
par sa mère Héra

•

Il fabrique les armes des dieux
et des héros

Chapitre 13
Héphaïstos (Vulcain)
Boiteux, trompé et pourvoyeur d'armes

Volcan – vulcaniser

Lexique

Tout le monde a entendu parler des volcans, un peu moins aujourd'hui du mot « vulcaniser », qui tend à disparaître de la langue française parce qu'il renvoie à une pratique qui n'existe plus guère, celle qui consistait notamment à réparer les pneus des voitures en faisant chauffer le caoutchouc pour refermer les déchirures que de mauvais passages sur les aspérités des routes avaient pu causer. Aujourd'hui, on ne répare plus un pneu déchiré, c'est considéré comme dangereux, on le change. Quand j'étais étudiant en Allemagne, on m'avait offert un petit livre destiné aux étrangers, qui était censé indiquer les formules les plus courantes, et comme il avait été rédigé pendant la Seconde Guerre mondiale, on pouvait encore y lire cette phrase qui prête à rire aujourd'hui tant elle est la marque d'une autre époque, plus ancienne encore que celle où on vulcanisait les pneus : *Bitte, können Sie meinen Mantel vulcanisieren* ? « S'il vous plaît, pouvez-vous vulcaniser mon manteau ? » Aujourd'hui, la formule n'est plus comprise par les jeunes, mais au lendemain de la guerre, les gens manquaient de tout, et notamment de cuir, de sorte qu'on fabriquait des ersatz de manteau en caoutchouc qu'on vulcanisait quand ils avaient subi un accroc !

Tout cela, bien entendu, pour en venir à Vulcain, la version romaine d'Héphaïstos, le dieu des forges et des forgerons, des feux et des métaux en fusion, un dieu dont les ateliers, situés sous les montagnes qu'on appelle pour cette raison des volcans, recrachent de gigantesques flammes, des fumées noires et diverses éruptions de lave jaillies des sous-sols de la terre en fusion. C'est Vulcain, fils de Jupiter (Zeus) et de Junon (Héra) qui fabrique les armes de son père avec l'aide des trois Cyclopes dont les noms sont tout un programme puisqu'ils s'appellent, Foudre, Éclair et Tonnerre. C'est aussi Vulcain qui fabrique les fers qui servent à enchaîner Prométhée au Caucase, lui encore qui confectionne les parures et les bijoux de Pandore, la première femme, le sceptre d'Agamemnon, la couronne d'Ariane ou les armes d'Achille, en particulier son bouclier qui est ornée de motifs d'une complexité, d'une finesse et d'une beauté incomparables. Dans sa version grecque, Vulcain/Héphaïstos, bien que seul parmi les dieux à ne pas être physiquement parfait (il est boiteux parce que son père l'a jeté du haut de l'Olympe et qu'il s'est écrasé lourdement sur l'île de Lemnos), est marié avec la plus belle des déesses, Aphrodite, qui le trompe aussitôt avec Arès, le dieu de la guerre (voir aussi chapitre 12).

Lexique

C'est d'abord en italien que les montagnes éruptives prirent le nom de *vulcano*, devenu plus tard *volcano*, et c'est au XIVe siècle, que le mot passa en français sous la forme *vulcan*, nom propre désignant d'abord l'Etna dans les *Voyages* de l'explorateur et géographe Jehan de Mandeville avant de devenir commun en 1598 sous la forme que nous connaissons aujourd'hui (« volcan »). Le dieu donna aussi son nom à un petit papillon rouge et noir ainsi qu'aux vulcanales, des fêtes organisées au XVIIIe siècle en son honneur.

À retenir

Vulcain est le symbole du savoir-faire artisanal et artistique et, dans ce domaine, il n'a pas d'équivalent. Il est donc le représentant d'une valeur aujourd'hui en voie de disparition, une valeur qui trouvait sa place dans la parabole des talents exposée dans l'Évangile de Matthieu mais dont l'idée d'une allocation universelle tente désormais de venir à bout...

DANS CE CHAPITRE

Arès jugé pour avoir tué l'agresseur de sa fille

La colline d'Arès, haut lieu de la démocratie athénienne

Chapitre 14

Arès (Mars)

Dieu du carnage et de la guerre

Un bel aréopage !

Lexique

La formule, bien connue et encore assez courante, désigne une assemblée prestigieuse, composée de personnalités éminentes. Quand on la prononce, on a parfois tendance à laisser la langue fourcher, à parler d'un « bel aéropage » au lieu de « bel aréopage ». On est tellement habitué aux aéroports ! Mais le mot n'a rien à voir avec quoi que ce soit d'aérien et pour ne pas se tromper, il suffit de se souvenir de son étymologie, qui renvoie au dieu de la guerre, Arès (celui qui deviendra Mars chez les Latins). Le mot vient donc du grec *Aréios* (Arès) et *pagos* qui désigne la colline.

À l'origine, l'aréopage est donc tout simplement la colline d'Arès, une colline qui, du reste, existe encore aujourd'hui à Athènes. La question est de savoir pourquoi, quel rapport avec le terrible dieu de la guerre ? Comme vous allez voir, le mot possède une triple dimension, mythologique, politique et religieuse.

Récit

Chronologiquement, comme toujours, c'est la mythologie qui vient en premier. Arès est un dieu violent et même sanguinaire. Il aime les carnages. Ce n'est ni un gentil, ni un poète, ni même un dieu intelligent, plutôt une brute, au contraire d'Athéna, qui elle aussi est déesse de la guerre, mais de la guerre intelligente, stratégique, ce qui la rend infiniment plus puissante et plus intéressante qu'Arès. Toujours est-il qu'un jour, Arès aperçoit un certain Halirrhotios en train d'essayer de violer sa fille, Alcippé. Mauvaise idée ! Arès descend aussitôt de l'Olympe et massacre le violeur. Mais il se trouve que ce dernier est un des nombreux (et épouvantables) fils de Poséidon, le puissant « ébranleur de la terre », qui s'empresse de porter plainte auprès des autres Olympiens. Ces derniers se réunissent donc en forme de tribunal sur cette colline, en fait un énorme monolithe en marbre gris qui va pour cette raison recevoir à Athènes le nom d'« aréopage ». Ils jugent le meurtre et, bien évidemment, ils en viennent à acquitter Arès.

À retenir

Le nom restera dans la vie politique d'Athènes où l'aréopage va désigner sous différentes formes (il y aura toute une évolution de l'institution en question) pendant la grande période de la démocratie athénienne – disons entre – 500 et – 300 – un conseil de sage formé de neuf Archontes, des citoyens ayant rempli des fonctions importantes de dirigeants dans la cité. L'aréopage introduisait un principe de pondération oligarchique au sein de la démocratie, un peu comme notre conseil constitutionnel aujourd'hui dont on prétend qu'il est composé lui aussi de neuf sages (ce qui peut évidemment se discuter quand on voit les noms qui figurent dans sa composition, en particulier ceux des anciens présidents de droite ou de gauche, voire des anciens des cabinets ministériels, dont on peut avoir quelque doute sur le fait qu'ils soient totalement dépourvus de partis pris politiques…).

Le saviez-vous ?

Enfin, pour ce qui est de la dimension religieuse du mot, c'est aussi devant l'aréopage que Paul s'adresse aux Athéniens, si l'on en croit les *Actes des Apôtres*, pour les féliciter d'être un peuple religieux, si religieux que parmi les très nombreux autels qui ornent sa cité, on en trouve un qui est dédié au « dieu inconnu ». Bien entendu, pour Paul, il s'agit du dieu chrétien dont la bonne nouvelle – *eu-anggelia* = « évangile » – est celle de la résurrection des corps, une promesse chrétienne essentielle, mais qui laissera les Grecs plutôt sceptiques…

DANS CE CHAPITRE

Fils d'Apollon, il ramène les mourants à la vie grâce au sang de Méduse

•

Les différents caducées

•

Ses enfants Hygié et Panacée

Chapitre 15

Asclépios (Esculape)

À l'origine de la médecine et des médecins

Être un héritier d'Esculape

On peut dire d'un grand médecin qu'il est « un digne héritier d'Esculape » (en grec : Asclépios), le génial père de la médecine. Son histoire n'est pas banale. D'abord, il est le fils d'un dieu puissant, un dieu qui est lui-même un dieu de la médecine, Apollon en personne. Bien qu'Apollon soit le plus beau des Olympiens, ses amours n'en ont pas pour autant été toujours heureuses. Que ce soit avec Cassandre, qui finit par se refuser à lui, ou encore avec la nymphe Daphné qui, elle aussi, préfère lui échapper et se laisser transformer en un laurier avec lequel le dieu choisira, en guise de consolation, de se tresser la couronne qui deviendra son emblème, les choses de l'amour ne sont pas simples pour lui. Comme quoi la beauté n'y suffit pas, loin de là.

Récit

Dans l'histoire qui nous intéresse ici, Apollon est amoureux d'une jeune fille, Coronis, qui est tombée enceinte de lui, mais qui le trompe avec un simple mortel, un certain Ischys. Comme on peut s'en douter, la colère d'Apollon est terrible quand il découvre le pot aux roses ! Blessé jusqu'au plus profond de son cœur, sans doute aussi dans sa vanité de beau mâle, et pour se venger, il transperce les deux amants de ses flèches. Au moment où la belle Coronis va passer de vie à trépas, il se souvient qu'elle porte son enfant, un bébé qui n'est autre que le petit Asclépios. Il se dépêche de le sauver en l'arrachant *in extremis* au ventre de sa mère. Asclépios est alors confié au centaure Chiron qui lui enseignera les principes scientifiques de la médecine ainsi que l'art de soigner les gens.

Deux fois né, il a vaincu la mort

À retenir

On remarquera qu'il existe une analogie entre la naissance d'Asclépios et celle de Dionysos : tous deux sont arrachés au ventre de leur mère alors que cette dernière est déjà morte et, dans les deux cas, la malheureuse passe de vie à trépas consumée par le feu. C'est dire qu'Asclépios est, sinon « deux fois né » comme Dionysos (qui sortira de la cuisse où Zeus l'a niché pour continuer sa gestation – voir chapitre 7), du moins sauvé de la mort *in extremis*. D'entrée de jeu, son existence est donc placée sous le signe d'une espèce de résurrection, d'une victoire quasi miraculeuse de la vie sur la finitude humaine. Et c'est bien cela qui va marquer l'art d'Asclépios en tant que médecin. Non seulement il devient un chirurgien hors pair, mais, à l'image d'un dieu, il est un véritable sauveur, un maître du salut puisqu'il parvient non seulement à sauver les vivants, mais à faire revivre les morts. Comment s'y prend-il ? Avec l'aide des dieux, bien entendu, à tout le moins avec celle de la déesse la plus puissante de l'Olympe.

Récit

On raconte en effet qu'il a reçu d'Athéna un présent qui lui permet de réaliser le rêve secret de tout médecin : le don de ramener les mourants à la vie. Athéna est non seulement la déesse de l'intelligence, des arts et des techniques, mais c'est aussi celle qui a aidé Persée à combattre Méduse, l'affreuse et terrifiante Gorgone qui peut, en une fraction de seconde, pétrifier – au sens propre : transformer en pierre – tous ceux qui ont le malheur de croiser son regard aux pouvoirs surnaturels (voir chapitre 33). Persée vient de trancher la tête de Méduse et du cou de la Gorgone s'échappe, au moment même où elle rend son dernier soupir, Pégase, le cheval ailé, tandis que deux liquides s'écoulent de ses veines ouvertes. De la veine gauche sort un poison violent qui provoque la mort en quelques secondes ; de la droite, au contraire, un remède miraculeux qui possède tout simplement la faculté de ressusciter les morts.

Muni de ce précieux viatique, Asclépios se met non seulement à guérir les vivants, mais aussi à ressusciter les morts. Il est, si l'on veut actualiser le propos, transhumaniste avant la lettre. Au point qu'Hadès, le maître des enfers qui règne sur le royaume des ombres, se plaint à Zeus de voir le nombre de ces « clients » diminuer de façon préoccupante. Ce n'est pas pour rien qu'on dit de lui qu'il est le plus riche (en grec : *ploutos*, qui donnera le Pluton des Romains) de tous les dieux : il règne en effet sur le peuple le plus impressionnant, celui des morts étant évidemment plus nombreux que celui des vivants.

Vaincre la mort, c'est atteindre au divin

Quoi qu'il en soit, comme dans le cas de Prométhée, qui avait volé le feu et les arts à Athéna pour l'offrir aux mortels, Zeus commence à s'inquiéter à l'idée que ces derniers puissent devenir l'égal des dieux : quelle différence entre eux, en effet, si les premiers se dotent par eux-mêmes des moyens de devenir immortels ? Si on les laisse faire, c'est l'ordre cosmique tout entier, à commencer par la distinction cardinale entre humain et divin, entre mortels et immortels, qui se trouvera bouleversé dans son principe même. Pour avoir péché par *hubris*, pour avoir voulu ramener des défunts à la vie, et avoir ainsi tenté de bouleverser l'ordre cosmique, Zeus punira le malheureux Asclépios : il mettra fin à sa vie en le foudroyant. Pour autant, Zeus, qui se doit d'être juste, veut rendre hommage aux talents d'Asclépios. Après tout, ce dernier n'a cherché qu'à faire du bien aux humains. Il n'a pas commis de grande faute, du moins pas de manière intentionnelle. Zeus va donc l'immortaliser lui aussi en le transformant en une constellation qu'on appelle la constellation du « Serpentaire » – ce qui veut dire à l'origine, « celui qui porte le serpent ».

À retenir

On remarquera qu'en ce sens, Asclépios a quand même réussi à voir se réaliser pour lui-même ce qu'il lui sera désormais interdit d'apporter aux autres. Il connaît ce que les Grecs nomment une « apothéose » – terme qui, littéralement, veut dire une « divinisation », une transformation en dieu (*apo* = vers, et *théos* = dieu). Voilà pourquoi on le considère parfois, non pas seulement comme le fondateur de la médecine, mais comme le dieu des médecins.

Le caducée – l'hygiène – une panacée

Aujourd'hui encore, on représente presque toujours Asclépios avec un serpent à la main, et son sceptre, formé du reptile enroulé autour d'un bâton, que l'on appelle le « caducée », sert toujours de symbole à ceux qui exercent la médecine et la pharmacie.

Le caducée d'Hermès

Ce n'est pas tout à fait le même que celui d'Asclépios et, comme vous allez voir, il existe plusieurs caducées tous dotés d'une signification philosophique profonde. Ils symbolisent l'idée d'immortalité, l'espoir que la médecine pourrait bien un jour être capable de faire « mourir la mort ».

Lexique

Le mot « caducée » vient du grec *kérukeion*, qui signifie le « sceptre du héraut », non pas au sens du héros qui gagne les batailles et accompli des exploits, mais du héraut qui annonce les nouvelles, comme Hermès, le messager des dieux.

Voyons ça de plus près.

Le saviez-vous ?

Il y a en vérité trois caducées différents, et le premier caducée porte bien son nom puisqu'il est, en effet, l'emblème du dieu Hermès, le héraut par excellence, puisqu'Hermès est celui qui porte aux humains ou aux autres dieux les messages de son père, le maître de l'Olympe. Il est constitué de deux serpents qui s'enroulent autour d'un bâton lui-même surmonté d'une paire de petites ailes. Les mythes, ici, divergent entre eux. Selon certains, Apollon aurait échangé son sceptre d'or avec Hermès contre une flûte que ce dernier aurait inventée après la lyre.

Selon d'autres, Hermès voyant un jour deux serpents en train de se battre – ou de faire l'amour ? – les aurait séparés en jetant un bâton (la baguette magique d'Apollon ?) entre les deux reptiles afin de les séparer. Les serpents se seraient alors enroulés autour de cette baguette et Hermès aurait seulement ajouté les petites ailes, qui sont sa marque propre, puisque ce sont elles qui lui permettent de traverser le monde et de fendre les airs à la vitesse de l'éclair.

C'est, étrangement, ce même caducée d'Hermès qui sert le plus souvent, encore aujourd'hui, d'emblème de la médecine aux États-Unis. En réalité pourtant, il n'a aucun lien avec cette discipline. Il semblerait bien que nos amis Américains aient tout simplement confondu ce caducée avec un autre, celui d'Asclépios, probablement parce que la médecine ancienne (et bien souvent même celle d'aujourd'hui) est un art « hermétique », qui utilise, comme dans Molière, des mots savants, un jargon obscur et surtout parce que les premières facultés de médecine furent d'abord proches de sociétés secrètes. Erreur explicable, donc, mais erreur quand même.

Le caducée d'Asclepios

Car le deuxième caducée, celui qui symbolise réellement la médecine, n'est pas celui d'Hermès. Là encore, les mythes sont assez obscurs et multiples. Deux lignes de récit principales sont en concurrence. Selon la première, Asclépios, au moment où il est élevé par Chiron, qui lui enseigne la médecine comme le lui a demandé son père, Apollon, aurait fait une bien étrange expérience : croisant un serpent sur son chemin, il le tue... et constate avec surprise qu'un autre serpent vient au secours du premier, portant dans sa bouche une petite herbe qu'il lui fait ingérer et qui le réveille de la mort. C'est de là qu'Asclépios aurait tiré sa vocation pour la résurrection des défunts.

Selon l'autre version de la légende, Asclépios aurait pris pour symbole de son art le serpent pour une raison beaucoup plus simple : parce que cet animal semble commencer une nouvelle vie lorsqu'il mue et change de peau. Il suffit de se promener dans les terres rocailleuses de la Grèce pour voir ici ou là ces peaux de serpents qui ont mué. De là à en conclure que l'animal mort connaît une renaissance, il n'y a qu'un pas, qu'Asclépios aurait franchi.

Comme on voit, les deux histoires, au fond, se rejoignent : dans les deux cas, en effet, le serpent symbolise la renaissance, l'espérance d'une seconde vie. Les médecins européens, à la différence des Américains, ont à juste titre adopté le caducée d'Asclépios comme symbole de leur art. Ils y ont simplement ajouté un miroir, pour représenter la prudence qui est nécessaire à l'exercice de leur métier.

Le caducée d'Hygie et Panacée

J'ajoute qu'on a depuis lors inventé un troisième caducée, celui des pharmaciens. À vrai dire, ce n'est qu'une variante de celui d'Asclépios. Il est lui aussi constitué d'un serpent qui entoure un bâton, avec cette différence qu'ici, la tête de l'animal surplombe une coupe dans laquelle il crache son venin. Cette coupe est celle d'Hygie, l'une des filles d'Asclépios (dont le nom a donné le mot hygiène), la sœur de Panacée (le remède universel), et le venin déposé dans la coupe symbolise les préparations de médicaments dont les pharmaciens connaissent seuls les secrets...

À retenir

Dernière précision pour conclure cette histoire : le plus grand médecin grec, Hippocrate, se réclamera d'Asclépios et se dira son descendant direct. Aujourd'hui encore, tous les médecins doivent, avant d'exercer, prêter un serment de bonne conduite qu'on nomme le « serment d'Hippocrate ». Malheureusement, ils ne sont toujours pas capables de rendre la vie à ceux qui sont morts et que nous aimerions revoir… Car c'est bien cela la signification ultime de ces légendes : l'idée qu'un jour, peut-être, les humains parviendront grâce à la science, comme nous le promettent aujourd'hui certains chercheurs, à faire « mourir la mort ». L'espérance en l'immortalité aurait ainsi connu un triple parcours, en passant de la mythologie grecque à la religion chrétienne, puis de cette dernière à la science moderne…

DANS CE CHAPITRE

Sœur de Zeus, déesse des saisons et des moissons

•

L'enlèvement de Perséphone par Hadès, dieu des enfers

•

L'origine de l'alternance des saisons

Chapitre 16

Déméter (Cérès)

Quand Cérès faisait pousser des céréales…

Céréales, céréalier

Manger des céréales au petit-déjeuner est, à ce qu'on dit, une excellente habitude. Mais qui sait encore que c'est de Cérès, le nom latinisé de Déméter, la déesse des saisons et des moissons, que viennent les graines savoureuses qui accompagnent le matin son thé ou son café ? Voici son histoire, qui nous est contée notamment dans les *Hymnes homériques*.

Récit

Déméter est une des filles de Cronos et de Rhéa. Elle est par conséquent une sœur de Zeus, mais aussi d'Hadès. En tant que déesse des saisons et des moissons, c'est elle qui fait pousser les blés avec lesquels les hommes fabriquent le pain et bien d'autres aliments encore – ce pourquoi les Romains lui donnent le nom de Cérès, d'où vient en effet le mot « céréale ». D'ailleurs, c'est également elle qui leur a appris l'art de cultiver la terre, l'agriculture. C'est une déesse très puissante, puisqu'elle donne la vie – du moins aux plantes, aux légumes, aux fruits, aux fleurs et aux arbres – mais qui peut aussi, quand elle le veut, la reprendre : elle est capable de faire en sorte que plus rien ne pousse dans les champs et dans les vergers. Dans la mesure où l'existence des humains mortels, à la différence de celle des dieux qui n'absorbent que le nectar et l'ambroisie par pur plaisir, dépend de la nourriture, Déméter possède d'entrée de jeu un lien particulièrement fort avec la mort.

L'enlèvement de Perséphone

Or, Déméter a eu avec son frère, Zeus, une fille, à laquelle elle a donné le nom de Perséphone. On la nomme parfois aussi Coré, ce qui, en grec, signifie « la jeune fille », et les Romains lui donneront plus tard un autre nom, Proserpine. Déméter aime par-dessus tout Perséphone, elle est littéralement folle de son enfant. Il faut dire que la petite est, à ce qu'on raconte, adorable. Comme toutes les déesses, elle est bien sûr d'une beauté parfaite, mais c'est en plus une jeune fille charmante : innocente, joyeuse, douce et jolie à croquer. Pendant que sa mère parcourt le monde pour surveiller les moissons et veiller au grain, Perséphone joue gentiment dans une prairie avec d'autres nymphes, ses copines. Elle cueille des fleurs pour faire un beau bouquet. Mais Zeus a en tête, pour elle, un autre dessein, un projet dont il s'est bien gardé de dire mot à sa sœur Déméter : il veut que Perséphone devienne l'épouse du plus fortuné de tous les immortels, Hadès, le maître des enfers. Comme nous le verrons (chapitre 25), on l'appelle aussi « Ploutos », « le riche », et qui donnera chez les Romains « Pluton ». Si l'on mesure la richesse d'un roi au nombre de ses sujets, alors, à coup sûr, le maître des enfers est le souverain le plus opulent de l'univers, attendu que le nombre des morts est forcément plus élevé que celui des vivants.

Pour parvenir à ses fins, Zeus a demandé à Gaïa, sa grand-mère, de faire pousser une fleur magique, singulière, désirable entre toutes : de sa tige unique sortent cent têtes éblouissantes et le parfum qui s'en dégage est si délicieux qu'à sa vue, tout le ciel sourit. Ceux qui la voient, mortels ou immortels, tombent aussitôt sous le charme. Bien entendu, Perséphone se précipite vers cette fleur miraculeuse qui, à elle seule, fera le plus beau des bouquets. Mais au moment où elle s'apprête à la cueillir, la terre s'ouvre (ce qui confirme au passage le fait que Gaïa est bel et bien dans le coup) et le seigneur des morts en surgit sur un char d'or – il est vraiment très riche ! – tiré par quatre chevaux immortels. Il saisit Perséphone dans ses bras puissants et enlève la jeune fille.

Alors, désespérée, Déméter, après bien des pérégrinations et des mois de recherches infructueuses pour retrouver sa fille, décide de punir le monde entier : elle fait en sorte qu'aucune plante ne puisse croître. Tant qu'on ne lui aura pas rendu sa fille, rien ne poussera sur terre et ce jusqu'à ce que toute vie disparaisse, s'il le faut ! Alors Zeus, comprenant que c'est le cosmos tout entier qui est menacé, décide de couper la poire en deux : une partie de l'année, Perséphone restera aux enfers avec son mari, et l'autre partie, avec sa mère.

À retenir

La solution qu'il met en place possède une signification profonde en termes de justice, car elle relie entre eux deux thèmes « cosmiques » essentiels : d'un côté, celui de la vie et de la mort, de l'autre, le partage du monde en saisons. Lorsque Perséphone est avec Hadès, chez les morts, pendant un tiers de l'année, plus rien ne pousse sur la terre : ni fleurs, ni arbres, ni fruits, ni légumes. C'est l'hiver, le froid glacé qui enferme les hommes dans leurs demeures comme les plantes sous la terre. C'est la mort qui règne alors sur le monde végétal, à l'image de ce qui se passe en dessous, quand Perséphone est prisonnière du royaume des ombres. Mais lorsqu'elle revient vers la lumière pour retrouver l'amour de sa mère, c'est le printemps, puis l'été, jusqu'à la belle saison de l'automne. Alors tout refleurit, tout repousse, et la vie reprend ses droits...

DANS CE CHAPITRE

Dieu des songes, enfant de la Nuit et d'Hypnos, dieu du sommeil

•

Prend toutes les formes humaines

Chapitre 17

Morphée

Le dieu polymorphe

Les bras de Morphée – morphologie – morphine

Tomber dans les bras de Morphée, d'un sommeil « hypnotique », pendant un cours sur la « morphologie », comme si on avait pris de la « morphine », avant de se « métamorphoser » en dormeur…

Lexique

« Tomber dans les bras de Morphée » signifie s'endormir profondément et dormir d'un sommeil qu'on pourrait presque dire « hypnotique ». Dans la mythologie grecque, Morphée est le dieu des songes, un dieu aux ailes puissantes qui lui permettent de se déplacer dans la nuit sans faire le moindre bruit. Il est un des mille enfants de Nuit et d'Hypnos, le dieu du sommeil. Morphée endort les mortels en les effleurant d'une feuille de pavot (le nom *morphine*, alcaloïde aux propriétés soporifiques tiré du pavot, vient de Morphée, lui-même venant de *morphé* qui, en grec, signifie « forme », nous allons voir pourquoi dans un instant…), les plongeant ainsi dans un sommeil propice aux rêves. L'enlacement des corps pour le sommeil (être « dans les bras » de Morphée) est depuis longtemps une image classique dans notre littérature.

Hypnose – métamorphose

Quel rapport avec l'idée d'étude des formes, la morphologie ? Quand il a besoin d'envoyer un message en songe à un mortel, Hypnos dépêche un de ses enfants. Parmi eux, il en est qui imitent en songe les animaux, d'autres les êtres inanimés comme les arbres ou les objets de la vie quotidienne, mais Morphée, lui, a une fonction bien particulière : il peut prendre la forme de n'importe quel être humain, comme le dit Ovide dans ses *Métamorphoses* (un mot où l'on entend justement la même racine que dans Morphée, la métamorphose étant d'abord et avant tout un changement de forme) :

Citation

> « Au milieu du peuple de ses mille enfants, le dieu Hypnos réveille le plus habile imitateur de la forme humaine, Morphée. Aucun autre ne reproduit avec plus de talent la démarche, le visage, la voix et jusqu'aux vêtements et aux propos les plus familiers de chaque personne. Mais il ne peut imiter que des êtres humains. C'est à un autre qu'il revient de prendre la forme d'une bête sauvage, d'un oiseau ou d'un serpent au corps allongé. Celui-là, les dieux l'appellent Icelos et les mortels Phobetor. Il en existe encore un troisième, capable d'autres artifices encore, il s'appelle Phantasos, qui se déguise, en terre, en pierre, en eau ou en bois… » (Livre XI, 639*sqq.*)

Le saviez-vous ?

Morphée peut prendre pour chacun d'entre nous des formes différentes, les formes des personnages qui apparaissent dans nos rêves. Quand un personnage X devient d'un coup en songe un personnage Y, c'est aux yeux des Grecs dû à un artifice de Morphée, un phénomène que Freud désignait, lui, sous le nom de « déplacement » et qu'il expliquait par les points communs qui peuvent parfois relier entre eux dans l'inconscient les différents personnages qui habitent nos rêves…

C'EST BIEN VOUS QUI AVEZ PERMIS LA VIE BONNE POUR LES MORTELS EN COMBATTANT LES ÊTRES MALÉFIQUES QUI MENAÇAIENT L'HARMONIE DE L'UNIVERS ?
MMM... OUI
DU COUP... VOUS NE POURRIEZ PAS FAIRE QUELQUE CHOSE POUR L'HARMONIE DE NOTRE PETITE TERRE ?
Faro

Dans cette partie...

On commencera ces récits par l'*Odyssée* d'Homère parce que c'est la matrice. Comme la *Théogonie* d'Hésiode, dont nous avons déjà parlé, et malgré les différences évidentes qui séparent une épopée d'un poème ésotérique, ces deux poèmes ont fondamentalement la même structure. Les deux récits vont en effet de chaos à cosmos, de la guerre à la paix, de la haine à l'amour, bref, de la vie mauvaise à la vie bonne. Au commencement, dans la *Théogonie*, il n'y a pas le Verbe, le Logos harmonieux et divin, comme dans l'Évangile de Jean, mais au contraire le chaos et la guerre. Les premiers dieux personnels, les Titans, vont en garder la marque. Par leur proximité avec le chaos originel, ils sont voués à la violence de sorte que c'est contre eux que les Olympiens doivent établir un monde harmonieux, juste, beau et bon que les Grecs appellent « cosmos ». Sans cette création, le sens de nos vies serait tout simplement impossible à définir. L'essentiel, ici, est donc de bien comprendre que, même s'il s'agit de textes qu'on dit « poétiques », l'enjeu de cette construction, loin d'être seulement littéraire, est bel et bien métaphysique. Sans l'existence d'un ordre cosmique paisible et harmonieux, la vie bonne ne serait pas possible pour les mortels. D'Homère jusqu'aux stoïciens en passant par Hésiode, Platon et Aristote, la vie bonne va se définir avant tout comme une mise en harmonie de soi avec l'harmonie du monde – ce qui suppose d'abord un récit de la façon dont cette harmonie a été engendrée par les dieux. Mais une fois établie, il reste à la défendre, car les puissances chaotiques des origines ne cessent jamais de resurgir. De là, la présence des héros qui prennent sur terre la suite de Zeus. De même que le roi des dieux avait dû établir l'ordre cosmique dans une lutte contre les Titans, Typhon et les Géants, de même, les héros comme Héraclès, Persée, Thésée, Jason et les autres, vont devoir continuer le travail de Zeus face à la résurgence des êtres maléfiques qui menacent l'harmonie de l'univers.

DANS CE CHAPITRE

Ulysse, l'homme « aux mille ruses »

•

Le retour à Ithaque après la guerre de Troie

•

Pénélope, sa femme, et Télémaque, son fils

•

Charybde et Scylla, le Cyclope, la magicienne Circée, Calypso...

Chapitre 18

Ulysse et l'*Odyssée*

Un voyage qui dura dix ans...

Une odyssée

Face au récit d'une aventure incroyable, pleine de dangers, d'événements inattendus et tragiques, on peut s'exclamer : « Quelle odyssée ! » Comme je viens de le suggérer, la littérature mythologique qui commence avec l'*Odyssée* d'Homère et la *Théogonie* d'Hésiode, n'est pas seulement faite de récits fantastiques et d'aventures extraordinaires : elle est d'abord et avant tout porteuse de messages de sagesse qui vont fournir la matrice de la philosophie. À l'encontre des idées simplistes véhiculées par les films hollywoodiens comme par les collections grand public du type « contes et légendes », la mythologie grecque n'a que peu à voir avec une série de contes fantastiques ou seulement littéraires, tous les grands mythes, sans aucune exception, ayant une réelle et profonde portée philosophique. Tous tournent autour d'une grande question, qui sera bientôt celle des philosophes, en particuliers des stoïciens qui n'hésitaient pas à faire d'Héraclès une de leurs figures tutélaires : qu'est-ce qu'une vie bonne pour les mortels que nous sommes ? Et sur ce thème, que la mythologie va léguer à la philosophie, l'*Odyssée* occupe la place du premier modèle.

Un voyage semé d'embûches

Récit

Le fil du récit d'Homère est en substance le suivant : pendant dix longues années, Ulysse, « l'homme aux mille ruses », roi d'Ithaque, mari de Pénélope et père de Télémaque, prend part, contre son gré, à la guerre qui oppose les Grecs et les Troyens. Tout commence donc pour lui dans cette histoire par le chaos, par la discorde, par le contraire de l'harmonie. Or, tout le but de son voyage, qui est aussi le sens de sa vie, consiste à retrouver cette harmonie perdue, dévastée par la guerre. Ulysse va faire remporter la victoire à son camp, celui des Grecs, grâce à la fameuse ruse du cheval de Troie, cette statue en bois que les Troyens font faire entrer imprudemment dans la ville et dont les flancs sont remplis de soldats grecs qui vont, la nuit venue, quitter leur abri pour massacrer les Troyens endormis.

Le conflit ayant pris fin, après dix années terribles de sang et d'atrocités, Ulysse n'a qu'une idée en tête : renouer enfin avec une existence paisible, rentrer chez lui, à Ithaque, pour retrouver son monde à lui, son palais, Pénélope et Télémaque. Il est donc pressé. Il y a, en effet, urgence à remettre de l'ordre dans sa vie, d'autant que les souffrances qu'il a déjà subies frisent l'insoutenable. Pourtant, son voyage de retour est loin d'être terminé. Il va encore durer dix longues années, c'est-à-dire autant que la guerre elle-même.

Pourquoi si longtemps ? Parce qu'au cours d'un des épisodes sans doute les plus fameux de ce récit, Ulysse a crevé l'œil d'un cyclope, un certain Polyphème. Or, ce Polyphème, personnage bien peu sympathique qui passe son temps à dévorer les compagnons d'Ulysse, n'en est pas moins un des nombreux fils d'un dieu terrible, Poséidon, le dieu de la mer. Poséidon doit venger son rejeton. C'est la règle. Il va donc s'arranger pour semer des embûches aussi insurmontables que possible tout au long du chemin d'Ulysse vers Ithaque.

Des obstacles riches de signification

Philosophie

Or, ces obstacles ne sont pas choisis par hasard, ils ont au contraire une signification très remarquable. À les regarder d'un peu plus près, on percevra qu'ils possèdent une signification philosophique : dans tous les cas, ils sont liés à la notion d'oubli. Il s'agit pour Poséidon de faire oublier à Ulysse le sens de son voyage, et au passage le sens de sa vie, qui va de la guerre à la paix, de la haine à l'amour, du chaos à l'harmonie, du « hors de chez soi » vers le « chez soi », bref, de la vie mauvaise à la vie bonne. Poséidon fait tout ce qu'il peut pour faire en sorte qu'Ulysse perde la mémoire, pour qu'il s'arrête en chemin et cesse d'avoir conscience de sa quête spirituelle.

Le chant des sirènes, celui de Circée la magicienne, les grains de Lotus qui rendent amnésique, les sommeils qui saisissent le héros au plus mauvais moment, lorsqu'il touche au but, qu'il voit déjà la côte d'Ithaque et qu'il s'endort alors que le vent se lève et le rejette vers la pleine mer où il est à nouveau perdu : tous ces accidents de parcours relèvent des figures de l'oubli. Notons aussi que, pendant les dix ans de guerre comme pendant les dix ans que dure le voyage de retour, Ulysse ne vit jamais dans le présent : il est toujours dans le passé ou dans le futur, dans le souvenir d'Ithaque ou dans l'espoir d'y revenir un jour, jamais dans la réconciliation avec la réalité actuelle d'Ithaque. Il est en quelque sorte « hors de lui », jamais réconcilié avec ce qui est, jamais dans la paix et l'harmonie que seules permet la réconciliation avec l'ordre du monde, avec le cosmos.

À retenir

Si l'on veut élargir encore le propos et rejoindre un thème appelé à traverser l'histoire de la philosophie jusqu'à nos jours, Ulysse est aux antipodes du fameux *carpe diem* d'Horace, de cet *amor fati*, cet amour du destin, du présent, de ce qui est donné, ici et maintenant, dont les sages stoïciens, bien avant Nietzsche, feront l'apologie. Bref, il n'est jamais dans la « vie bonne », qui est pourtant son but, mais qui n'est nullement donnée au départ.

La tentation de Calypso

Dans cette aventure, le passage essentiel, celui qui compte plus que tout autre pour saisir le message de sagesse qui va émerger progressivement du plus profond de ce récit, se situe au moment de la rencontre d'Ulysse avec Calypso. En effet, parmi tous les obstacles que Poséidon dispose sur le chemin d'Ulysse, il en est un qui va livrer la signification philosophique de cette histoire fondatrice. Cet obstacle porte un joli nom autant qu'un joli visage : il s'appelle « Calypso ».

Récit

Calypso est une divinité, ce qui signifie au moins deux choses : d'abord qu'elle est d'une beauté parfaite, mais aussi qu'elle est immortelle. Elle ne connaît ni les maux de la vieillesse, ni les tourments de la mort. Elle est en outre irrésistiblement portée à l'amour de sorte que, dès qu'elle aperçoit Ulysse, elle tombe folle amoureuse de lui et, bien entendu, elle décide de le retenir prisonnier.

En grec, son nom vient du verbe *calyptein*, qui signifie « cacher » : et de fait, elle est bien décidée à cacher définitivement Ulysse sur son île. Non seulement elle est ravissante, mais le lieu où elle vit est un véritable paradis. Il y a là, du moins à première vue, tout ce dont un homme peut rêver : des nourritures délicieuses, un climat doux, des paysages d'une grande beauté et toute une armée de nymphettes, elles aussi sublimes, qui s'emploient à rendre la vie belle et douce aux deux amants. Car, on s'en doute, Ulysse n'a pas tardé à succomber aux charmes de Calypso. Ils passent leur temps à faire l'amour et Calypso est prête à tout pour garder son amant à ses côtés, pour l'empêcher de rentrer chez lui. En d'autres termes, elle fait tout pour lui faire « oublier » Ithaque, comme Homère ne manque pas de le souligner de manière tout à fait explicite.

Pourtant, Ulysse reste attiré comme par un aimant vers son coin d'univers. Il ne peut pas s'empêcher de vouloir rentrer chez lui, de retrouver ce qu'Aristote appellera son « lieu naturel », c'est-à-dire sa place dans l'ordre cosmique. Il lui faut coûte que coûte retrouver l'harmonie perdue, de sorte que chaque soir, malgré toutes les merveilles qui l'entourent, il grimpe sur un rocher et verse toutes les larmes de son corps en contemplant la mer qui le sépare d'Ithaque...

Un beau jour, Athéna entend ses pleurs et se résout à lui venir en aide. Elle obtient alors de son père, Zeus, qu'il envoie son fidèle messager, Hermès, pour donner l'ordre à Calypso de laisser Ulysse rentrer enfin chez lui. Dès qu'Hermès lui annonce la mauvaise nouvelle, Calypso est à la fois furieuse et désespérée. Elle se lance dans une véhémente diatribe contre les dieux de l'Olympe, qui se croient tout permis et qui, surtout, détestent voir s'installer l'amour entre une immortelle et un simple mortel... Son venin déchargé, Calypso n'en est pas moins obligée d'obéir. Les ordres de Zeus ne se discutent pas.

Pour essayer malgré tout de garder Ulysse auprès d'elle, elle fait une dernière tentative. Elle invente un stratagème qu'on pourrait dire « religieux » avant la lettre. Elle lui offre quelque chose d'impossible pour un mortel, le plus beau cadeau qu'on puisse faire à un humain : elle lui propose tout simplement l'immortalité, mais qui plus est, pour faire bonne mesure et emporter l'assentiment de son amant, elle ajoute à son offre la jeunesse éternelle. Cette dernière précision est d'ailleurs assez savoureuse.

En fait, Calypso a conservé le souvenir des mésaventures d'une autre déesse, Aurore « aux doigts de rose », qui elle aussi était tombée amoureuse d'un mortel, un certain Tython. Et Aurore, pour le conserver à ses côtés, lui avait offert l'immortalité mais, par mégarde, elle avait oublié d'y ajouter la jeunesse... faute de quoi le malheureux Tython avait fini par se ratatiner dans un coin du palais. Pour s'en débarrasser, Aurore s'était résolue, à défaut de pouvoir l'éliminer, à l'enfermer à double tour dans une oubliette... (voir chapitre 26).

Calypso entend bien éviter cette catastrophe. Voilà pourquoi elle propose à Ulysse la jeunesse éternelle en plus de l'immortalité. Pourtant, rien n'y fait. Contre toute attente, Ulysse décline son offre pourtant si généreuse et, il faut le dire, si tentante, car il n'a pas oublié Ithaque, ni perdu de vue l'idéal de vie bonne qui donne du sens à son voyage comme à sa vie.

Ulysse accepte… sa condition de mortel

Philosophie

La signification de ce refus est d'une profondeur abyssale puisqu'avec lui, c'est tout simplement à la naissance de la première spiritualité laïque qu'on assiste en Occident. On va en effet pouvoir y lire la première définition de la vie bonne qui ne passe ni par je ne sais quel salut accordé par un dieu, ni par la foi. Ce refus recèle, en effet, le message le plus profond des grands mythes grecs, celui que la philosophie va pouvoir reprendre à son compte de manière sécularisée, plus conceptuelle et plus rationnelle : le but de l'existence humaine n'est pas, comme le voudront les religions monothéistes, de gagner le salut éternel, de gagner son immortalité, mais de parvenir à une existence heureuse et sensée, attendu qu'une vie de mortel réussie est bien supérieure à une vie d'immortel ratée.

Il est donc essentiel dans cette perspective qui est désormais celle d'Ulysse de vaincre, non pas la mort elle-même, ce qui est impossible, mais la peur de la mort, ce qui est tout différent et qui suppose que l'on accepte d'abord et avant tout, comme le signifie le refus d'Ulysse, sa condition de mortel. Une fois cette acceptation réellement intégrée dans sa conscience, il s'agit de parvenir malgré tout à la vie bonne sur cette terre, ici et maintenant, sans l'aide des dieux, donc hors religion, seulement par la lucidité de la raison et la réconciliation avec l'ordre cosmique.

Une vie loin de chez soi, en exil, mais aussi loin de soi, sans harmonie, hors de son lieu naturel, serait aux yeux d'Ulysse finalement pire que la mort elle-même. Par contrecoup, comme en creux, c'est la définition de la vie bonne qui s'esquisse. Et c'est là que cette première spiritualité laïque occidentale commence à se remplir, à prendre des couleurs, à acquérir une cohérence et une force qu'on ne lui soupçonnait sans doute pas dès l'origine. En l'occurrence, elle va reposer sur trois critères fondamentaux, trois éléments que l'on va plus tard retrouver dans de nombreux courants de la philosophie grecque, notamment dans le stoïcisme, non plus, bien entendu, sous la forme littéraire de l'épopée ou du mythe, mais sous la forme conceptuelle et sécularisée qui convient à la philosophie.

Les trois critères de la vie bonne selon l'Odyssée…

Se libérer de la peur de la mort

Philosophie

Vivre en accord avec ce que l'on est réellement, en accord avec la condition humaine, ne pas vouloir s'égaler aux divinités éternelles, tel est le premier message que nous lègue la sagesse d'Ulysse, un message qui correspond aux plus fameuses devises du temple d'Apollon : « Rien de trop » et « Connais-toi

toi-même », c'est-à-dire sache qui tu es, un mortel et non un dieu. C'est seulement lorsqu'on a vaincu autant qu'il est possible la peur de la mort qu'on peut espérer parvenir à la sérénité véritable sans laquelle aucune vie bonne n'est possible. « Que philosopher c'est apprendre à mourir » : le thème sera repris à satiété de Platon jusqu'à Schopenhauer en passant par Montaigne.

Que signifie-t-il en réalité ? Notons déjà que s'agissant de la mort, Ulysse sait de quoi il retourne. Car au moment où il refuse l'offre « religieuse » de Calypso, il est un des rares mortels à avoir pu contempler la mort en face. Non seulement il l'a affrontée cent fois au cours de la guerre, comme durant son voyage de retour, mais il a eu en outre le privilège de visiter les enfers et de pouvoir contempler de près la situation pitoyable de ceux qui s'y trouvent plongés après avoir perdu la vie.

C'est au livre XI de l'*Odyssée* que la scène nous est décrite. On y voit comment les malheureux qui séjournent dans l'Hadès ont perdu les contours de leur visage, comment ils n'ont plus de voix, plus d'identité personnelle. Ils sont devenus des « sans nom », des anonymes et le brouhaha confus qui s'élève de cette masse informe d'où se dégage un terrible sentiment de malheur, une tristesse infinie, est effrayant. C'est donc en pleine connaissance de cause qu'Ulysse décline l'offre de Calypso, c'est en toute conscience de ce qui l'attend qu'il choisit malgré tout d'accepter sa condition de mortel. Pourquoi ? Parce qu'il est convaincu que la mort fait partie de la vie, qu'elle est liée à notre identité la plus profonde et que ce qui nous perdrait, c'est de la refuser.

Il pense, selon un thème qu'on retrouvera dans toutes les sagesses anciennes, que le but de l'existence n'est pas de vivre longtemps, mais de vivre bien. Ce n'est donc pas la mort en tant que telle, mais bien plutôt la peur qu'elle nous inspire qu'il faut parvenir à surmonter autant qu'il est possible si nous voulons accéder à la sagesse sans laquelle il n'est pas de vie bonne. Car la peur, quelle qu'elle soit, nous coince, elle nous rétrécit, elle nous renferme sur nous-mêmes, elle nous rend égocentriques et bêtes et nous fait perdre ainsi les deux qualités qui sont celles du sage authentique : la capacité d'aimer, de s'ouvrir aux autres, et celle de penser librement. Parvenir à s'en libérer est donc à proprement parler vital.

Se libérer du passé comme de l'avenir

Le deuxième élément, qui lui aussi sera repris tant dans l'épicurisme que dans le stoïcisme, réside dans la conviction que deux maux pèsent sur toute vie humaine : le passé et l'avenir. Ce sont là en effet les deux principaux foyers des angoisses qui nous tourmentent en vain et dont il nous faut apprendre à nous « sauver » autant qu'il est possible pour parvenir à la sérénité véritable.

Pourquoi le passé et l'avenir ? Parce que le passé, pour commencer par lui, ne cesse de nous tirer en arrière, pour ne pas dire vers le bas. S'il a été heureux, nous sommes dans la nostalgie. S'il a été douloureux, nous nous laissons aller à ce que Spinoza appellera les « passions tristes », c'est-à-dire les remords, les regrets, les culpabilités qui nous réveillent la nuit et nous gâtent l'existence.

Nous fuyons alors le passé pour chercher refuge dans les mirages du futur et entrer, comme diront les chrétiens, dans l'espérance. Mais rien n'est pire que l'espérance aux yeux des Grecs. Sans cesse, elle nous invite à céder aux illusions selon lesquelles « tout ira mieux après », quand nous serons au paradis, quand nous aurons changé de ceci ou cela, de métier, de maison, d'amis, de femme ou de mari... Ce qui est aux yeux des anciens, aussi vain qu'erroné.

Espérer la richesse, c'est être pauvre, espérer la santé, c'est être malade, en quoi les peurs viennent se loger dans les deux dimensions non réelles du temps – non réelles puisque le passé n'est plus et l'avenir pas encore. Et ce sont alors elles qui nous font à coup sûr manquer le présent. Tout au long de ces vingt années qu'Ulysse consacre à la guerre puis à son voyage de retour vers l'harmonie, vers son lieu naturel dans l'ordre cosmique, vers sa famille et sa patrie, il est contraint en permanence de vivre dans le passé et dans l'avenir, dans la nostalgie d'Ithaque ou dans l'espérance d'Ithaque, jamais dans le présent amoureux d'Ithaque.

Comme le dira Sénèque dans ces fameuses *Lettres à Lucilius* qu'on nous faisait traduire au lycée sans jamais nous en indiquer la signification philosophique, à force de séjourner dans l'imaginaire du passé et du futur, « nous manquons tout simplement de vivre »...

Mettre sa vie de mortel en accord avec l'harmonie du monde

Ce qui nous conduit vers la troisième condition de la vie bonne telle qu'Ulysse la choisit face à Calypso. Le but de la vie humaine n'est pas la survie éternelle. Là n'est pas le salut, nous l'avons déjà dit. Cela étant posé, il reste qu'en mettant sa vie en harmonie avec l'harmonie du monde, l'ordre cosmique étant éternel, Ulysse devient pour ainsi dire lui-même un « fragment d'éternité », un atome de cosmos. Pour lui, la mort ne sera plus qu'un passage, une espèce de transformation d'un état en un autre, une transition dont il est désormais inutile d'avoir peur. Vivre au présent, habiter l'ici et le maintenant, c'est donc déjà en quelque façon goûter à une certaine forme d'éternité.

Du reste, lorsqu'Ulysse retrouve Pénélope, lorsqu'ils rejoignent ensemble le lit nuptial, Homère prend soin de nous dire que les dieux « distendent cet instant des retrouvailles » pour que les deux amants puissent se raconter tout ce qu'ils ont à se dire, pour qu'ils puissent s'aimer autant qu'il le faut. Cet instant-là, cet instant distendu – combien de temps dure-t-il ? Nul, bien sûr, ne peut le dire – c'est ce qu'on pourrait nommer l'éternité des mortels, la seule à laquelle ils puissent prétendre, du moins pourvu qu'ils acquièrent cette sagesse qui leur permet de séjourner dans le présent, de se débarrasser des illusions de la nostalgie comme de l'espérance. Car cet instant-là, cet instant de sagesse et de sérénité, n'est plus relativisé par le passé qui précède ni par l'avenir qui le suit.

Tomber de Charybde en Scylla

Lexique

En français courant, la formule signifie à peu près : « aller de mal en pis », tomber d'un écueil sur un autre tout aussi fâcheux, voire pire encore. Dans la mythologie, Charybde et Scylla appartiennent à cette catégorie d'êtres monstrueux que les héros doivent un jour ou l'autre affronter s'ils prennent la mer dans leurs parages. Il s'agit de créatures marines qui sont déjà évoquées par Homère dans l'*Odyssée*, Ulysse et ses marins devant passer à leur portée pour tenter de rentrer de Troie vers Ithaque. Voyons d'abord à quoi ils ressemblent avant de comprendre leur signification.

Charybde est un monstre marin, donc, mais féminin. En fait, disons les choses franchement, c'est un symbole sexuel, une sorte de bouche gigantesque qui trois fois par jour, déclenche un colossal tourbillon en aspirant tout ce qui passe à sa portée, y compris les marins, voire des bateaux entiers qui s'engouffrent dans l'orifice en même temps que les eaux environnantes. Quant à Scylla, c'est elle aussi une femme immense, qui jaillit de la mer, entourée de six têtes de chiens terrifiantes qui dévorent tous ceux qui ont le malheur de les approcher.

On prétend parfois que Charybde et Scylla se cachent quelque part du côté du détroit de Messine, en attente des navigateurs. Ce détroit, situé entre l'Italie continentale et la Sicile, est en effet connu pour ses dangers. Les commentateurs des mythes grecs aimant bien trouver une origine des contes et légendes dans quelque réalité historique ou géographique, certains d'entre eux ont pensé que Charybde et Scylla pourraient être la personnification de deux de ces dangers, un tourbillon et un récif bien connus des habitants du lieu. Les marins tomberaient de Charybde en Scylla quand, voulant éviter l'un, ils se précipitaient sur l'autre…

La vérité est tout autre. Comme toujours, les mythes ont une signification profonde, qui n'a que très peu à voir avec la géographie – même si, comme toujours aussi, on part forcément de quelque réalité empirique pour élaborer des histoires qui s'en émancipent très rapidement.

À l'image de la plupart des monstres qui occupent une place importante dans la mythologie, Charybde appartient par sa mère à la toute première génération des dieux : c'est en effet une fille de Gaïa, la terre, et de Poséidon, le dieu de la mer. C'est donc une divinité « chtonienne », issue de la terre originaire (*Chtôn*) et par conséquent encore proche du premier de tous les dieux, le Chaos, ce trou noir, ce tourbillon brumeux et venteux où rien n'est identifiable, où tout est indéfinissable (*apeiron*).

À retenir

Charybde symbolise donc la résurgence toujours possible des forces chaotiques, des puissances de destruction des origines auxquels les malheureux humains risquent sans cesse d'être confrontés – ces forces contre lesquelles Zeus et les Olympiens ont dû lutter pour instaurer le cosmos, l'anti-chaos, un monde harmonieux, juste beau et bon, certes, mais qui garde quand même des traces des puissances de destructions originelles.

Quant à Scylla, elle est justement une de ces traces malfaisantes. Il existe à son sujet plusieurs légendes. Selon la plus courante, elle serait fille de deux monstres appartenant eux aussi aux origines, Typhon et Échidna, des êtres chaotiques par excellence, qui auront pour progéniture toute une série d'êtres effroyables, entre autres le lion de Némée ou l'hydre de Lerne qu'Héraclès doit affronter au cours de ces fameux travaux.

Derrière la personnalité des monstres, c'est toujours la même scène primitive qui se reproduit, la même lutte entre chaos et cosmos, entre le désordre mortel et l'harmonie au sein de laquelle seule la vie bonne devient possible pour les humains mortels.

DANS CE CHAPITRE

La guerre de Troie et le duel entre Achille et Hector

•

Pâris, la pomme de discorde et l'enlèvement d'Hélène

•

Le cheval de Troie et la ruse d'Ulysse

•

Le talon (et la mort) d'Achille aux pieds légers

Chapitre 19

Achille et l'*Iliade*

Le divin Achille, la Belle Hélène et quelques autres

Un combat homérique

Leconte de Lisle, l'un des premiers traducteurs de l'*Iliade* et de l'*Odyssée* où il y puisa l'inspiration de ses *Poèmes antiques et barbares* (1872), a consacré l'un d'entre eux à l'expression qui nous occupe ici, un poème qui s'intitule justement « Combats homériques » :

Citation

« Tout roule et se confond, souffle rauque des bouches,
Bruit des coups, les vivants et ceux qui ne sont plus,
Chars vides, étalons cabrés, flux et reflux
Des boucliers d'airain hérissés d'éclairs louches. »

Un combat homérique, c'est donc un combat à la fois tragique et grandiose, une lutte à mort qui assure une gloire éternelle à ceux qui ont le courage d'y prendre part. Pourquoi cette glorification de la guerre, une guerre que nous détestons aujourd'hui, que nous considérons comme le mal absolu mais qui, pour les Grecs de l'époque d'Homère, comme on le voit tout au long de l'*Iliade*, était aussi l'occasion de sauver sa vie en lui donnant une signification et une valeur héroïque ? Dans le poème, le plus fameux de tous les combats homériques est sans nul doute celui d'Achille contre Hector.

Patrocle tué par Hector

Récit

La scène se situe au moment où Achille vient d'apprendre la mort de son ami (et amant) Patrocle, ce qui le décide à revenir dans la guerre, à reprendre le combat contre les Troyens qu'il avait interrompu après sa fameuse colère contre Agamemnon. Muni des armes resplendissantes que sa mère lui a fait confectionner par Héphaïstos, Achille retourne donc sur le champ de bataille et il massacre tout ce qui vit sur son passage. Il arrive au bord d'un fleuve, le Scamandre (aussi appelé Xanthe), qui se trouve être également un dieu. Les Troyens effrayés fuient devant lui comme des petits poissons devant un grand dauphin.

Dans une épouvantable mêlée, ils se jettent dans l'eau du fleuve tandis qu'un autre groupe s'enfuit en courant dans l'autre sens, vers les remparts de Troie. Alors Achille se jette à l'eau lui aussi et, avec son épée, il massacre tout ce qui passe à sa portée. C'est un spectacle effroyable, terrifiant. L'eau du fleuve devient rouge du sang des malheureux soldats Troyens. Les plus jeunes (ou les moins courageux) se cachent sous des rochers, mais chaque fois qu'Achille en trouve un, il a beau supplier, pleurer, Achille lui enfonce son épée à la base du cou, détachant la nuque de l'épaule de manière atroce.

Alors le fleuve/dieu se révolte. Une lame immense en lui se forme, qui prend plus ou moins forme humaine et s'adresse ainsi à Achille :

Citation

> ***« N'en as-tu pas assez, cruel Achille, de massacrer tous ces jeunes gens ? Tu as un cœur de pierre, plus dur que les rochers qui bordent mon cours. Mais, moi, je vais te punir et mettre fin au massacre ! »***

Alors on voit des vagues qui se forment et qui s'abattent lourdement sur Achille pour le noyer. Le héros est roulé dans les flots, ballotté comme un bouchon de liège dans une tempête, mais Héra, du haut de l'Olympe, voit la scène et elle se précipite chez son fils, Héphaïstos :

Citation

« Vite, mon fils ! Allume tes forges, fabrique un feu immense, et va punir Scamandre, fais le reculer de tes flammes redoutables pour sauver le divin Achille ! »

Héphaïstos se précipite dans son atelier divin, il fait donner les fourneaux, fabrique des boules de feu qu'il se met, du haut de l'Olympe, à jeter comme des pierres contre Scamandre : les arbres qui l'entourent prennent feu, les eaux se mettent à bouillir, l'eau elle-même commence à s'enflammer tellement la chaleur est forte, de sorte que le Xanthe supplie le dieu boiteux d'arrêter :

Citation

« Héphaïstos, nul ne peut lutter contre toi, pas même les autres dieux. Cesse, je t'en prie, et je te rendrai Achille… »

Alors Héra demande à Héphaïstos de stopper son déluge de feu et le fleuve se calmant, il dépose doucement Achille sur la berge…

Le combat singulier entre Achille et Hector le Troyen

Récit

Loin d'être calmé pour autant, Achille repart de plus belle au combat. Il continue sans pitié à massacrer les Troyens. Il s'en prend même à Apollon qu'il insulte parce que le dieu a pris le parti des Troyens contre les Grecs, puis arrivé au bas des remparts de la ville, il défie Hector en combat singulier. Hector hésite. Hécube et Priam, ses parents, le supplient de rester dans la ville, car ils savent combien Achille est dangereux, à vrai dire imbattable. Hector finit malgré tout par se résoudre à affronter le héros grec. Et c'est là que commence le combat homérique par excellence.

Hector fait ouvrir par ses soldats l'une des portes de Troie, mais c'est seul qu'il descend dans la plaine, vers son adversaire dont les armes continuent de resplendir et d'étinceler au soleil… Achille s'approche du prince troyen, il hurle à ses soldats de rester eux aussi en arrière et de ne pas décocher leurs flèches contre Hector : il le veut pour lui tout seul ! C'est Hector qui a tué Patrocle et Achille entend bien le punir de ce crime par ses propres mains.

Voyant Achille s'approcher roulant des yeux terribles, ceux d'Hector vacillent, il est littéralement frappé d'une crise d'angoisse, et il se met à fuir le combat en détalant comme un lapin apeuré. Achille le poursuit en l'insultant. La scène devient quelque peu grotesque car les deux héros font trois fois le tour des remparts de la ville ! Alors Athéna, qui elle, contrairement à Apollon, a toujours défendu les Grecs dans cette guerre, en a plus qu'assez. Au quatrième tour, elle descend de l'Olympe et elle se métamorphose en Deïphobe, le frère préféré d'Hector. Elle lui adresse alors ces paroles pleines de perfidie :

Citation

> « "Hector, mon frère bien aimé, cesse de fuir devant le fils de Pélée ! Nous allons l'affronter tous les deux. J'avais si peur pour toi, alors que personne n'osait venir à ton secours, que j'ai fait ouvrir les portes de Troie pour venir te rejoindre. Allons, retourne-toi, et affronte bravement le divin Achille". [*Hector s'adresse alors à celui qu'il prend pour son frère :*] "Déïphobe, tu as toujours été, parmi tous mes frères, mon préféré, mais maintenant je t'admire plus que tous les autres Troyens, pour ton courage et ta loyauté." [*Hector, revivifié, se retourne vers Achille et il lui tient ses propos pénétrés de ces valeurs aristocratiques qui dominent la guerre de Troie :*] "Allons, divin Achille, noble fils de Pélée, affrontons-nous loyalement. Je cesse de fuir et je te demande seulement une chose. Si je gagne, je rendrai ton corps aux tiens, pour que tu puisses recevoir une digne sépulture. Fais en autant pour moi et battons-nous comme des hommes." [*Mais Achille, toujours aveuglé par la colère, refuse l'offre d'Hector :*] "Pauvre idiot, crois-tu vraiment que les loups et les agneaux puissent se lier d'amitié ? Il en va de même pour nous, et quand je t'aurai ôté la vie, sache que jamais je ne rendrai ton corps à Priam, ni à ta femme, Andromaque, car je le donnerai aux chiens et aux oiseaux pour venger Patrocle dont tu as pris la vie avec l'aide du perfide Apollon !" »

La mort d'Hector

Et ce disant, il lance sa javeline de toutes ses forces vers Hector qui, vif comme l'éclair, l'esquive de justesse. Achille est furieux d'avoir perdu une arme, mais Athéna, toujours entourée d'une nuée qui la rend invisible à Hector, va ramasser la javeline qui s'est fichée plus loin, dans le sol, et sans se faire voir, elle la rend à Achille. Alors Hector se retourne vers celui qu'il prend pour Déïphobe :

Citation

> « Vite, mon frère, donne moi ma lance que je frappe Achille au cou, là où la vie s'éteint le plus vite. »

Mais il a beau chercher son frère du regard, il ne voit rien et alors il comprend :

Citation

> « Je vois, c'est encore Athéna qui m'a joué un de ses tours ! Je suis désormais à sa merci, le sort en est jeté, ma mort est donc programmée par les dieux. »

Alors Achille s'avance et de sa javeline, il traverse de part en part le cou d'Hector. En expirant, le prince troyen a le temps de prononcer ces dernières paroles :

Citation

> **« *Tu as un cœur de pierre, Achille, mais sache que si tu me prends aujourd'hui la vie, tu mourras toi aussi bientôt sous la flèche de Pâris, mon frère, aidé par Apollon...* »**

Sur les remparts, on voit Hécube et Andromaque, Hélène et Priam qui poussent des cris déchirants et s'arrachent les cheveux.

De l'autre côté, les Achéens arrivent en masse, hurlant de joie devant la victoire de leur héros. Alors Achille dépouille Hector de ses armes. Il retourne vers son char, y prend une cordelette et, sortant son poignard, il transperce les talons d'Hector, y fait passer la corde, l'attache à l'arrière de son char, et il fait faire le tour des remparts au cadavre qu'il tire violemment dans la poussière sous les yeux horrifiés des Troyens, puis il ramène le corps d'Hector dans le campement des Grecs... Malgré des propos qui étaient dictés par la colère, Achille finira par rendre le corps d'Hector à son père, Priam, renouant ainsi avec les valeurs aristocratiques du combat homérique sans lesquelles il ne peut pas y avoir d'héroïsme digne de ce nom.

Une pomme de discorde

En français moderne, c'est tout simplement un motif de dispute, un point de désaccord. Dans la mythologie grecque, c'est l'origine du conflit qui opposa les Grecs et les Troyens. Les causes de la guerre de Troie étaient autrefois racontées dans un poème que nous avons malheureusement perdu, les *Chants cypriens*, un poème qui évoquait justement cette affaire de la « pomme de discorde », le récit de la dispute qui devait conduire à la guerre. Cette histoire était sans doute bien connue dans la culture grecque puisqu'Homère se contente d'y faire allusion en passant, comme si ses lecteurs (ou plutôt ses auditeurs, puisque l'*Odyssée* fut d'abord l'objet d'une tradition orale) étaient forcément au courant, un peu comme on connaît encore aujourd'hui dans les familles nos contes de fées classiques, *Le Petit Chaperon rouge* ou *La Belle au bois dormant*. Nous n'avons plus le texte exact des *Chants cypriens*, mais nous en connaissons malgré tout le contenu par des mythographes anciens, notamment par Proclos qui y fait référence pour expliquer les origines de la guerre de Troie. Voici en substance le récit qu'ils nous ont légué.

Qui est la plus belle ?

Récit

Nous sommes le jour d'un mariage, décidé sur l'Olympe, mais organisé par Zeus sur le mont Pélion. L'Olympe, bien sûr, c'est la montagne où habitent les principaux dieux du panthéon grec, mais le Pélion possède une signification particulière : c'est en effet un des rares lieux où les humains mortels et les immortels peuvent parfois se retrouver. Or justement, c'est le cas dans l'épisode qui nous intéresse ici. Zeus a organisé ce jour-là le mariage d'une divinité importante, Thétis, avec un humain. Comme toutes les déesses, elle est évidemment immortelle et d'une parfaite beauté. Pourtant, elle doit épouser un mortel, un certain Pélée, ce qui n'est pas du tout à son goût. En fait, ce n'est pas son choix, elle a été contrainte par Zeus à ce mariage qui ne lui plaît guère parce qu'on a prédit au roi des dieux que s'il l'épousait, et s'il avait avec elle un enfant, ce dernier le détrônerait. Zeus a donc décidé de se débarrasser de Thétis en la confiant à Pélée. Ils seront par la suite surtout connus dans la mythologie grecque pour être les parents d'Achille, le plus grand héros grec de la guerre de Troie.

Quand la Discorde s'en mêle

Zeus a donc lancé les invitations, mais il a « oublié » (en réalité, il a fait exprès de commettre cet oubli) d'inviter une divinité qu'on n'aime guère inviter le jour d'un mariage, une fête qui se doit en principe d'être plutôt une occasion de réjouissances : cette divinité, c'est Éris et, en grec, *éris*, c'est la discorde, la dispute haineuse.

Dans Éris, les Grecs entendaient probablement une proximité avec Éros, divinité de l'amour. Pourquoi ? Parce qu'on ne se dispute jamais aussi bien qu'avec les êtres qu'on a aimés, voire avec ceux qu'on aime encore : ceux qui vous sont indifférents le sont en général dans la haine comme dans l'amour. En tout cas, Zeus n'a pas souhaité inviter Éris. Furieuse, vexée d'être écartée d'un moment aussi fastueux, Discorde s'invite elle-même, bien décidée à semer la zizanie dans la noce.

Le saviez-vous ?

Notez au passage qu'on retrouvera un thème analogue dans *La Belle au bois dormant*, un conte de fées où la méchante sorcière n'est pas, elle non plus, invitée à la fête et qui, vexée par cet oubli, s'invite elle-même pour se venger.

Éris fait donc son entrée au beau milieu de la noce. Elle s'approche de la table autour de laquelle les jeunes gens sont en train de festoyer, et elle y dépose une sublime pomme en or. Cette pomme vient d'un jardin magique, le jardin des Hespérides, gardé par le Titan Atlas, le frère de Prométhée et d'Épiméthée. Elle est magnifique, une sorte de bijou rayonnant de beauté. Sur la table, elle semble éclairée de l'intérieur et chacun peut lire l'inscription qui figure sur sa surface : « Pour la plus belle ! » Aussitôt, les femmes qui sont autour de la table sont tentées de s'emparer du précieux bijou, elles se précipitent pour mettre la main sur la pomme et s'écrient d'une même voix : « C'est pour moi, c'est moi la plus belle ! » de sorte qu'elles commencent à se disputer. Éris est ravie, elle s'est vengée de sa disgrâce et la discorde s'installe au cœur de la noce.

Athéna, Héra et Aphrodite en compétition

Quelque temps plus tard, trois divinités sublimes restent en lice, toutes trois chères au cœur de Zeus – hélas pour lui. Il y a d'abord sa femme, Héra. Puis sa fille préférée, Athéna. Enfin sa tante, Aphrodite, la fille de l'*aphros*, de l'écume, la déesse de la beauté et de l'amour.

Conscientes que leur dispute n'aboutira à rien, les trois déesses se tournent vers Zeus, pour le prier de trancher leur différend, de dire enfin à qui revient la pomme, qui est la plus belle. Zeus, bien qu'immortel, se dit que s'il doit choisir entre sa femme, sa fille et sa tante, il est perdu. Une idée lui vient aussitôt à l'esprit ; afin de se débarrasser d'une situation inextricable, il convoque son fils et fidèle messager, Hermès, et il lui enjoint d'emmener de toute urgence les trois déesses sur un mont voisin, le mont Ida, pour y trouver un ingénu qui prendra en toute innocence la décision à sa place. Aussitôt dit aussitôt fait ! Hermès emmène ces dames et il finit par rencontrer un tout jeune homme, un petit berger à ce qu'il semble, auquel il demande de lui rendre le service de décider lui-même en toute tranquillité à laquelle de ces trois femmes la pomme de discorde, la pomme d'Éris, doit revenir, laquelle des trois est la plus belle.

Chacune d'entre elles va alors tenter une dernière manœuvre pour s'emparer du bijou sacré. Pour obtenir la pomme, elles vont essayer d'offrir au jeune homme ce qu'elles ont de plus précieux à proposer. Héra, l'impératrice, lui promet un empire s'il la choisit. C'est assez logique : puisqu'elle est l'impératrice, la femme de Zeus, l'impérial souverain, elle offre un empire. Athéna étant la déesse de l'intelligence et de la guerre, elle promet au jeune homme que s'il la choisit, elle, il pourra remporter toutes les guerres qu'il aura à livrer un jour dans sa vie. Quant à Aphrodite, déesse de la beauté et de l'amour, elle lui déclare, très sûre d'elle, que s'il lui donne la pomme de Discorde, il pourra rendre amoureuse la femme la plus belle du monde. Bien évidemment, le jeune berger choisit Aphrodite...

Le jugement de Pâris

Quel rapport, me direz-vous, avec la guerre de Troie ? Le voici : dans la suite de l'histoire, nous allons découvrir que le jeune homme n'est en réalité pas un berger comme les autres. En vérité, il s'appelle Pâris, il est un des fils de Priam et d'Hécube, le roi et la reine de Troie. Il est donc le frère d'Hector et de Cassandre. Ses parents l'ont abandonné quelques années plus tôt parce qu'un oracle avait prédit que leur fils conduirait la ville à sa perte. Il a été, comme on dit à l'époque, « exposé » dans la montagne, c'est-à-dire abandonné, mais des bergers l'ont sauvé de justesse. Ignorant tout de ses origines, ils lui ont donné le nom d'Alexandre, ce qui en grec veut dire « le protégé » en pensant que ce petit d'homme devait bien être protégé par les dieux pour avoir eu la chance d'être sauvé *in extremis* par eux.

Donc, le jeune homme a choisi de donner la pomme d'Éris à Aphrodite et comme je vous l'ai dit, cette dernière lui a promis en échange de pouvoir séduire la femme la plus belle du monde. Bien évidemment, c'est la belle Hélène, et la belle Hélène est, hélas pour Troie, une reine grecque. Elle est même mariée à Ménélas, le roi de Sparte. Sparte, c'est la ville des guerriers : les *spartoi*, les spartiates, ce qui signifie en grec, « les semés ».

Selon une autre légende, en effet, ils seraient nés des dents d'un terrible dragon qui auraient été semées dans la terre dont ils sont sortis tout armés et casqués, voués d'emblée à la guerre et à la violence.

C'est donc parce qu'un jeune berger, en vérité un prince troyen, va séduire une reine grecque – la belle Hélène, l'épouse de Ménélas – que la guerre entre les Grecs et les Troyens va se déclencher. Car Pâris ne se contente pas de rendre Hélène amoureuse, il décide de la ramener chez lui, à Troie, pour retrouver ses parents et son rang dans la cité. Et c'est pour venir lui reprendre Hélène que les rois grecs, tous solidaires de Ménélas, vont partir en guerre pour rendre Hélène à son mari. Agamemnon, le frère de Ménélas, conduira les armées grecques et le malheureux Ulysse devra lui aussi se résoudre à partir pour la plaine de Troie afin de participer à un conflit sanglant qui durera dix longues années et qu'il finira par faire gagner aux siens grâce à la fameuse ruse du cheval de Troie.

Un cheval de Troie

Lexique

À l'Assemblée nationale, encore aujourd'hui, quand un député glisse subrepticement un article dans une loi qui n'a rien à voir avec son amendement, pour tenter de le faire passer sans que l'opposition s'en aperçoive, on appelle ça un « cavalier » par allusion au fameux cheval de Troie qui clôt la guerre entre les Grecs et les Troyens.

Lexique

Plus généralement, en langage courant, un cheval de Troie, c'est un projet inamical qui se glisse quelque part pour faire en catimini une sale besogne, c'est un ennemi qui rentre dans la place, un traître qui prend l'apparence d'un ami pour parvenir à ses fins. Contrairement à une opinion courante, le récit du cheval et de la chute de Troie ne figure ni dans l'*Iliade*, ni dans l'*Odyssée* d'Homère. Il y est certes évoqué à deux reprises, mais à peine en quelques lignes d'une concision d'autant plus désolante qu'il s'agit sans doute de l'épisode le plus célèbre du fameux conflit entre Grecs et Troyens, un moment qui symbolise par excellence la ruse, la *métis* d'Ulysse, celui qu'on appelle pour cette raison « l'homme aux mille tours ». C'est en réalité beaucoup plus tard, chez un écrivain non pas grec, mais latin, dans l'*Énéide* de Virgile, qu'on va en trouver le récit le plus complet. C'est lui qui inspirera au fil des siècles une très riche iconographie.

La ruse d'Ulysse

La scène que décrit l'*Énéide* se situe donc à la toute fin de la guerre.

Récit

Depuis le champ de bataille, on aperçoit les bateaux des Grecs. Ils sont échoués par centaines sur la plage, au bas des remparts de la ville qu'on devine en arrière-fond. Les soldats des deux camps sont épuisés par les dix années de guerre. Nombre d'entre eux sont blessés et la lassitude s'est emparée de tous... Ulysse, fatigué lui aussi, réfléchit, un peu à l'écart, près d'un feu. On le voit qui a une idée, une de ces ruses géniales dont il a le secret. Aussitôt, il s'empresse de rejoindre Agamemnon, le chef des armées grecques, ainsi que son frère Ménélas. Ils dînent, les yeux pleins de tristesse et de lassitude, sous leur tente. Ulysse est pressé de leur faire part de la ruse géniale qu'il vient de concocter.

Il propose à Agamemnon de commencer par faire au plus vite construire sur la plage, devant les remparts de Troie, par Épeios, l'architecte grec le plus talentueux du moment, un gigantesque cheval de bois, si grand qu'il ne puisse surtout pas passer par aucune des portes de la ville. Il suggère à Agamemnon de donner aussitôt après l'ordre aux troupes de mettre les voiles vers le port le plus proche et de s'y cacher le plus silencieusement possible afin de faire croire aux Troyens que les Grecs ont définitivement fui le combat en laissant, avant leur départ, le cheval en offrande à Athéna afin qu'elle accepte de protéger leur retour. Un des guerriers grecs, un certain Sinon, qui a la réputation d'être un fieffé comédien et un menteur hors pair, sera alors chargé de raconter aux Troyens une histoire qui les convaincra d'aménager une gigantesque brèche dans leurs remparts pour y faire entrer le cheval...

Du côté troyen, on sent venir un certain soulagement. En voyant les navires grecs quitter la plage, on commence à croire à la victoire, la liesse s'empare peu à peu de la ville tout entière. Les habitants se mettent à faire la fête, à boire, à danser comme des fous tout au long de la journée, puis de la nuit... Au lendemain matin, Priam donne l'ordre d'ouvrir la grande porte de la ville et, accompagné de sa troupe, il descend vers la plage où se dresse l'immense cheval de bois. À l'intérieur du cheval, on aperçoit Ulysse, avec, à ses côtés, Ménélas, Ajax, Agamemnon et une rangée de soldats qui observent la scène par une fente aménagée entre deux planches du ventre de la bête. Ulysse fait signe à sa suite de faire silence absolu, car Priam et les siens approchent...

Les Troyens se divisent...

Récit

Justement, une vive discussion vient de s'engager entre les Troyens qui forment la troupe de Priam et qui se sont regroupés autour du cheval. Des voix s'élèvent qui demandent qu'on se méfie, qu'on détruise la statue, qu'on la brûle au plus vite. Au passage, signalons que c'est de là que vient la fameuse formule utilisée par les méfiants, par ceux qui ne croient pas à un cadeau fait par les Grecs avant leur départ et qui se disent ceci : *Timeo danae et dona ferentes*, ce qui signifie en bon français : « Je crains les Danéens [*un autre nom des Grecs*], surtout quand ils font des cadeaux ! » D'autres défendent au contraire l'idée qu'il faut à tout prix honorer la statue, que ce serait un sacrilège maléfique de détruire une offrande faite aux dieux, que ce serait à nouveau faire peser le mauvais sort sur la ville et, qui sait, peut-être bien faire revenir les Grecs. Et c'est là que Sinon, le menteur, entre en scène.

On l'amène à genoux, devant le roi Priam qui lui intime l'ordre de parler, et Sinon débite avec son talent habituel les mensonges qu'Ulysse lui a mis dans la bouche : le cheval a été construit en l'honneur d'Athéna, si grand qu'il ne puisse jamais entrer dans la ville, car l'oracle a déclaré que si jamais il passait les remparts, ce seraient les Troyens qui massacreraient les Grecs. Sinon est si convaincant que Priam se laisse prendre à son jeu. Et comme Ulysse l'avait prévu – et c'est pourquoi il avait fait construire une statue qui ne puisse passer par les portes de Troie – Priam donne l'ordre d'ouvrir une brèche dans les remparts pour y faire entrer la statue.

Laocoon et ses fils

Récit

Tout le monde, pourtant, n'est pas de son avis. Sortant de la troupe, un homme s'avance. Il s'agit d'un prêtre d'Apollon, un certain Laocoon. Deux enfants l'accompagnent, ce sont ses fils. Il supplie Priam de ne pas écouter Sinon. Et joignant le geste à la parole, Laocoon se saisit d'une longue javeline en bronze qu'il lance de toutes ses forces et qui va se ficher avec violence dans le flanc du cheval. On entend un grand murmure dans la foule, et *mezzo vocce*, un autre murmure qui semble sortir du cheval, car les soldats grecs ont été un peu secoués par la violence du choc... La foule est interloquée, elle attend la décision de Priam, muette de stupeur devant ce spectacle dont elle ne sait pas trop s'il est dicté par la prudence ou par une envie de vengeance sacrilège.

Soudain, on aperçoit au loin, sur la surface de l'eau, deux énormes serpents qui s'avancent vers la plage. Avec leurs yeux rouges, injectés de sang et leurs corps d'énormes vipères, ils sont effrayants. Murmure d'effroi dans la foule. Les serpents sortent de l'eau, rampent sur le sable sec et, tout d'un coup, sans qu'on s'y attende, ils se précipitent sur les enfants de Laocoon, qu'ils mettent en pièces avant de les avaler tandis que les malheureux poussent des hurlements déchirants. Laocoon, affolé, s'empare de son épée pour tenter de sauver ses fils, mais les serpents l'entourent et l'avalent à son tour.

La destruction de Troie

Récit

Priam, un peu hagard, laisse faire la foule. Convaincue que le geste de Laocoon a irrité les dieux, elle a déjà commencé à glisser des roues sous les pattes du cheval. Elle attache des cordes à son cou et se met à le tirer vers la ville tandis que d'autres le poussent et que des soldats pratiquent une immense brèche dans la partie des remparts la plus proche... Le cheval entre dans la ville par cette brèche, on le tire et on le pousse jusqu'à l'acropole, devant le palais du roi Priam. Puis la foule fait à nouveau la fête jusqu'à la nuit tombée. Là, l'espion Sinon, qui a été libéré en remerciement de sa trahison, se glisse sous le cheval, ouvre la trappe qu'Ulysse a fait installer sur ses flancs, et les soldats grecs en sortent, Ulysse en tête.

Alors le massacre commence.

Il est réellement effroyable ! Ulysse se bat comme un lion, loyalement, mais on voit aussi des scènes moins héroïques, moins nobles, des spectacles de torture, de viol, et même des soldats qui s'amusent à fracasser le crâne des enfants sur le sol après les avoir levés par les pieds. Toute la ville brûle. On voit aussi Priam pleurant dans son palais et s'arrachant les cheveux par poignées entières. Un soldat grec y entre, suivi de sa troupe : c'est Pyrrhus, le fils d'Achille, qui traîne le vieillard sur le sol jusque vers un autel situé dans la grande salle du palais avant de l'égorger. Pendant ce temps, les bateaux grecs reviennent sur la plage, les soldats débarquent, entrent par la brèche et se mêlent eux aussi au massacre.

Au matin, la ville est dévastée, détruite, incendiée, les morts jonchent le sol, femmes et enfants compris. Partout où le regard se pose, c'est la désolation et le sang ruisselle dans les rues. Le massacre achevé, on voit les Grecs qui, réunis sur la place de l'acropole, devant les ruines fumantes du palais de Priam, ont rassemblé leur butin : vases en or, coupes, bijoux, amphores, armes, animaux, mais aussi femmes et enfants enchaînés qu'on va se partager et réduire en esclavage comme s'il s'agissait d'objets ordinaires.

Ulysse est là, avec Agamemnon et Ménélas qui le félicitent pour sa ruse si efficace. Mais lui, n'a pas l'air heureux. Il regarde au loin, il ne pense désormais qu'à une chose, rentrer chez lui à Ithaque, retrouver sa femme, Pénélope, son palais, son fils Télémaque, bref, aller enfin de la vie mauvaise à la vie bonne, du chaos à l'harmonie, de la guerre à la paix. Il quitte les ruines de Troie, descend vers la plage, rassemble ses marins et remonte avec Ménélas sur son bateau. Il ne sait pas que dix longues années et bien des épreuves l'attendent encore avant qu'il puisse retourner à Ithaque et retrouver Pénélope (voir chapitre 18)...

Un talon d'Achille

Lexique

Dans le langage d'aujourd'hui, c'est tout simplement un point faible, un endroit vulnérable dans notre personnalité, dans notre caractère, une faiblesse qui risque de nous perdre, de nous mettre à tout le moins en échec ou en difficulté.

Dans les poèmes d'Homère, il est fait allusion à la mort d'Achille, mais sans qu'ils nous donnent de détails ni qu'ils précisent de quelle manière et par qui il est tué. Ce sont surtout des scènes peintes sur des vases grecs qui fondent la tradition : Achille, le valeureux héros de la guerre de Troie, ami d'Ulysse et de Patrocle, fut tué par ce poltron de Pâris, aidé il est vrai d'Apollon, d'une flèche empoisonnée qui l'atteignit au talon, seul endroit du corps où le héros grec était vulnérable.

Voici comment Ovide a raconté la mort d'Achille au livre XII de ses *Métamorphoses*, un passage d'autant plus intéressant qu'il illustre à merveille la notion d'héroïsme qui domine les combats homériques. Apollon, à la demande expresse de son oncle, Poséidon, a décidé d'en finir avec Achille et pour ce faire, il va se servir de Pâris comme l'explique Ovide (je place quelques commentaires entre crochets) :

Citation

« Le dieu de Délos [*Apollon*], cédant à la haine de son oncle, mais c'était aussi la sienne, arrive enveloppé d'une nuée dans les rangs de l'armée d'Ilion [*Ilion est un autre nom de Troie, ce qui explique au passage le titre de l'épopée d'Homère, l'Iliade*]. Il se retrouve au beau milieu du carnage quand il aperçoit Pâris qui lance un peu à l'aveuglette quelques flèches sur des Grecs inconnus. Il révèle alors à Paris son identité divine : "Pourquoi gaspiller tes flèches à verser le sang de cette plèbe ? Si tu as quelque souci des tiens, tourne-toi plutôt vers Achille et venge tes frères tombés au combat." À ces mots, il lui désigne le fils de Pélée qui, l'épée à la main, massacre les soldats troyens, il détourne contre lui l'arc de Pâris et dirige d'une main sûre la flèche porteuse de mort. Si le vieux Priam, depuis la mort d'Hector, eut un sujet de joie ce fut bien à ce moment-là. Le vainqueur de si grands guerriers, Achille, vaincu par le lâche ravisseur d'une femme mariée [*Pâris avait acquis la réputation de lâcheté lors de son combat contre Ménélas où, pris de panique, il avait pris la fuite... Quant à la femme mariée, il s'agit bien sûr de la belle Hélène, enlevée par Pâris à son mari, Ménélas, le roi de Sparte*]... Maintenant, Achille n'est plus que cendre et du grand Achille, il ne reste qu'un je-ne-sais-quoi, à peine de quoi remplir une petite urne. Mais sa gloire toujours vivante remplit l'univers tout entier. Tel est l'espace qui correspond à la mesure d'un tel homme. C'est par cette mesure que le fils de Pélée est égal à lui-même et qu'il échappe au néant du Tartare. »

À retenir

Achille échappe au néant du Tartare en ce sens que, grâce à son héroïsme, il a acquis une notoriété si glorieuse que, contrairement au commun des mortels, il ne sera jamais tout à fait oublié, il ne deviendra jamais un « sans nom ». Contrairement à Ovide, Hygin, dans la fable 107, précise l'endroit, à savoir le talon, où la flèche de Pâris (en réalité d'Apollon) parvient à tuer le glorieux Achille qui, sur tout le reste du corps, était impossible à blesser :

Citation

« Après les funérailles d'Hector, comme Achille allait et venait sous les remparts de Troie en se vantant d'avoir pris la ville à lui tout seul, Apollon se mit en colère. Il prit l'apparence d'Alexandre [*Pâris*] et lui décocha une flèche qui l'atteignit au talon, un point de son corps qui était, à ce qu'on dit, mortel, et il le tua. »

Sur les raisons de cette faiblesse du talon, il existe comme toujours plusieurs versions – deux en vérité. D'abord, il faut rappeler qu'Achille était le fils d'une déesse, Thétis, une Néréide (une fille de Nérée, une divinité marine) et d'un mortel, Pélée. Pourquoi cette mésalliance ? Parce qu'un oracle (selon certaines versions, il s'agirait de Prométhée lui-même) aurait dit à Poséidon et à Zeus, qui tous deux étaient tombés amoureux de Thétis, que s'ils avaient un fils avec elle, il leur déroberait le pouvoir. Zeus, s'empressa donc de se débarrasser de ce fléau potentiel en le chassant du côté des mortels. Voilà pourquoi Thétis fut mariée contre son gré à un simple humain, Pélée, et pourquoi aussi son fils adoré, Achille, fut à moitié invincible et à moitié mortel. Mais pourquoi par le talon ?

C'est là que les deux versions divergent.

Selon la première, Thétis eut plusieurs enfants avec Pélée et chaque fois, elle tenta sans succès de les rendre immortels en les plongeant dans le feu. Un jour qu'elle s'apprêtait à en faire autant avec Achille, alors que tous ses enfants précédents avaient péri dans l'épreuve, Pélée surprit son manège et volant au secours de son fils, il l'ôta juste à temps du feu. Le petit eut néanmoins une séquelle : brûlé au talon, il fallut lui changer un os du pied et le Centaure Chiron, à qui Pélée avait confié l'éducation de son fils, déterra un géant, Damysos, qui était d'une rapidité phénoménale à la course, pour lui emprunter l'os en question et le placer dans le talon d'Achille. De là la vitesse exceptionnelle à la course à pied de celui qu'on appelle « Achille aux pieds légers », mais aussi sa faiblesse à cet endroit qui n'était, si j'ose dire, pas d'origine. Selon l'autre version, qui influencera l'opéra de Wagner, *Siegfried*, Thétis avait plongé Achille dans les eaux du Styx, l'un des quatre fleuves des enfers censé tuer ou rendre immortel (c'est selon...) ceux qui s'y baignent, mais, fatale erreur, elle avait tenu le nouveau-né par le talon lequel, du coup, n'aurait pas été protégé par l'eau magique.

À retenir

Quoi qu'il en soit, le talon d'Achille est devenu un symbole de la vulnérabilité, un équivalent du « défaut de la cuirasse » (à l'origine, l'endroit des articulations où la cuirasse du guerrier pouvait être transpercée).

Un colosse au pied d'argile

Rappelons au passage cette autre expression presque équivalente, tirée, elle, de la Bible : « un colosse aux pieds d'argile », une formule qui exprime l'idée d'une puissance invincible, à ceci près qu'elle repose sur des bases peu solides. L'épisode se trouve dans le livre de Daniel (2, 31-35) : le prophète y interprète un rêve dans lequel Nabuchodonosor a vu s'écrouler une immense statue dont la tête était d'or, la poitrine et les bras d'argent, le ventre et les cuisses de bronze, les jambes de fer, mais, hélas, les pieds d'argile, fragilisant tout l'édifice. Cette statue, explique Daniel, symbolise Babylone qui, quelque puissante qu'elle soit, tombera par son point faible pour être remplacée par d'autres royaumes. L'histoire lui donna raison.

DANS CE CHAPITRE

Un complexe psychanalytique, vraiment ?

Les Épigones, Antigone et la raison d'État contre la raison du cœur

Le roi Laïos fait un laïus

Chapitre 20

Œdipe

Avec et sans complexe

Le complexe d'Œdipe

Tout le monde sait, au moins dans les grandes lignes, ce que signifie le complexe d'Œdipe : le garçon qui tombe amoureux de sa mère et qui rejette son père. L'origine de cette trame, qui a fait les beaux jours de la psychanalyse, se trouve chez Sophocle, dans les trois tragédies qu'il nous a léguées et qui mettent en scène les malheurs d'Œdipe ainsi que leurs conséquences sur sa famille : *Œdipe roi*, *Œdipe à Colone* (c'est le nom de la ville, une banlieue d'Athènes, où va s'achever sa vie) et *Antigone*. Œdipe, c'est cet enfant abandonné par ses parents lorsqu'il était nourrisson et qui, une fois devenu adulte, va, selon un oracle annoncé dans le temple de Delphes, sans le savoir ni le vouloir, tuer son père, Laïos, le roi de Thèbes, et épouser sa mère, Jocaste, avec laquelle il aura deux filles, Ismène et Antigone, et deux garçons Étéocle et Polynice.

Lexique

Son nom vient du mot *oidos* qui veut dire « gonflé » (et qu'on retrouve par exemple dans le mot « œdème », en français) et *pous*, les pieds – « pied gonflé », donc, parce que le serviteur qui était chargé de le transporter pour l'abandonner dans les bois l'avait accroché puis pendu par les pieds et que ces derniers avaient enflés jusqu'au moment où il fut recueilli et sauvé par les domestiques du roi de Corinthe, Polybe, qui l'éleva par la suite comme un fils jusqu'à l'âge adulte.

Pour bien comprendre le sens de ce fameux complexe, je vous propose de relire le passage de la pièce de Sophocle où Œdipe, alors roi de Thèbes, vient d'apprendre la mort de Polybe, le roi de Corinthe, son père adoptif, qu'il prend encore pour son seul et unique père. Il est donc à la fois attristé par le décès de cet homme qui l'a élevé, et en même temps enchanté de constater que l'oracle qui lui prédisait le meurtre de son père est pris en défaut : comment pourrait-il tuer Polybe puisqu'il est déjà mort ? Le spectateur de la pièce, qui connaît déjà le fil rouge de l'histoire, sait, lui, que l'oracle n'est en rien invalidé par la mort de Polybe, puisque ce dernier n'est pas son « vrai » père, son père biologique, lequel est bien sûr Laïos, ce qu'Œdipe ignore encore. Son ultime inquiétude porte donc seulement sur la deuxième partie de l'oracle, celle qui lui prédit qu'il va épouser sa mère : or, pour lui, cette mère n'est autre que l'épouse de Polybe, Mérope, qui, elle, est toujours en vie et non pas Jocaste, la femme de Laïos, qu'il vient d'épouser. Voyez dans le passage qui suit comment Jocaste entreprend de rassurer son fils, qui est devenu son mari (mais elle ne sait pas davantage que lui qu'il est son fils) en faisant venir le messager qui apporte la « bonne nouvelle » de la mort du roi de Corinthe :

Citation

« Œdipe : Jocaste, ma très chère femme que j'aime, pourquoi m'as-tu fait chercher dans le palais ?

Jocaste : Écoute l'homme qui est devant toi et prend connaissance en l'écoutant de ce qu'il est advenu des oracles augustes du dieu [*il s'agit bien entendu d'Apollon et de l'oracle de Delphes que Jocaste croit réduit à néant par l'annonce de la mort de Polybe, le père supposé mais non réel d'Œdipe*].

Œdipe : Qui est cet homme et qu'a-t-il à me dire ?

Jocaste : Il vient de Corinthe et il vient t'annoncer la mort de Polybe car la mort a frappé ton père.

Œdipe : Que dis-tu, étranger ? Explique-toi toi-même.

Le Corinthien : Si c'est la première nouvelle que je dois t'annoncer en toute clarté, sache en effet, que Polybe s'en est allé.

Œdipe : A-t-il été victime d'un complot, d'une maladie ?

Le Corinthien : Il suffit d'un simple choc pour anéantir un vieillard.

ŒDIPE : Le malheureux, si je t'en crois, serait donc mort de maladie ?

LE CORINTHIEN : Ou tout simplement des longues années qu'il a vécues.

ŒDIPE : Ah femme, qui pourra maintenant croire Pythô et les prophéties qu'elle délivre depuis son temple ou faire confiance à ces oiseaux qui piaillent sur nos têtes [*Œdipe vise ici l'oracle de Delphes, la fameuse Pythie*] ? D'après eux, je devais assassiner mon père et voici que mon père est mort, enseveli au fond de sa tombe alors que moi je suis ici, et que je n'ai touché aucune épée [*on comprend qu'Œdipe est, malgré sa tristesse, soulagé d'être enfin certain que l'oracle annoncé au temple de Delphes est clairement infirmé*]... À moins qu'il ne soit mort du regret de ne plus me voir ? Car ce n'est qu'en ce sens qu'il pourrait être mort de mon fait. Ce qui est certain, c'est qu'à cette heure, Polybe est dans l'Hadès avec son cortège d'oracles sans valeur !

JOCASTE : Comme je te l'avais dit depuis toujours !

ŒDIPE : Tu avais raison, mais la peur m'égarait.

JOCASTE : Alors cesse de te tourmenter à cause de ces oracles !

ŒDIPE : Mais comment ne pas redouter encore de coucher avec ma mère ?

JOCASTE : Mais pourquoi donc un mortel qui ne peut rien prévoir de certain et qui est le jouet du destin, devrait-il vivre dans la crainte ? Pourquoi, dans ces conditions, ne pas accepter enfin de vivre comme on peut. Ne redoute pas l'hymen d'une mère. Du reste, de nombreux mortels ont déjà dans leurs rêves partagé le lit de leur mère. Moins on y attache d'importance, mieux on supporte la vie. »

Autant dire que les derniers mots de Jocaste, et notamment sa remarque sur le rêve, ont influencé l'interprétation psychanalytique du mythe d'Œdipe. Comme Jocaste le dit, bien avant Freud, nombreux sont les hommes qui ont rêvé de coucher avec leur mère ce qui, selon elle, rend ce type de songe bien innocent.

L'essentiel, pourtant, n'est pas là mais dans ce qui précède immédiatement, à savoir que les humains sont de toute façon les jouets du destin, c'est-à-dire des dieux, les marionnettes d'une histoire dont les tenants et aboutissants leur échappent de sorte qu'ils n'en sont pas responsables moralement. Aux yeux des tragédiens grecs, nous venons tous d'un passé qui nous précède et nous détermine, et ce bien avant notre naissance, la part de liberté qui nous revient étant infiniment moins grande que nous ne l'imaginons en général. Il y a donc deux niveaux dans nos vies : celui du destin, qui appartient aux dieux et que dévoilent les oracles, et celui de la liberté humaine, dont nous pensons à tort qu'elle est souveraine. C'est parce que le père d'Œdipe, Laïos, a commis un crime atroce que son fils, et les enfants de son fils, seront tragiquement victimes d'un destin qui les dépasse de toute part. Contrairement à ce que croit naïvement Œdipe, les oracles ne se trompent jamais et oui, hélas pour lui, il a déjà épousé sa mère et il finira par savoir qu'il a aussi tué son père.

La question de la responsabilité humaine face au destin

De cette légende, qui a passionné les Grecs et fait l'un des objets privilégiés de leur réflexion sur le tragique, la psychanalyse a voulu tirer une espèce d'archétype universel, comme si tous les petits garçons du monde étaient des Œdipe en puissance, voire en acte, comme si le succès universel des tragédies grecques s'expliquait par l'universalité du complexe affectif qu'elles avaient mis en lumière. Comme l'a montré Jean-Pierre Vernant dans un article intitulé « Œdipe sans complexe », l'interprétation psychanalytique est passée totalement à côté du problème que pose la tragédie de Sophocle.

À retenir

La thèse de Vernant, en effet, est que la tragédie grecque ne doit pas son succès à la mise en scène d'un complexe universel et intemporel, mais au fait qu'elle s'inscrit au contraire dans une histoire bien particulière, dans une problématique politique aussi forte qu'historiquement située : celle qui touche à la question de la responsabilité humaine, du partage entre fatalité et liberté au sein d'une cité grecque qui commence à s'organiser en démocratie. En rationalisant cette question, en esquissant une typologie des actions plus ou moins libres, la philosophie, notamment celle d'Aristote, viendra prendre le relais de la tragédie, mettant au passage un point final à ce genre littéraire aussi daté que spécifique à l'antiquité grecque. Là encore, je laisse la parole à Vernant, non seulement pour rendre à César ce qui lui appartient, mais pour que vous puissiez plus aisément en juger par vous-mêmes :

Citation

> « Le brusque surgissement du genre tragique à la fin du VIe siècle, dans le moment même où le droit commence à élaborer la notion de responsabilité en différenciant de façon encore maladroite et hésitante le crime "volontaire" du crime "excusable", marque une étape importante dans l'histoire de l'homme intérieur. Dans le cadre de la cité, l'homme commence à s'expérimenter lui-même en tant qu'agent plus ou moins autonome par rapport aux puissances religieuses qui dominent l'univers, plus ou moins maître de

> ses actes, ayant plus ou moins prise sur son destin personnel et politique. Cette expérience encore flottante et incertaine de ce qui sera dans l'histoire psychologique de l'Occident la catégorie de la volonté, s'exprime dans la tragédie sous forme d'une interrogation angoissée concernant les rapports de l'homme à ses actes : dans quelle mesure l'homme est-il réellement la source de ses actions ? Lors même qu'il semble en prendre l'initiative et en porter la responsabilité, n'ont-elles pas ailleurs qu'en lui leur véritable source ? [...] Cette intime liaison entre un contexte social, où les conflits de valeurs apparaissent insolubles, et une pratique humaine devenue toute entière problématique, explique que la tragédie soit un moment historique très précisément localisé dans l'espace et le temps. On la voit naître, s'épanouir puis disparaître à Athènes en l'espace d'un siècle. Quand Aristote écrit la *Poétique,* dans le public et chez les auteurs de théâtre, le ressort tragique est déjà brisé [...] Aristote, qui élabore une théorie rationnelle de l'action en s'efforçant de distinguer plus clairement les degrés d'engagement de l'agent dans ses actes, ne sait plus ce que sont la conscience ni l'homme tragiques : ils appartiennent à une époque pour lui révolue. »

Philosophie

C'est donc la naissance de l'idée démocratique qui expliquerait celle de la tragédie, comme c'est celle de la philosophie qui expliquerait sa fin : en donnant un sens politique aux idées de volonté et de responsabilité, la cité grecque pose inévitablement la question du destin, du conflit entre liberté humaine et providence divine. En proposant une solution rationnelle à cette problématique, en esquissant une typologie des actions libres et volontaires, donc justiciables d'un châtiment, par rapport à celles qui ne le sont pas et seraient comme telles plus excusables, la philosophie rend peu à peu le tragique superflu. De là aussi la punition que s'inflige Œdipe quand il découvre qu'il a péché par aveuglement, qu'il n'a rien vu venir, qu'il a été le jouet du destin alors qu'il croyait agir librement : il a péché par manque de vision, de conscience. Il a épousé sa mère sans savoir que c'était sa mère et tué son père, en ignorant tout de sa filiation. Alors il se punit par là où il a péché, il se crève les yeux, le châtiment ayant toujours dans la mythologie un rapport symbolique avec le crime commis.

C'est un fait peu douteux que les humains n'ont pas toujours mérité les calamités qui s'abattent sur eux et dévastent leurs vies. Les catastrophes naturelles, les accidents et les maladies mortelles touchent indifféremment les hommes de bien et les méchants. Ces fléaux sont comme la pluie, ils ne choisissent pas leurs cibles et, sauf à sombrer dans la superstition religieuse, le malheur ne peut ni ne doit être interprété comme un châtiment divin. Dès lors, la question ne peut être éludée : dans un monde que la justice et l'harmonie cosmiques sont censées dominer, dans un univers juste, beau et bon au sein duquel les dieux sont omniprésents et se mêlent de tout, comment comprendre une telle injustice ? Quel sens donner à ce scandale qu'est le malheur humain quand il semble parfaitement injustifié ? Même s'il possède de nombreuses autres connotations – des « harmoniques » –, c'est d'abord et avant tout à cette question que répond le mythe d'Œdipe.

Œdipe tue son père et épouse sa mère : le poids d'une malédiction

À retenir

La vérité, c'est qu'une malédiction ancienne pèse sur toute la lignée des rois de Thèbes, et cette malédiction, liée à un dérèglement initial, ne peut prendre fin qu'après une remise en ordre de la famille et de la cité. Les malheureux humains n'y peuvent rien, et c'est cela qui est le tragique même et que mettent en scène les pièces de Sophocle. Les mortels sont broyés par un destin qui leur échappe et qui les détermine quoi qu'ils fassent, car cette malédiction remonte fort loin dans le temps. S'agissant du cas d'Œdipe, elle est d'abord liée, si l'on commence par la génération qui précède immédiatement sa naissance, au crime jadis commis par son père, Laïos, à l'encontre du fils de Pélops, lui-même fils de Tantale.

Récit

Il faut savoir que Pélops avait autrefois recueilli et élevé Laïos comme s'il s'agissait d'un membre de sa famille. Ce dernier avait donc passé toute son enfance chez lui. Mais un jour, Laïos tomba amoureux du jeune Chrysippe, le fils de Pélops, et il tenta de le violer. Le jeune homme, horrifié, se suicida, et Pélops, fou de colère et de douleur, invoqua les dieux : si jamais Laïos avait un jour un fils, que ce dernier le tue – où l'on voit, cela dit au passage, toujours la même proportion entre le crime et le châtiment – et que la ville de Thèbes soit détruite.

Selon certains mythographes, Héra et Apollon ne pardonneront jamais aux Thébains d'avoir placé Laïos à la tête de leur ville sans penser un instant à punir son crime, et c'est pour cela que les dieux, depuis le début, pilotent le destin d'Œdipe. Tout le reste s'enchaîne alors de façon implacable : Apollon, *via* son oracle, prévient les époux, Laïos et Jocaste, que s'ils ont un fils, la catastrophe s'abattra sur eux. Du reste, Laïos n'aime pas beaucoup les femmes, il préfère de loin les garçons. C'est donc, selon la plupart des versions du mythe, sous l'emprise de la boisson, en état d'ébriété avancée, qu'il fait l'amour à Jocaste et conçoit le petit Œdipe. Voici ce que dit le Chœur à ce sujet dans la tragédie d'Eschyle intitulée *Les Sept contre Thèbes*, une œuvre qui donne la clef de toute cette histoire :

Citation

« Je pense au crime ancien, qui fut aussitôt châtié, mais dont les conséquences persistent jusqu'à la troisième génération, au crime commis par Laïos qui resta sourd à la voix d'Apollon. Pourtant, par trois fois, dans son siège sacré du Python, nombril du monde [*il s'agit ici d'une allusion à ce qu'on appelle l'*omphalos, *le "nombril" du temple d'Apollon qui avait été édifié là où le dieu avait tué un monstre qu'il avait laissé ensuite pourrir, en grec :* pithein, *ce qui avait valu au monstre d'être appelé le python*], il avait déclaré qu'il devait mourir sans enfant s'il voulait sauver sa ville. Mais, cédant à un désir fou [*Laïos est sous l'emprise de la boisson quand il fait l'amour à Jocaste...*], il engendra sa propre mort, Œdipe le parricide, qui, dans le sillon sacré d'une mère où il avait été nourri, osa planter un germe sanglant. La folie avait uni ces époux en folie [*c'est toujours l'alcool qui explique l'oubli de la recommandation d'Apollon...*]. Un océan de malheurs lève ses vagues contre nous. Quand l'une s'effondre, elle en soulève une autre, trois fois plus haute, qui gronde en bouillonnant contre les remparts de notre cité... Car c'est là que se soldent et s'accomplissent enfin de manière terrifiante les anciennes imprécations... »

Les enfants d'Œdipe, Étéocle et Polynice, seront eux aussi frappés par ce même destin funeste puisqu'ils finiront par s'entre-tuer, afin, comme le dit encore Eschyle en nous éclairant sur le sens de toute cette histoire, « d'accomplir sur la race d'Œdipe le châtiment du crime ancien commis par Laïos ».

L'affaire est donc maintenant tout à fait claire et il n'est nul besoin d'aller chercher ailleurs, dans je ne sais quelles considérations psychologiques, l'explication du destin d'Œdipe et de ses fils : les descendants de Laïos sont tous victimes d'un châtiment fatal qui leur échappe de toute part, une punition dont les ressorts ne leur appartiennent plus, qui répond à la volonté des dieux, en l'occurrence représentés par Apollon. Comme le dira plus tard Antigone, la fille préférée d'Œdipe, dans la pièce que Sophocle lui consacre : « On est forcément lié par la communauté au sein de laquelle on est né, enfants d'une mère misérable et d'un père infortuné... », constat peut-être désespérant, mais qui résume parfaitement le tragique de l'histoire.

Un épigone

Lexique

Quand on dit de quelqu'un que c'est un « épigone », on entend signifier par là que c'est seulement un disciple, un suiveur un peu servile, un personnage secondaire par rapport à son mentor, un être qui vit dans l'ombre du maître, mais qui n'a pas lui-même d'apport vraiment original. C'est donc, sans être à proprement parler insultant, malgré tout assez péjoratif.

Le mot nous vient de la mythologie, en particulier de la pièce d'Eschyle, *Les Sept contre Thèbes*, où les Épigones sont tout simplement les fils des sept chefs de guerre qui participèrent à la première expédition menée contre la ville de Thèbes, expédition au cours de laquelle ils périrent tous, en même temps que les fils d'Œdipe, Étéocle et Polynice.

Les Épigones voulaient en effet venger la mort de leurs pères et, pour y parvenir, ils prirent à leur tour les armes lors d'une expédition dont l'oracle leur avait annoncé qu'elle aboutirait à la destruction de Thèbes, destruction qui était aussi souhaitée par les dieux pour punir le crime commis par son roi, Laïos, le père d'Œdipe, avec lequel commence, comme nous venons de le voir, toute la malédiction qui s'abat sur sa famille et sur sa ville.

C'est dans *Antigone* de Sophocle, qu'on comprend sans doute le mieux l'origine de cette légende qui illustre à la perfection le sens du tragique grec.

Récit

Je vous en rappelle en quelques mots l'argument : lorsqu'Œdipe, alors roi de Thèbes, découvre qu'il est l'auteur du meurtre de son père, Laïos, et que la femme qu'il a épousée, Jocaste, n'est autre que sa mère, non seulement il se crève les yeux, mais il s'exile à Colone, une banlieue d'Athènes où, accompagné par sa fille Antigone, il va à la rencontre de sa mort. Dès qu'Œdipe a quitté le trône de Thèbes, ses deux fils, Étéocle et Polynice, se querellent pour sa succession.

Pour régler leur dispute, ils décident de se partager le pouvoir, de l'occuper chacun à leur tour, en alternance. Mais Étéocle, une fois installé sur le trône, refuse de laisser sa place à son frère Polynice quand son tour est venu. Ce dernier lève alors une armée étrangère pour attaquer sa propre ville. Les deux frères se battent et finissent par s'entre-tuer, Apollon faisant en sorte qu'aucun d'entre eux ne puisse en réchapper.

Reste Antigone, désespérée devant tant de désastres. Créon, son oncle, le frère de Jocaste, a repris son ancienne place sur le trône de Thèbes, celle qu'il avait déjà occupée par intérim à la mort de Laïos. Suivant en cela la loi de la cité, Créon ordonne que l'on donne une sépulture convenable à Étéocle, qui a défendu la ville contre son frère.

En revanche, considérant la trahison de Polynice, il publie un décret interdisant, sous peine de mort, qu'on l'enterre. Il fait jeter son corps hors de la ville, abandonné aux chiens et aux oiseaux. Antigone, fille d'Œdipe, nièce de Créon et sœur de Polynice, ne l'entend pas de cette oreille.

Opposant la loi de la famille, des dieux et du cœur à celle de la cité, elle décide de braver l'interdit de Créon et d'affronter courageusement sa sentence de mort afin de rendre à son frère les honneurs funèbres qui, selon elle, lui sont dus.

À retenir

C'est donc un conflit entre deux lois, celle des hommes et celle des dieux, celle de la raison d'État et celle du cœur, celle de la cité et celle de la famille, que la tragédie met en scène. Chacun des protagonistes ayant évidemment raison de son point de vue, Créon et Antigone ayant tous deux d'excellents arguments à faire valoir, le conflit semble insoluble et c'est en tant que tel, parce qu'il oppose deux légitimités défendables, qu'il apparaît à proprement parler comme tragique.

Faire un laïus

Lexique

Laïos (Laïus en latin), roi légendaire de Thèbes, était le père d'Œdipe. Que s'est-il passé pour que son nom devienne le synonyme d'un discours insipide, totalement vide et soporifique ? Il existe deux versions de l'affaire. Selon la première, adoptée notamment par le *Petit Robert*, c'est en 1804 que les candidats au concours d'entrée à l'École polytechnique furent invités à plancher sur le sujet suivant : « Imaginez le discours de Laïus à Œdipe. » Peu ou mal inspirés, les malheureux prétendants à l'X remplirent comme ils pouvaient leurs copies. Ils tirèrent à la ligne tant et si bien que le résultat, d'une vacuité intersidérale, finit par signifier dans l'argot des polytechniciens, puis dans celui d'autres étudiants, un discours totalement creux. Il fut finalement accepté dans le dictionnaire comme synonyme de « discours verbeux ». En 1891 fut même forgé le familier *laïusser*, pour « discourir, palabrer ». Selon d'autres sources, c'est plutôt dans les concours réservés aux avocats que le thème aurait donné lieu à des discours plus ou moins oiseux, pour ne pas dire bavards. Quoi qu'il en soit de ces deux origines, elles convergent dans l'idée qu'un laïus est un verbiage vide et dépourvu d'intérêt.

DANS CE CHAPITRE

Jason à la recherche de la toison d'or

•

La magicienne Médée, nièce de Circée, tombe amoureuse de Jason

•

Des yeux perçants comme ceux de Lyncée

•

Hellé, la toison d'or et le détroit des Dardannelles

Chapitre 21

Jason et les Argonautes

Quand Médée s'en mêle

Prendre le taureau par les cornes

Lexique

La formule signifie « affronter une difficulté à bras-le-corps », sans chercher à finasser ou à l'éluder. L'expression vient d'une des épreuves que le roi de Colchide, un certain Aeétès, va infliger à Jason. Le jeune héros vient de traverser la mer et d'affronter déjà bien des épreuves avec ses amis, les Argonautes, pour venir s'emparer de la fameuse toison d'or qui est cachée quelque part en Colchide, dans une forêt, accrochée en hauteur dans un arbre gardé par un puissant dragon. Pour faire périr Jason et l'empêcher de lui prendre la toison, Aeétès va lui infliger trois épreuves impossibles à accomplir. L'une d'entre elles, justement, consiste à prendre par les cornes des taureaux furieux qui crachent le feu. Mais Médée, la fille du roi, va venir au secours de Jason…

Récit

Pour l'instant, Jason s'est rendu chez le roi Aeétès. Il est dans son palais, un édifice somptueux, grandiose – car la toison apporte la prospérité à son pays. Jason vient d'expliquer à Aeétès le but de sa visite. Sans chercher à biaiser, il lui avoue très directement qu'il est venu chercher la toison ! Le roi est stupéfait devant une telle audace. À vrai dire, il est fou de colère, mais il se contient : il ne peut pas tuer le jeune homme sous son toit, les règles de l'hospitalité l'interdisent. Alors, pour s'en débarrasser, il lance à Jason un défi qu'il espère mortel. Il devra affronter trois épreuves à première vue tout à fait insurmontables.

Médée

Récit

Pendant que le roi lui parle, et alors même qu'il n'a pas encore précisé la nature de ces épreuves, l'attention de Jason est attirée par une jeune femme aux yeux verts. Elle est incroyablement belle, mais son regard est inquiétant. Il s'agit de Médée, la fille d'Aeétès, la nièce de la magicienne Circée, celle qui tenta de séduire Ulysse dans un autre voyage, celui que raconte l'*Odyssée*. Les yeux de Jason et de Médée se croisent et il comprend aussitôt que cette femme vient de succomber à ce qu'on appelle le coup de foudre. Elle est tombée amoureuse de lui au premier regard, et, du reste, lui-même est loin d'être insensible à son charme.

Le saviez-vous ?

Selon d'autres sources, on dit que Médée, qui va trahir son père en aidant Jason à franchir les épreuves qui l'attendent, le détestait depuis longtemps à cause du sort qu'il réservait aux étrangers : soucieux de protéger son porte-bonheur, la fameuse toison, il avait pris la mauvaise habitude de les mettre à mort dès leur arrivée en Colchide, ce que Médée lui avait un jour reproché. Devant l'animosité que lui témoignait sa fille, il l'avait fait jeter en prison, une geôle dont elle s'était échappée sans grand mal grâce à ses talents de magicienne le jour même de sa rencontre avec Jason. Certains prétendent aussi que Médée était tombée folle amoureuse de Jason, manipulée par Aphrodite.

Voici en tout cas comment Ovide, qui fut en son temps non seulement le mythographe que l'on sait, mais aussi un grand connaisseur de la vie amoureuse, a décrit les sentiments de Médée quand elle aperçoit Jason pour la première fois. Comme vous allez voir, tout laisse penser que Médée est bel et bien sous l'emprise d'une divinité :

Citation

> « Le cœur de la fille d'Aeétès s'embrase. Elle lutte un temps, mais sa raison reste impuissante face à la passion. "Inutile de résister, se dit Médée. Un dieu, je ne sais lequel, s'oppose à tes efforts. C'est surprenant. Est-ce cela que l'on appelle l'amour ? À tout le moins ça y ressemble. Pour quelle raison les ordres de mon père me paraissent ils trop durs ? Sans doute parce qu'ils sont, en effet, trop durs. Pourquoi ai-je peur que ce jeune homme ne meure alors que je viens de le voir pour la première fois ? Pourquoi une si grande peur ? Chasse si tu le peux, malheureuse, les flammes nées dans ton cœur de jeune fille ! Si je le pouvais, je serais guérie, mais malgré moi, une force

inconnue, le désir, me pousse à faire quelque chose tandis que ma raison me conseille autre chose. Je vois le mieux, je l'approuve, mais je fais le pire. Pourquoi, fille d'un roi, brûles-tu pour un étranger ? Pourquoi rêves-tu de noces dans un autre pays que le tien ? Ta patrie ne pourrait-elle t'offrir un objet digne de ton amour. Que ce jeune homme vive ou qu'il meurt, c'est l'affaire des dieux. Qu'il vive, je puis bien d'ailleurs les en prier, même sans amour. En effet, quel crime Jason a-t-il commis ? Qui donc, à moins d'être bien cruel, ne serait ému par son âge, par sa naissance, par son courage ? Qui, à défaut même de tout le reste, ne serait pas sensible au charme de son visage ? Il a ému mon cœur, et si je ne lui porte pas secours, il périra par le souffle du taureau, ou bien il fera face aux coups des ennemis semés de sa main et enfantés par la terre, à moins qu'il ne soit livré en pâture, comme une bête sauvage, à l'avidité du dragon…" »

Dans la fin de ce passage, Médée évoque les trois épreuves mortelles qui attendent l'élu de son cœur. En effet, le roi vient de reprendre la parole pour présenter les défis dont Jason devra s'acquitter s'il veut repartir avec la toison d'or.

Trois épreuves et une magicienne

D'abord, il va lui falloir apprivoiser et atteler deux taureaux furieux, des taureaux peu ordinaires, à vrai dire surnaturels, puisqu'ils ont été offerts au roi par Héphaïstos en personne (le dieu des forgerons et du feu) et que leurs naseaux vomissent un feu brûlant. On ajoutera pour faire bonne mesure que leurs cornes et leurs sabots sont en métal qui inflige de terribles blessures à quiconque les approche…

Deuxième épreuve : si Jason parvient à maîtriser les monstres, il devra aussi leur faire tirer une charrue, un soc pour creuser des sillons dans lesquels il devra semer de bien curieuses graines : en fait, il s'agit de dents arrachées à un dragon offert lui aussi par un dieu, le belliqueux Arès, le dieu de la guerre. Dès qu'on sème une de ces dents, ce n'est pas une plante qui sort de la terre, mais un guerrier en arme, d'une force et d'une violence incommensurables, au moins trois fois grand comme un être humain normal. Il en poussera quatre cents et Jason devra tous les tuer ! En prononçant ces paroles, Aeétès a un mauvais sourire. Il pense bien évidemment que la tâche est insurmontable.

En admettant même que Jason parvienne à s'en acquitter, ce qui fait bien rire le roi, il lui faudra encore trouver dans une immense forêt l'endroit précis où la toison est accrochée dans un arbre. Or nul, en dehors du roi, ne connaît cet emplacement et, qui plus est, il est gardé par un serpent ailé qui crache le feu, un dragon qui ne dort jamais et qui ne fera sans nul doute qu'une bouchée du jeune héros. Ultime précision : les trois épreuves devront être accomplies dans la même journée, entre le lever et le coucher du soleil !

Ayant ainsi parlé, le roi en rit encore dans sa barbe – mais pas Jason qui se demande bien cette fois s'il n'est pas fichu. C'est alors que Médée lui offre une petite fiole emplie d'un étrange liquide. Elle lui dit qu'il s'agit d'un liquide précieux qui le protégera non seulement contre le feu, mais aussi contre les blessures que les taureaux pourraient lui infliger. Il suffira de les prendre sans hésiter par les cornes pour leur faire plier les genoux sans avoir peur d'y aller franchement. Cela dit, reste un problème : même s'il parvient à maîtriser les monstres, les soldats en question sont quatre cents ! Comment les tuer tous ? Facile, lui dit Médée : ils sont forts, mais très bêtes ! Il suffira de jeter une pierre au milieu d'eux et ils commenceront à se battre, puis à s'entre-tuer. Et la toison ? Comment la trouver ? Et le dragon, comment le tuer ? Médée dit à Jason qu'elle en fait son affaire, qu'on s'en occupera plus tard, qu'il commence déjà par franchir les deux premières épreuves...

L'épreuve des taureaux furieux

Le lendemain, sur le pré, la foule se presse, autour d'un espace rectangulaire, entouré de barrières, où deux monstrueux taureaux s'agitent comme des furieux. Le roi est installé sur un promontoire, dans une sorte d'amphithéâtre, pour assister à la scène avec son fils et sa fille à ses côtés. Jason entre dans l'arène. Le murmure de la foule enfle. Les taureaux se jettent sur lui et lorsque le feu de leurs naseaux l'englobe, il ne sent rien. À peine quelques secondes plus tard, on le voit qui sort indemne du feu brûlant au grand étonnement de la foule. Il réapparaît même tenant chacun des taureaux par une corne, il sent en lui une force inconnue, surhumaine, qui lui permet de tordre le cou des deux bêtes, qui mettent le genou à terre. La foule hurle maintenant d'enthousiasme, subjuguée par le spectacle. Jason demande qu'on lui apporte le joug et les deux bêtes, dominées, se laissent atteler comme des petits agneaux...

Avoir des yeux de lynx

Pline l'Ancien y fait référence dans son *Histoire naturelle*, Ovide le mentionne dans ses *Métamorphoses* et Pindare dit de lui, dans sa Xe *Néméenne* : « Lyncus ! Entre tous les humains, nul ne fut armé d'un regard plus perçant. » Ce Lyncus ou Lyncée (*Lunkeos*, en grec) est un héros de la mythologie grecque qui, sous le commandement de Jason, partit pour la Colchide conquérir la toison d'or, en compagnie d'Héraclès, d'Orphée et de tous les autres Argonautes, ces jeunes gens courageux et vaillants qui étaient au total une cinquantaine.

Sa vue était si aiguisée qu'il pouvait voir jusqu'aux entrailles de la terre et distinguer les objets à trente mille pas. D'aucuns prétendent que cet extraordinaire pouvoir serait à l'origine de l'expression « avoir des yeux de lynx », par le biais d'une assimilation du nom grec de l'Argonaute à *lugx*, le nom grec du lynx. À moins qu'il ne se soit agi du contraire. Lyncée devrait alors son nom à celui du félin auquel les Anciens attribuaient à juste titre une vue perçante. Il est certain que le lynx a une bonne vue, une vue qui, comme celle des autres félins, lui permet de voir ses proies la nuit.

Lexique

Quoi qu'il en soit, « lynx » et « Lyncée », ou plutôt *lugx* et *Lunkeos*, sont issus d'une même racine indo-européenne, *louks*, la lumière, que l'on retrouve dans le latin *lux*, le français « lucide », « élucider », « lucernaire », « Lucifer », et même dans le prénom Luc.

L'Hellespont et la toison d'or

Dans les textes anciens, on rencontre souvent des noms de lieu qui sont inspirés par la mythologie, par exemple la mer Icarienne, qui rappelle le mythe d'Icare, le Péloponnèse qui renvoie à Pélops, le fils de Tantale (chapitre 24), ou encore la mer Égée, celle où se noya le père de Thésée (voir chapitre 22). C'est aussi le cas de l'Hellespont, aujourd'hui détroit des Dardanelles, qui tient son ancien nom de la mythologie de Jason, des Argonautes et de la toison d'or. Voici pourquoi.

Récit

Selon la version la plus courante, celle que raconte Apollodore, tout commence avec le roi Athamas, un souverain qui régnait sur la Béotie, une région de paysans d'où Hésiode, cela dit au passage, était originaire (voir chapitre 52). Athamas vient d'épouser une jeune femme, Néphélé, avec laquelle il a eu deux enfants, un garçon, Phrixos, et une fille, Hellé. Mais bientôt, il répudie sa première femme et contracte un second mariage, avec Ino, la fille de Cadmos, le roi de Thèbes et le mari d'Harmonie, elle-même fille d'Arès et d'Aphrodite (lors de sa lutte épique contre Typhon, Zeus, le roi des dieux, avait promis à Cadmos la main d'Harmonie s'il lui venait en aide).

Le saviez-vous ?

Ino deviendra plus tard une divinité de la mer, mais, pour l'instant, elle n'est encore qu'une simple femme. Et une femme terriblement jalouse : elle a eu elle-même deux enfants avec Athamas et elle ne supporte pas ceux que son mari a eus avec Néphélé.

Folle de jalousie à cause de l'amour qu'il leur porte, elle les hait au point qu'elle conçoit un affreux stratagème pour s'en débarrasser. Pour aller à l'essentiel, elle s'arrange pour rendre stériles toutes les semences du royaume de sorte qu'au printemps, plus rien ne pousse dans les champs. Athamas, très inquiet – il ignore tout des agissements de sa nouvelle épouse –, envoie des messagers à Delphes, pour consulter le fameux oracle d'Apollon. Mais Ino parvient, toujours à l'aide de grosses ficelles, à les convaincre de raconter à Athamas qu'il faut, pour rendre à nouveau la terre fertile et apaiser je ne sais quelle colère des dieux, sacrifier à Zeus ses enfants, Phrixos et Hellé.

Athamas, horrifié, résiste, mais le peuple de paysans crédules écoute le faux oracle. Il lui fait confiance et menace de se révolter contre son roi : on réclame partout à cor et à cri le sacrifice des deux enfants. Athamas est contraint de céder et, la mort dans l'âme, il mène les malheureux vers l'autel où doit avoir lieu le sacrifice. Mais là, Néphélé, leur mère, intervient, avec l'aide de Zeus qui n'a pas apprécié la ruse d'Ino et qui a dépêché son fidèle messager, Hermès, pour apporter de l'aide aux deux petits. Or cette aide des dieux prend la forme d'un bélier qu'Hermès offre à Néphélé.

Ce bélier n'a rien d'ordinaire. Au lieu de la laine qu'ont normalement sur le dos tous les moutons du monde, il arbore une magnifique fourrure dorée, une toison toute d'or fin, et il est en plus pourvu d'ailes qui lui permettent de voler comme un oiseau. Vite, Néphélé fait monter Phrixos et Hellé sur l'animal qui s'envole aussitôt et les emmène vers une région moins hostile, la Colchide. Hélas, en cours de route, la petite Hellé se penche pour contempler le paysage, et fascinée par ce qu'elle voit, elle tombe dans la mer et se noie : c'est depuis lors qu'on nomme l'endroit où elle s'est noyée « l'Hellespont »...

DANS CE CHAPITRE

Minos et le Minotaure

•

Le fil d'Ariane pour sortir du labyrinthe

•

Procuste et son lit de torture

•

Dédale et Icare qui se brula les ailes

Chapitre 22

Thésée et Ariane

Le Minotaure, un labyrinthe et un fil

Suivre un fil d'Ariane – la mer Égée

C'est suivre un raisonnement qui conduit à bon port, un fil conducteur qu'on n'abandonne pas pour ne pas perdre son chemin, que ce dernier se trouve dans la campagne ou dans la pensée. Mais d'où vient l'expression, et qui est cette Ariane dont le fil ne doit pas être perdu ?

Récit

Ariane est la fille de Minos, le roi légendaire de Crète, et de Pasiphaé, sa femme. Lorsqu'Ariane voit pour la première fois Thésée, ce fils d'Égée, le roi d'Athènes, ce jeune homme qui s'est si courageusement porté volontaire pour aller affronter le Minotaure, l'abominable monstre qui, logé dans le labyrinthe construit par le génial Dédale, dévore les jeunes Athéniens, elle tombe aussitôt folle amoureuse de lui. Ne supportant pas l'idée de voir mourir le héros, Ariane supplie Dédale de lui indiquer comment aider Thésée à quitter le labyrinthe. C'est alors que l'architecte lui confie une pelote de fil : il suffira à Thésée de l'attacher à l'entrée du jardin, puis de le dérouler au fur et à mesure de sa progression et il pourra ensuite le suivre sur le chemin du retour, quand il aura tué le Minotaure.

Stratagème qui permet effectivement à Thésée, une fois débarrassé du monstre, de quitter tranquillement le labyrinthe puis de prendre la fuite à bord d'un bateau avec quelques rescapés, ainsi qu'avec la belle Ariane.

Malheureusement pour Thésée, sur le chemin du retour, les choses vont mal tourner. En effet, les amoureux font escale sur une île, aussitôt, Athéna leur apparaît et demande au jeune homme d'abandonner Ariane : Dionysos est tombé amoureux de la jeune fille et il la veut pour femme. Or, c'est un dieu puissant et vengeur, auquel il ne ferait pas bon résister. Tout triste, mais contraint de se soumettre, Thésée reprend sa navigation de la Crète, où se trouvait le Minotaure, vers Athènes.

De là le drame qui va entraîner la mort de son père. Tout à son vague à l'âme causé par l'absence d'Ariane, Thésée oublie, en arrivant à Athènes, de mettre les voiles blanches que son père, Égée, lui avait confiées au moment de son départ pour les hisser en cas de succès, les noires devant marquer au contraire son échec. Les guetteurs du roi aperçoivent le navire qui a conservé les voiles funestes. Ils vont aussitôt prévenir Égée. Désespéré, ce dernier se précipite dans la mer du haut d'un rocher qui surplombe le port. C'est depuis cet épisode qu'on appelle cette étendue d'eau la « mer Égée »...Voici, selon l'une des plus anciennes versions de cette légende (il est toujours bon de revenir aux sources originelles), celle de Phérécyde, qui a servi de matrice et de modèle à la plupart des mythographes, comment les choses se sont passées :

Citation

> « Lorsqu'il y arriva [*en Crète*], Ariane, fille de Minos, qui était tombée amoureuse de lui et qui était pour cette raison bien disposée à son égard, lui donna une pelote de fil qu'elle avait reçue de Dédale, l'architecte. Elle lui dit d'attacher, dès qu'il serait entré, l'extrémité de la pelote au verrou situé en haut de la porte, puis d'avancer en la déroulant jusqu'à ce qu'il arrive au cœur du jardin. Lorsqu'il aura vaincu le Minotaure et qu'il s'en sera emparé lorsqu'il sera évanoui, il devra sacrifier à Poséidon des cheveux de sa tête, avant de revenir en réenroulant la pelote... Après avoir tué le Minotaure, Thésée enlève Ariane. Il embarque aussi les jeunes gens et les jeunes filles qui n'avaient pas encore été livrés au Minotaure. Puis il part au milieu de la nuit. Il aborde à l'île de Dia, débarque et se couche sur la plage. Athéna se dresse près de lui. Elle lui donne aussitôt l'ordre d'abandonner Ariane et de repartir pour Athènes. Il se relève et il lui obéit. Ariane est désespérée, mais Aphrodite lui apparaît et elle l'exhorte à reprendre courage : elle est destinée à Dionysos et va connaître la gloire. Alors le dieu lui apparaît et lui donne une couronne d'or que, plus tard, les dieux changèrent en constellation pour être agréable à Dionysos... »

Un lit de Procuste

Procuste (ou Procruste, du grec *Prokroustês*, littéralement : « celui qui martèle, qui allonge ») était, comme Polyphème le Cyclope, un des nombreux et détestables fils de Poséidon. Parfois, on l'appelait aussi Damastès ou encore Polypémon. Ses méfaits appartiennent à la mythologie de Thésée. Ils nous sont notamment rapportés dans la trente-huitième fable d'Hygin. Plutarque en parle aussi, mais brièvement, dans le chapitre de sa *Vie des hommes illustres* consacré à Thésée. On y apprend simplement que « Thésée tua Damastès, qu'on appelait aussi Procuste, en l'allongeant à la dimension de son lit, comme Damastès le faisait lui-même avec ses hôtes ».

En fait, dans sa maison située au bord de la route qui va de Trézène à Athènes, l'ignoble Procuste possédait deux lits, l'un était grand et l'autre petit. Fort aimablement, mine de rien, il offrait l'hospitalité aux voyageurs qui passaient près de chez lui. Une fois son hôte entré dans son antre, il prenait toujours soin d'attribuer le grand lit aux petits, et le petit lit aux grands, de sorte que les premiers étaient très au large dans leur couche, et les seconds, en revanche, avaient la tête et les pieds qui dépassaient. Dès qu'ils s'endormaient, l'affreux les attachait solidement à leur lit et, pour les grands, il coupait tout ce qui dépassait, tandis que pour les petits, il se saisissait d'un lourd marteau et brisait leurs jambes, les réduisant littéralement en bouillie pour pouvoir plus aisément allonger ce qu'il en restait aux dimensions du matelas ! Quand Thésée arriva chez Procuste, ce dernier l'invita à dormir chez lui, mais quand le héros aperçut les deux lits, il ne fut pas dupe, il vit venir la mauvaise manœuvre de cet assassin en qui, d'entrée de jeu, il n'avait guère confiance. Et s'emparant de Procuste, il lui fit subir à son tour le supplice qu'il réservait d'ordinaire à ses invités.

Lexique

L'expression « un lit de Procuste » reçut au fil des siècles plusieurs interprétations selon qu'on insistait sur l'allongement ou sur le rétrécissement de l'hôte couché dans le lit de torture. On l'appliqua par exemple à une position adoptée dans certains ébats amoureux où les jambes d'un des amants dépassent du lit (je vous laisse imaginer de quoi il peut s'agir). Une autre signification, également érotique, figure dans *L'Assemblée des femmes* d'Aristophane quand un jeune homme que l'on menace de « traîner par l'endroit sensible » s'écrie : « Ô ciel ! On va faire de moi un Procuste ».

Philosophie

Mais c'est sans doute dans le romantisme allemand qu'insistant au contraire sur la dimension de rétrécissement plutôt que d'allongement, le fameux lit reçut un sens philosophique qu'on retrouvera encore au XXe siècle chez un philosophe comme Théodore Adorno, l'un des pères fondateurs de l'École de Francfort.

L'idée qu'il défendait, à la suite des romantiques, c'est que les concepts de la pensée rationnelle sont, par rapport à la réalité qu'ils prétendent cerner, toujours réducteurs. Ils laissent échapper l'essentiel du réel, ce qui ne peut pas être saisi par la raison mais seulement par l'intuition, à savoir la vie, le sensible, la beauté, le sacré, le divin. C'est alors la raison elle-même qui se trouve comparée à un lit de Procuste, ses catégories apparaissant comme coupant elles aussi tout ce qui dépasse et que seule une autre approche peut saisir de manière adéquate.

Un dédale de rues – un labyrinthe administratif

En français courant, tout le monde comprend ce qu'est un labyrinthe de fête foraine, voire d'un labyrinthe bureaucratique, ou encore un dédale de rues ou même un dédale administratif. Pour autant, beaucoup ignorent que ces formules renvoient toutes à un même personnage, crucial dans la mythologie grecque. Il s'agit du génial, mais fort peu sympathique, Dédale.

Il apparaît dans la mythologie non seulement comme un architecte sans équivalent, mais comme un inventeur de génie, capable de résoudre toutes les énigmes. C'est le « Géo Trouvetou » de la mythologie grecque. C'est notamment à lui que Minos, le roi de Crète, confie la construction du fameux labyrinthe où sera enfermé le Minotaure, le monstre au corps d'homme et à tête de taureau issu des amours contre nature de Pasiphaé, la femme de Minos, et d'un taureau que Poséidon avait envoyé sur terre pour se venger du fait que le roi de Crète n'avait pas tenu sa promesse de sacrifier un taureau après son arrivée sur le trône de Crète. Minos avait péché par le taureau, il serait puni par le taureau. Quatre anecdotes sur la vie de Dédale méritent l'attention, car elles vont donner lieu à une très riche mythologie.

D'abord, c'est lui qui permettra à Ariane, l'une des filles de Minos, de sauver Thésée en lui offrant la fameuse pelote de fil qui lui permettra de sortir du Labyrinthe après avoir tué le Minotaure : il suffisait d'accrocher le fil à l'entrée du jardin, puis de le dérouler, afin de le suivre à nouveau pour retrouver la sortie.

La deuxième anecdote, vouée elle aussi à une longue postérité, est la suivante : pour punir Dédale d'avoir aidé Thésée et Ariane à s'enfuir ensemble après que Thésée eut tué le Minotaure, Minos le fit enfermer à son tour dans le labyrinthe avec son fils, Icare. Pour se tirer d'affaire, Dédale fabriqua pour lui et pour Icare, des ailes d'oiseau qu'il fixa sur leur dos avec de la cire. Hélas ! Icare vola trop près du soleil. La cire fondit et ce fut sa chute dans la mer où il se noya.

Voici comment Apollodore nous a rapporté ces deux épisodes :

Citation

> « Quand Thésée arriva en Crète, Ariane, la fille de Minos, tomba amoureuse de lui. Elle lui promit de l'aider à condition qu'il accepte de la prendre pour femme une fois qu'il l'aurait emmenée à Athènes. Après que Thésée lui en eut fait le serment, elle demanda à Dédale de lui montrer la sortie du labyrinthe. Quand Thésée entra dans le labyrinthe, elle lui donna, sur le conseil de Dédale, un fil. Après l'avoir attaché à la porte, Thésée entra en déroulant le fil derrière lui. Il trouva le Minotaure tout au fond du labyrinthe, il le tua à coups de poing, puis il ressortit en suivant le fil en sens inverse... Quand Minos s'aperçut que Thésée et ses amis avaient pris la fuite, il enferma Dédale, qui était le coupable, dans le labyrinthe avec son fils Icare... C'est alors que Dédale fabriqua des ailes pour lui et pour son fils. Pendant que son fils fixait les ailes, il lui dit de surtout éviter de voler trop haut, de peur que les ailes ne se décollent sous l'effet de la chaleur qui pourrait faire fondre la cire, ni de voler trop près de la mer, pour éviter qu'elles ne se décollent à cause de l'humidité. Mais Icare, sans écouter ce que son père lui avait dit, se laissa porter toujours plus haut. La colle se mit à fondre, il tomba et mourut dans la mer qu'on appelle désormais la mer Icarienne. »

Troisième anecdote : Dédale, contrairement à Icare, parvint à s'enfuir, mais Minos, fou de rage, inventa une ruse pour le retrouver : il promit une forte récompense à qui parviendrait à faire passer un fil par les spirales alambiquées d'un minuscule coquillage (une métaphore du labyrinthe). Dédale, qui s'était réfugié à la cour du roi Cocalos, trouva la solution. Il attacha un fil à la patte d'une fourmi, perça le haut de la coquille et enduisit le trou de miel. Puis il fit pénétrer la fourmi dans la conque par son ouverture principale. Alléchée par l'odeur du miel, elle se glissa le long des spirales jusqu'au trou. Minos n'eut alors aucune hésitation : il avait retrouvé Dédale.

On ajoutera enfin que Dédale n'était pas vraiment un type bien, pas vraiment un sage. Non seulement il ne cesse de trahir son roi, mais il est aussi le meurtrier de son propre neveu. Il faut dire qu'il est maladivement jaloux, envieux même. Il ne supporte pas que quelqu'un soit plus astucieux que lui. À Athènes, il a son atelier. Un jour, si l'on en croit Diodore de Sicile qui raconte en détail cette anecdote à laquelle Apollodore se contente de faire allusion, il y prend comme apprenti son neveu, un certain Talos. Malheureusement pour lui, Talos est très doué. Incroyablement talentueux, il menace même de surpasser son maître lorsqu'il invente tout seul, sans l'aide de Dédale, le tour du potier – un instrument fort utile avec lequel on fabrique des vases, des coupes, mais aussi des bols, des assiettes, des jarres, etc. Pour faire bonne mesure, Talos invente aussi la scie métallique. Dédale est jaloux à en perdre le souffle, et ça le rend méchant, au point que dans un accès de haine, il tue son jeune neveu (selon Apollodore, en le jetant du haut de l'Acropole, une des hauteurs d'Athènes). Il sera jugé par ce tribunal qu'on appelle l'Aréopage depuis qu'il a servi, dans d'autres circonstances, à juger le dieu de la guerre, Arès (voir chapitre 14). C'est par ce prestigieux tribunal qui le reconnaît coupable, que Dédale est condamné à l'exil en Crète.

À retenir

Leçon de philosophie à tirer du personnage : science et sagesse ne sont pas des notions identiques, pas plus que l'intelligence et la morale. On peut être génial et être un salaud, un inventeur de génie et une crapule...

DANS CE CHAPITRE

Quelques-uns des douze travaux ordonnés par Eurysthée

•

Le roi Augias, le Centaure Nessus, la reine des Amazones

•

La mort d'Héraclès, héros tragique

Chapitre 23

Héraclès (Hercule)

Douze travaux pour un hercule

Nettoyer les écuries d'Augias

Lexique

La formule signifie aujourd'hui encore quelque chose comme « accomplir une tâche réputée impossible », « affronter un chantier gigantesque ». Bien entendu, l'expression renvoie à un des douze travaux qu'Héraclès accomplis, comme son nom l'indique en grec, pour la gloire d'Héra. Comme toujours, notre héros va devoir s'opposer aux forces du chaos qui menacent le bel ordonnancement du cosmos que son père, Zeus, a établi après sa victoire contre les Titans.

De quoi s'agit-il au juste ?

Récit

Rappelons pour commencer qu'Augias est le roi de l'Élide, une région située au nord-ouest du Péloponnèse. Il possède d'immenses troupeaux que lui a donnés son père, Hélios, le dieu du soleil. Augias était aussi un des Argonautes, ces héros partis, sous le commandement de Jason, conquérir la toison d'or (voir chapitre 21), mais depuis, il a mal tourné. Il s'avère être maintenant un maître, non seulement de désordre, mais aussi d'injustice. Ses écuries n'ayant pas été nettoyées depuis plus de trente ans, elles sont d'une saleté inimaginable, au point qu'elles menacent de pollution la région tout entière. Le fumier n'est jamais enlevé et, comme il se dépose sur les terres avoisinantes en couches épaisses mêlées de boue, il finit par les couper tant et si bien de la lumière qu'il les rend stériles.

On a donc affaire à un désordre « cosmique », une pollution qu'on dirait aujourd'hui « écologique », et elle est de fait d'une ampleur considérable. Héraclès s'abstient de dire à Augias qu'il est envoyé par son cousin Eurysthée pour tout nettoyer. Il veut, en effet, lui demander un salaire pour ce travail dont il commence à comprendre qu'il ne lui a pas été imposé, comme c'était le cas dans les autres travaux, pour tenter de le tuer – en l'occurrence, la vie du héros n'est pas menacée comme dans ses autres aventures – mais pour l'humilier, le rabaisser au rang d'un esclave qui doit mettre les mains dans la fange. Puisqu'on le traite, non pas comme un soldat, mais comme un ouvrier, Héraclès veut être rétribué – et il demande, si l'on en croit le récit d'Apollodore, un dixième du bétail d'Augias s'il parvient à enlever tout le fumier en une seule journée. Augias accepte, non parce qu'il aime la propreté et veut assainir la région, mais parce qu'il prend Héraclès pour un farfelu et ne croit pas une seconde qu'il puisse parvenir à ses fins. Il a envie de voir ce qui va se passer, voilà tout.

De son côté, Héraclès n'a aucune envie de se salir les mains. Il n'est pas un esclave, mais un demi-dieu, le fils de Zeus. Il va donc lui falloir user de ruse et d'intelligence au moins autant que de sa force légendaire. Il pratique une belle brèche en amont, dans le mur principal qui borde les écuries. Aussitôt après, il s'empresse de faire une seconde brèche dans l'enclos qui les ferme, en aval, afin que l'eau qui pénètre en amont puisse s'écouler en contrebas. Puis il détourne le cours des deux fleuves qui passent à proximité, l'Alphée et le Pénée, et il fait entrer l'eau bondissante par la première brèche. En sortant par la seconde, elle emporte tout sur son passage de sorte qu'en quelques heures, les écuries sont propres comme un sou neuf !

Le problème, c'est qu'Augias, comme le note Apollodore dans sa *Bibliothèque*, n'est pas seulement un mauvais roi, c'est aussi un menteur : lorsqu'il apprend qu'Héraclès a réussi son pari mais qu'il a été envoyé par Eurysthée, il refuse de le payer. Pour se justifier, il élabore une argumentation tordue : il prétend qu'attendu qu'Héraclès devait de toute façon faire le travail que son cousin lui avait imposé pour la gloire d'Héra, il n'a pas à être rétribué. Il ajoute qu'il n'aurait évidemment pas accepté de le payer si Héraclès ne lui avait pas caché le sens et l'origine de la corvée que, de toute façon, avec ou sans salaire, il était bien obligé d'effectuer. L'argument est si spécieux qu'Augias est, devant le tribunal qui est maintenant réuni pour trancher l'affaire, obligé de mentir : il jure qu'il n'a promis aucune récompense à Héraclès. Pas de chance : son propre fils,

Phyleus, qui a été témoin de toute la scène, est cité à comparaître par Héraclès et le malheureux est bien obligé de témoigner contre son père. Il prend la défense du héros, il avoue que son père avait bel et bien promis un salaire à Héraclès. Mauvais perdant, Augias, sans attendre la sentence rendue par les juges, s'empresse de chasser Héraclès et son fils de sa demeure. Mal lui en prend. Héraclès n'oubliera pas. Il finira par retrouver Augias et par le tuer. Justice sévère, sans doute, mais justice quand même...

Une tunique de Nessus

Lexique

Voilà un présent qu'il vaudrait mieux ne jamais recevoir ! La tunique de Nessus est l'exemple même du cadeau empoisonné, du présent dont il est, en outre, impossible de se défaire. L'expression est devenue assez rare aujourd'hui, mais on peut en trouver malgré tout des traces dans la littérature parce qu'elle est liée à l'une des légendes les plus célèbres, celle qui raconte la mort d'Héraclès. Fils de Zeus et d'une mortelle, Alcmène, Héraclès n'était en effet qu'un demi-dieu, ce qui faisait de lui, malgré son ascendance paternelle, un simple mortel. Voici l'origine de cette expression, qui nous est contée notamment dans la *Bibliothèque* d'Apollodore.

Récit

Tout commence au moment où Héraclès parvient à tuer l'hydre de l'Herne (objet du deuxième de ses douze travaux). Une fois la bête terrassée, le héros lui fend le corps afin de tremper la pointe de ses flèches dans le sang du monstre qui contenait un poison mortel. Plus tard, alors qu'il se rendait à Trachis, une cité de la Grèce centrale, Héraclès et son épouse Déjanire, princesse de Calydon, sont arrêtés par le fleuve Événos que les fortes pluies d'hiver ont rendu infranchissable, sinon pour le puissant héros, du moins pour son épouse. Un Centaure, un certain Nessus, qui se trouvait là, propose de jouer le rôle de passeur : il fera passer le fleuve à Déjanire en la transportant sur son dos tandis qu'Héraclès rejoindra l'autre rive à la nage. Marché conclu ! Mais arrivé au milieu du fleuve Nessus décide de violer la princesse. Héraclès, parvenu sur la terre ferme, entend les cris de Déjanire. Il décoche alors une flèche mortelle qui va transpercer le libidineux Centaure. Avant de mourir, Nessus susurre à Déjanire que son propre sang possède les vertus d'un philtre d'amour, qu'il peut raviver la flamme de la passion quand elle s'est éteinte. Et il suggère à Déjanire de mettre un peu de son sang dans une fiole afin de le garder si jamais elle devait un jour en avoir besoin... Déjanire, naïve, remplit une petite gourde. Elle pense qu'un être au bord de la mort ne saurait mentir, en quoi la suite de l'histoire va montrer qu'elle se trompe.

On est quelque temps plus tard et Déjanire se trouve être terriblement jalouse d'une certaine Iolé, une belle jeune femme qu'Héraclès a fait prisonnière et dont il est tombé plus ou moins amoureux. Déjanire se souvient alors de la petite fiole emplie du sang de Nessus et elle se dit qu'après tout, le moment est venu de s'en servir. Justement, Héraclès vient de demander qu'on lui fasse envoyer une tunique blanche afin de faire ses offrandes à Zeus dans la tenue qui convient aux sacrifices. Déjanire choisit une belle tunique, mais elle ne manque pas d'enduire l'intérieur du vêtement du sang de Nessus. Le demi-dieu enfile la chemise. Le poison s'échauffe et se met à le brûler. Il essaie de l'ôter. En vain ! Le tissu est collé à la chair et il ne peut s'enlever sans arracher la peau et, pire, les muscles qui ont fait sa gloire. Alors Hercule fait dresser un bûcher. Il s'y couche et y attend la mort. Il demande autour de lui qu'on allume le feu, mais personne n'ose lui obéir. Finalement, c'est un certain Poïas, qui passait par là à la recherche de ses troupeaux qui se résout à embraser le bûcher : Héraclès lui a promis que s'il le faisait, il lui donnerait en récompense son arc et ses flèches.

Voici comment Apollodore raconte la toute fin du héros :

Citation

> « Pendant que le bûcher s'enflammait, on dit qu'une nuée vint se placer sous le corps d'Héraclès et, dans un grondement de tonnerre, elle l'emmena au ciel. Là, il reçut l'immortalité, il se réconcilia avec Héra, il se maria avec sa fille, Hébé, avec laquelle il engendra deux fils, Alexiarès et Anicètos. »

La référence au tonnerre suggère que c'est Zeus, le père du héros, qui décida de l'élever au rang divin des immortels – ce que l'on appelle en grec une « apothéose », de *apo* = vers, et *théos* = dieu, en quoi la fin terrible et douloureuse d'Héraclès se révéla être malgré tout pour lui une excellente chose...

Jurer comme un charretier

L'expression est très courante, mais son origine est, en revanche, très peu connue, parfois même des érudits. On en trouve l'explication dans ce bref passage de la *Bibliothèque* d'Apollodore :

Citation

> « Traversant l'Asie, Héraclès aborda à Thermydrai, le port de Lindos. Là, il détacha l'un des bœufs qui étaient attelés à la voiture d'un charretier, il le sacrifia et s'en régala. Le charretier ne pouvant se défendre, monta sur une montagne et il se mit à jurer. C'est pourquoi, aujourd'hui encore, quand ils sacrifient à Héraclès, ils le font avec des jurons. »

Et voilà pourquoi les charretiers sont depuis lors accusés de jurer plus que toutes les autres corporations de métier – ce qu'on ne peut comprendre qu'en référence à ce passage de la mythologie. Il n'y a en effet guère de raison pour qu'ils jurent davantage que les autres ouvriers et artisans. En l'occurrence, le malheureux dont Héraclès avait fort indélicatement tué « l'outil de travail » (que les antispécistes me pardonnent la formule) ne pouvait guère faire autre chose que jurer, vu la force légendaire du héros auquel il avait affaire...

Monter en amazone

Lexique

C'est monter, comme le font les cavaliers archers, non pas à califourchon sur le cheval, mais en gardant les deux jambes du même côté afin, justement, de pouvoir décocher plus aisément les flèches.

Récit

Les Amazones étaient des guerrières intraitables qui se comprimaient le sein droit depuis l'enfance afin de ne pas être gênées plus tard dans le maniement de l'arc et du javelot. Héraclès dut les affronter au cours de ses douze travaux parce qu'Admètè, la fille de son cousin Eurysthée, avait fait un caprice : elle voulait absolument et de toute urgence qu'on lui rapportât la ceinture de la reine des Amazones, Hippolytè. Or, il se trouve que cet ornement avait été offert à Hippolytè des mains mêmes d'Arès, le dieu de la guerre, de sorte que tout laissait supposer qu'Héraclès aurait bien du mal à s'en emparer. Contre toute attente, pourtant, lorsqu'il parvient aux pieds de la reine, après bien des aventures, c'est très volontiers qu'elle lui fait don de cet ornement. Héra, dépitée parce qu'elle espère toujours qu'Héraclès se fera tuer au cours des épreuves qu'elle lui inflige par l'intermédiaire d'Eurysthée, ne l'entend pas de cette oreille. Elle se métamorphose en Amazone – les dieux sont capables de toutes les métamorphoses – et, descendant de l'Olympe, elle répand parmi les guerrières le bruit qu'Héraclès est venu en ennemi, pour enlever la reine. Un violent conflit éclate entre Héraclès et ses compagnons d'arme d'un côté, et de l'autre, les Amazones, combat au cours duquel Hippolytè est tuée par Héraclès. Voici comment Apollodore nous a rapporté l'épisode :

Citation

> « Eurysthée ordonna à Héraclès de rapporter la ceinture d'Hyppolytè. Hyppolytè était la reine des Amazones, une grande nation guerrière qui vivait sur les bords du fleuve Thermodon. Les Amazones vivaient comme des hommes et, si jamais elles s'unissaient à l'autre sexe et mettaient au monde un enfant, elles n'élevaient que les filles et elles leur comprimaient le sein droit pour qu'elles ne soient pas gênées pour le lancer de javelot tandis qu'elles leur laissaient le sein gauche pour qu'elles puissent

> allaiter. Hyppolytè avait en sa possession la ceinture d'Arès, symbole de sa suprématie sur toutes les Amazones. C'est à la recherche de cette ceinture qu'Héraclès fut envoyé car la fille d'Eurysthée, Admètè, la voulait pour elle... Quand il aborda au port de Thémiscyra, Hippolytè vint à sa rencontre. Elle lui demanda pourquoi il était venu et elle promit de lui donner sa ceinture. Mais Héra, prenant l'apparence d'une des Amazones, parcouru la foule en prétendant que les étrangers qui venaient d'arriver étaient en train d'enlever la reine. Les Amazones en armes se précipitèrent à cheval vers le navire. En les voyant toutes revêtues de leurs armes, Héraclès crut qu'il avait affaire à une ruse, alors il tua Hippolytè et s'empara de sa ceinture. Après un combat contre les autres Amazones, il reprit la mer... »

À retenir

Ainsi mourut la reine des Amazone, alors même qu'elle n'avait en rien mérité son sort. Où l'on voit au passage la dimension tragique du personnage d'Héraclès, un être sans cesse déchiré entre violence et justice, entre *hubris* et *dikè*, entre liberté et fatalité. Si l'un des ressorts principaux de la tragédie grecque réside précisément dans le conflit qui oppose le destin à la liberté humaine, alors, Héraclès est clairement un personnage tragique.

Partie 4

Monstres et divinités secondaires

Dans cette partie...

Comme nous avons déjà eu l'occasion de l'expliquer, sans cesse, les puissances chaotiques des origines menacent de resurgir. Il faut donc à Zeus des lieutenants – au sens propre du terme : des « tenant lieu de lui-même » – pour continuer le combat qu'il a mené dans la fameuse guerre des dieux contre les Titans, avant même la création de l'humanité. Ces lieutenants, qui sont des héros animés par le courage et la justice, doivent donc affronter toute une série de monstres qui ne cessent de refaire surface, comme la Gorgone Méduse dont Persée a dû venir à bout. C'est à ces entités maléfiques que les expressions qui figurent dans ce chapitre sont consacrées. Elles symbolisent parfois la mort, souvent aussi le risque de voir le cosmos, cet ordre harmonieux, juste, beau et bon, être abîmé, voire détruit, par les énergies négatives originelles. Si elles parvenaient à leurs fins, c'est alors la possibilité même de la vie bonne qui serait ruinée définitivement pour l'espèce humaine, attendu, comme nous l'avons vu aussi dans les chapitres précédents, que cette vie bonne réside dans la mise en harmonie de soi avec l'harmonie de l'univers, ce qui suppose bien évidemment que ce dernier ne soit pas vaincu par les forces du chaos. De là les guerres et les conflits qui scandent en permanence la mythologie.

À côté des monstres, il existe aussi des divinités secondaires qui ne sont pas forcément négatives. C'est le cas des Muses, dont la vocation est d'apaiser les disputes, de fluidifier les relations humaines (et divines) – comme on l'entend encore aujourd'hui dans l'expression fameuse selon laquelle la musique « adoucit les mœurs ». Ce sont aussi les expressions et les mots qui sont liés à ces divinités que ce chapitre va présenter, raconter et analyser.

DANS CE CHAPITRE

Un fils de Zeus

•

Puni pour son *hubris*

•

Il vole le nectar des dieux pour rendre les hommes immortels

Chapitre 24

Tantale

Puni par où il a péché

Un supplice de Tantale

Le mythe de Tantale est certainement l'un des plus anciens dans la mythologie grecque. Il est déjà évoqué dans l'*Odyssée*, juste avant celui de Sisyphe, notamment par ces lignes qui figurent dans le livre XI, au moment où Ulysse descend dans les enfers pour y consulter le devin Tirésias sur la suite de son voyage :

Citation

> « Je vis Tantale, subissant un cruel supplice. Il était, là, debout dans une mare d'eau qui lui arrivait jusqu'au menton et il souffrait de la soif, mais il ne pouvait boire. Chaque fois, en effet, que le vieil homme se penchait, animé du désir de boire, l'eau se retirait et la terre noire se découvrait autour de ses pieds tandis qu'un démon l'asséchait. Des arbres d'une grande hauteur laissaient pendre leurs fruits au-dessus de sa tête. Il y avait là des poires, des grenades, des oranges, des figues douces et des olives vertes. Mais chaque fois que le vieil homme cherchait à s'en emparer de ses mains, le vent les soulevait jusqu'aux sombres nuages. »

D'origine divine, il se croit l'égal des dieux

Selon la version la plus commune, Tantale aurait été un des nombreux fils de Zeus et de Ploutô, elle-même fille de Cronos (ou peut-être d'Atlas, un des frères de Prométhée et d'Épiméthée). Sans être à proprement parler un Olympien, Tantale est malgré tout de race divine. Marié avec Dioné, une des filles d'Atlas, il est souvent invité sur l'Olympe, à la table des dieux. Roi de Phrygie (ou de Lydie), il a en outre la réputation d'être extraordinairement riche, puissant et même aimé de Zeus. Du reste, des êtres aussi prestigieux que Ménélas, Agamemnon ou Niobé figureront parmi ses descendants. On dit que Zeus l'a pris comme une espèce de confident avec lequel il prend plaisir à converser, à tester ses idées, à discuter ses plans. À partir de là, les légendes divergent sur l'origine et les motifs qui ont justifié son épouvantable supplice.

Selon certains, flatté de se trouver dans le secret des dieux, Tantale aurait fini par s'en croire l'égal, puis par détester leur prétendue supériorité. Afin de leur démontrer qu'ils n'étaient pas meilleurs ni plus savants que lui, et certainement pas omniscients, Tantale aurait eu l'outrecuidance, non seulement d'inviter les dieux à sa table (ce qui est déjà un signe d'*hubris*) mais, comme Lycaon, de leur servir de la chair humaine en guise de plat principal pour tester leur prétendu savoir. Pire encore, à cette fin, il aurait même tué son propre fils, Pélops, avant de le faire rôtir et de le servir aux Olympiens. On dit que Déméter, toute préoccupée qu'elle était par le sort de sa fille, Perséphone, enlevée par Hadès, aurait par inadvertance grignoté un morceau d'épaule du malheureux Pélops (Zeus lui rendra la vie plus tard tandis qu'Héphaïstos sera chargé de lui réparer l'épaule en y greffant une plaque d'airain ou d'ivoire). Tous les autres dieux, bien entendu, sont horrifiés : omniscients (car ils le sont bel et bien), ils s'aperçoivent vite de l'ignoble stratagème et ils décident de punir Tantale pour son insondable *hubris* en inventant un châtiment en rapport avec son crime.

Il vole le nectar des dieux pour le donner aux hommes

Selon une autre version, qu'évoque aussi Apollodore, Tantale aurait dérobé du nectar et de l'ambroisie à la table des Olympiens pour les offrir aux hommes (ou peut-être même pour les leur vendre) et tenter ainsi de les rendre immortels – *hubris* suprême s'il en fut.

Enfin, une troisième version, proche de la deuxième, prétend que Tantale aurait révélé aux humains des secrets qu'il avait entendus de la bouche de Zeus. Ce dernier aurait évidemment mal pris la chose.

En revanche, sur le supplice qui lui est infligé aux enfers, tout le monde est d'accord. Voici ce que nous en dit, à titre d'exemple, la fable qu'Hygin lui consacre en suivant la dernière version que je viens d'évoquer :

Citation

> « Tantale, fils de Jupiter et de Ploutô eut avec Dioné un fils nommé Pélops. Jupiter avait pris l'habitude de faire part de ses projets à Tantale et de l'admettre au banquet des dieux. Mais Tantale les révéla aux Hommes. C'est pour cette raison qu'on dit qu'aux enfers, il reste plongé dans l'eau jusqu'à mi-corps, toujours assoiffé, car lorsqu'il veut puiser cette eau et s'en saisir, elle s'éloigne. De même, des fruits pendent au-dessus de sa tête, et lorsqu'il veut s'en saisir, poussées par le vent, les branches elles aussi s'éloignent. De même, un énorme rocher est suspendu au-dessus de sa tête de sorte qu'il craint en permanence qu'il ne tombe sur lui. »

À retenir

C'est en suivant la version la plus courante, celle où Tantale offre son fils à manger aux dieux, que le fameux « supplice de Tantale » prend tout son sens. En effet, c'est seulement dans ce récit que la punition, comme tous les châtiments infligés par Zeus dans les mythes grecs, est en rapport « symbolique » avec la faute commise : Tantale a péché par la nourriture, il est puni par la nourriture. Il a en outre péché par *hubris* en se prétendant sottement l'égal des Olympiens, en sous-estimant leurs pouvoirs et en contrevenant aux deux injonctions du temple d'Apollon : ne sachant plus qui il était, il s'est pris pour plus qu'il n'était. Depuis lors, le rocher qui se balance au-dessus de sa tête lui rappelle que, bien que d'ascendance divine, il n'est finalement rien de plus qu'un mortel…

Le sens du symbole

C'est ici l'occasion de préciser ce que signifie le mot *symbolon* en grec. Pour le comprendre bien, imaginez ceci : on brise une brindille en deux, on veut la recoller et on s'aperçoit que les deux lèvres de la déchirure se correspondent de manière absolument parfaite, elles s'emboîtent impeccablement : c'est cela le symbole, cette adéquation sans faille entre deux « morceaux » du réel. Or, dans la mythologie, c'est une règle absolue qui ne souffre aucune exception, et nous en retrouverons souvent l'application : le châtiment entretient toujours un rapport « symbolique » avec la faute commise. C'est évidemment le cas ici pour Tantale, et c'est ce qui justifie le choix de la dernière version de la légende.

DANS CE CHAPITRE

Dieu de l'argent ou dieu des enfers ?

•

Ploutos distribue l'argent sans discernement

•

Pluton s'approprie les biens des morts

Chapitre 25

Ploutos/Pluton

On ne prête qu'aux riches

Une ploutocratie

Lexique

Étymologiquement, c'est le pouvoir des riches ou, pour mieux dire, le pouvoir dévolu aux riches ou confisqué par eux. Il s'agit donc d'un régime politique qui n'accorde de légitimité ni au peuple (démocratie), ni aux meilleurs (aristocratie), mais seulement aux plus riches. Beaucoup pensent aujourd'hui qu'avec l'élection de Donald Trump, les États-Unis sont devenus, bien que démocratiquement, une ploutocratie et ce, d'autant plus que le coût des campagnes électorales est si faramineux que les candidats milliardaires sont plus nombreux et *a priori* mieux placés sur la ligne de départ que ceux qui viennent du peuple, si tant est qu'il y en ait. Le mot possède une double origine divine. Il peut en effet se réclamer aussi bien de Ploutos, le dieu de l'argent, que de Pluton, la version latine d'Hadès, le dieu des enfers.

Ploutos, qui dépense sans discernement

Commençons par Ploutos auquel Aristophane a consacré une comédie célèbre dont le titre est tout simplement *Ploutos*. Ploutos est fils d'un héros, Iasos, et surtout de Déméter, la déesse des moissons et des saisons, une divinité olympienne puisque Déméter est une des sœurs de Zeus. C'est elle qu'on appelle en latin Cérès (voir chapitre 16). Dans la mythologie grecque, Ploutos est donc le très riche fils de la très riche Déméter.

Le moins qu'on puisse dire est qu'il n'a pas bonne réputation. D'abord, on dit qu'il est aveugle, parce qu'il dispense la richesse à tout va, sans discernement, comme on sème le blé au hasard : ce ne sont pas forcément les gens bien qui sont riches, ni les riches qui sont des gens bien. Du reste, c'est là tout le thème de la pièce d'Aristophane, où c'est Zeus lui-même qui a aveuglé Ploutos pour que l'argent tombe au hasard sur les bons comme sur les méchants. On recommande à Ploutos d'aller à Éleusis, la ville consacrée à sa mère, pour se faire soigner, recouvrer la vue et réparer les dégâts qu'il fait en dispensant ses bienfaits sans égard à l'éthique.

Pluton, qui s'approprie les richesses des morts

Une autre origine, qui rattache la ploutocratie à Pluton plutôt qu'à Ploutos – mais c'est la même étymologie qui renvoie dans les deux cas à l'abondance – est plus transparente encore. Pourquoi le dieu des enfers est-il le plus riche de tous les dieux ? Il y a, comme toujours, plusieurs réponses, mais la plus logique est qu'il règne sur le peuple de loin le plus nombreux, à savoir celui des morts. Comme le dira Auguste Comte d'un lieu commun appelé à une longue postérité : « L'humanité se compose de plus de morts que de vivants » et Hadès en profite, il s'approprie les richesses des morts d'où son autre nom, Pluton, le riche.

DANS CE CHAPITRE

Aurore amoureuse du mortel Tithon

Que vaut l'amour immortel sans la jeunesse ?

Chapitre 26

Aurore

De l'aube à la vieillesse...

L'aurore aux doigts de roses

Dans la mythologie grecque, l'aurore n'est pas seulement un moment, souvent émouvant et beau, de la matinée, c'est aussi une divinité : la belle Aurore « au trône d'or » ou « aux doigts de rose », comme on l'appelle le plus souvent dans les textes anciens. Or, il arriva un jour qu'Aurore tomba amoureuse d'un mortel, un certain Tithon qui était, selon la version la plus courante, le frère aîné de Priam, le roi de Troie.

On dit de lui qu'il était non seulement d'une étincelante beauté, mais qu'il avait un charme fou, de sorte qu'Aurore en était très éprise. Comme tout amour veut l'éternité (au moins au départ...), elle demanda à Zeus d'accorder à son amant l'immortalité, comme il l'avait fait déjà pour quelques mortels (notamment pour son amant Ganymède, si l'on en croit les *Hymnes homériques*). Sans y réfléchir, la malheureuse oublia de demander aussi la jeunesse ce qui fit que le beau Tithon finit par être frappé, bien qu'il fût immortel, par les maux de la vieillesse. Son « beau torse », nous dit l'*Hymne homérique* consacré à Aphrodite (qui raconte cette histoire à son amant Anchise), « se couvrit peu à peu de poils blancs », et lorsqu'Aurore s'en aperçut, elle commença à l'aimer un peu moins.

Bien entendu, le malheureux continua à vieillir et là, Aurore ne l'aima plus du tout, au point que pour s'en débarrasser, elle l'enferma dans une petite pièce où, devenu totalement sénile, il continue sans doute encore aujourd'hui, puisqu'il est immortel, de se ratatiner en divaguant – horrible sort s'il en fut.

Selon une autre version du mythe, Aurore le transforma tout simplement en cigale pour en finir avec lui...

Le saviez-vous ?

L'*Odyssée* fait allusion à cette triste histoire dans le passage où la nymphe Calypso tente de garder Ulysse à ses côtés en lui proposant l'immortalité. Calypso évoque le sort de Tithon et pour rassurer Ulysse, elle lui fait promesse de ne pas oublier de lui offrir la jeunesse éternelle en même temps que l'immortalité. Ulysse refusera l'offre, pourtant si généreuse, de Calypso, parce qu'il est convaincu que la vie bonne est possible même pour les mortels et que, pour lui, elle se trouve à Ithaque, dans son palais et dans les bras de Pénélope, pas dans l'île de Calypso malgré tous les bienfaits qu'elle peut lui offrir (voir chapitre 18)...

DANS CE CHAPITRE

Iris et Hermès messagers des dieux

•

La messagère privilégiée d'Héra

•

Interprète de la volonté des dieux

Chapitre 27

Iris

Messagère des dieux

Un arc-en-ciel irisé – un iris – une écharpe d'Iris

Iris est à Héra ce qu'Hermès est à Zeus : sa messagère privilégiée. Iris apparaît à plusieurs reprises dans l'*Iliade*. Dans sa *Théogonie*, Hésiode la présente comme la fille de Thaumas, une divinité primordiale, et d'Électre, une Océanide (une des filles d'Océan). Elle est donc aussi la sœur des Harpyes. On la représente le plus souvent dotée de deux ailes d'or qui lui permettent, comme celles qu'Hermès a aux pieds, de fendre l'air à la vitesse de l'éclair pour transmettre les messages de sa maîtresse. Comme une comète, elle laisse derrière elle une longue traîne, en l'occurrence, un arc-en-ciel irisé. Voici comment Ovide la décrit dans le livre XI de ses *Métamorphoses* :

Citation

> « [...] Iris revêt son voile aux mille couleurs et, faisant resplendir dans le ciel la courbe de son arc, elle se dirige, pour exécuter l'ordre, vers la demeure royale que dissimule un nuage. »

Lexique

C'est ainsi que *l'écharpe d'Iris* est devenue une métaphore poétique désignant l'arc-en-ciel. La Fontaine, par exemple, l'utilise dans sa fable *Phébus et Borée* :

Citation

> **« *Il pleut, le soleil luit, et l'écharpe d'Iris*
> *Rend ceux qui sortent avertis*
> *Qu'en ces mois le manteau leur est fort nécessaire.* »**

Interpréter la volonté des dieux

On notera que les principaux dieux, Héra et Zeus, ont le plus souvent besoin de messagers pour interpréter auprès des autres dieux comme auprès des humains, leurs messages les plus pressants. De là l'invention du mot « herméneutique » pour désigner la science de l'interprétation des textes – la première œuvre philosophique à porter ce titre étant due à un penseur allemand proche du courant romantique, Schleiermacher.

C'est une idée qu'on retrouvera encore dans la religion chrétienne avec ces personnages que sont les anges, qui sont eux aussi des messagers de Dieu. Le mot « évangile » – *eu-aggelia* – en porte la trace puisqu'étymologiquement, il signifie très exactement « le bon message, la bonne nouvelle » – cette bonne nouvelle étant celle de la résurrection des corps et des âmes que symbolise le fameux épisode de la résurrection de Lazare.

DANS CE CHAPITRE

Un monstre à cent yeux qui voit tout

•

Plusieurs Argos dans la mythologie

Chapitre 28

Argos (Argus)

Cent yeux valent mieux qu'un

Une voiture cotée à l'argus – une balise Argos

Lexique

Quand on achète ou vend une voiture d'occasion, en général, la première chose qu'on fait, c'est d'aller regarder combien elle est « cotée à l'argus ». On consulte alors le fameux hebdomadaire qui, depuis 1927, détermine le prix moyen des transactions des véhicules d'occasion. On notera aussi qu'au XVIe siècle, le mot *argus* fut utilisé (nous allons voir pourquoi dans un instant) comme synonyme d'« espion », puis, au XVIIe, il désigna aussi une personne clairvoyante dont « l'œil de lynx » ne laissait rien échapper. Aujourd'hui encore, on parle d'une balise « Argos » pour désigner le dispositif qui, depuis les années 1970, équipe les voiliers engagés dans les courses autour du monde, permettant ainsi que leur position soit constamment connue. À l'origine de ces diverses acceptions du mot « argus », on trouve dans la mythologie grecque un nom propre : celui du monstre Argos (latinisé en Argus), qui était doté d'un très grand nombre d'yeux. Selon certains, il disposait même de cent yeux, de sorte que sa vigilance ne pouvait jamais être prise en défaut : pendant que cinquante de ses yeux se reposaient dans son sommeil, les cinquante autres continuaient de veiller.

Son surnom était « Panoptès », ce qui signifie « celui qui voit tout » (de *pan*, « tout » et *optos*, « visible », qui a donné par exemple en français le mot « optique »). Il avait reçu d'Héra, jalouse comme toujours des amours infidèles de son royal mari, la mission de surveiller Io, une ravissante jeune fille dont Zeus était tombé amoureux et qu'il avait métamorphosée en génisse pour que les soupçons de sa divine épouse soient détournés (voir chapitre 30). Mais le dieu des dieux demanda à Hermès d'aller le débarrasser du monstre en lui tranchant tout simplement la tête (on appelle souvent Hermès pour cette raison l'Argéiphóntês, le « tueur d'Argos »).

Le saviez-vous ?

Héra recueillit alors les cent yeux et en orna les plumes de son oiseau emblématique, le paon. Voilà pourquoi on retrouve parfois le nom commun *argus* dans le domaine zoologique où il peut désigner un faisan exotique, divers poissons ou certains papillons dont les ocelles rappellent les yeux de la créature mythologique.

Un Argos peut en cacher un autre

Il ne faut surtout pas confondre cet Argos-là, avec cinq autres qu'on rencontre aussi dans la mythologie – cela dit parce que cette méprise est très fréquente dans les ouvrages de vulgarisation.

Argos peut en effet désigner aussi :

- Un des fils de Zeus et de Niobé, fondateur d'une ville du Péloponnèse, Argos, située dans l'Argolide : théâtre de nombreux épisodes mythologiques, elle est considérée comme la plus ancienne ville de la Grèce antique. Cet Argos-là aurait été l'arrière-grand-père du monstre, ce qui nous fait déjà deux autres Argos…
- Ensuite, Argos est aussi le chien d'Ulysse, le premier être vivant à le reconnaître lors de son retour à Ithaque, ce fidèle compagnon dont l'*Odyssée* nous dit qu'il « fut enveloppé dans les ombres de la mort dès qu'il eut revu son maître après vingt années d'absence » ! (chant XVII)
- Un autre Argos est l'architecte de l'*Argo*, navire de Jason et des Argonautes qui leur permettra de partir à la conquête de la toison d'or.
- Et enfin, il existe encore Argos qui est le fils de Phrixos, ce garçon qui s'envola avec sa sœur Hellé sur le dos du fameux mouton dont la toison était d'or.

Petite énumération pour vous montrer combien la mythologie est foisonnante de personnages et combien il faut se méfier des livres, écrits de deuxième ou troisième main, qui les mélangent allègrement…

DANS CE CHAPITRE

La Nymphe Europe, belle et intelligente

•

Séduite par Zeus, transformé en taureau

•

Elle engendre Minos

Chapitre 29

Europe

La belle aux grands yeux

L'Europe et les Européens

Lexique

Le mot « Europe » provient de deux termes grecs : *eurys*, qui signifie « large », « vaste », et *ops*, qui désigne à la fois « le regard » et « l'œil ». Il y a plusieurs Europe dans la mythologie grecque, au moins cinq, mais la plus célèbre, celle dont les amours avec Zeus donneront lieu à une riche iconographie, est la nymphe Europe, une fille d'Agénor, le roi de Tyr, et de la reine Téléphassa. Elle était connue pour sa beauté, notamment bien sûr celle de ses grands yeux, mais aussi pour son intelligence que trahissait son regard qui porte loin.

Récit

Comme d'habitude, à vrai dire comme chaque fois qu'il voit une femme ravissante, Zeus entreprend de la séduire. Et comme souvent aussi, il imagine aussitôt un stratagème pour charmer la jeune fille. Justement, elle est là, sur une plage, au bord de la mer, en train de cueillir des fleurs, sans doute de ces lys blancs qui poussent sur le sable aux abords de la Méditerranée. Elle s'amuse avec d'autres jeunes filles qui courent et rient avec elle. Comment l'approcher sans l'effaroucher ? Pas évident. N'oublions pas cependant que Zeus a avalé Métis, sa première femme, dont le nom désigne l'intelligence rusée : il n'est donc jamais à court d'idées, et celle qui, en l'occurrence, lui vient à l'esprit est excellente : il se transforme en un ravissant petit taureau d'un blanc immaculé – une couleur dont on sait qu'elle inspire confiance puisqu'elle symbolise la pureté. Ses cornes sont semblables à des croissants de lune et, tout doucement, il s'approche de la belle, il plie les genoux devant elle, lui fait les yeux doux, tout doux.

La petite ne peut pas résister : elle commence à lui caresser le museau, puis, elle n'y tient plus, il a l'air si gentil, et comme il plie ses pattes de devant comme pour l'y inviter, elle monte sur son dos. Mal lui en prend. L'animal retrouve d'un coup toute sa vigueur et il l'entraîne aussitôt dans la mer qu'il traverse en nageant à toute allure, la jeune fille ne pouvant rien faire d'autre que se cramponner de toutes ses forces à la crinière de la bête divine.

Zeus parvient ainsi en Crète, et là, dès qu'il aborde la terre ferme, il reprend une forme humaine et « s'unit d'amour », comme disent les textes grecs, avec la ravissante Europe. Et il le fait, dit-on, à l'ombre de platanes qui, en souvenir de ce moment heureux, conserveront à jamais leur feuillage. Trois fils naîtront de cette union : Minos, le futur roi de Crète, Sarpédon et Rhadamanthe, l'un des juges des enfers.

Cadmos, Phoenix et Cilix étaient les frères d'Europe. Tous trois partiront à sa recherche, mais ils ne la retrouveront jamais. Zeus abandonna bientôt la jeune fille, ses amours ne durant jamais bien longtemps.

Mais il lui fit trois présents somptueux, comme pour se faire pardonner. D'abord, il lui offrit un géant, le géant Talos, un monstre tout de bronze qui était chargé de la protéger et de garder l'île, la Crète, où la belle séjournait. Ensuite, il lui donna un chien de chasse qui rattrapait toujours sa proie à la course où il était imbattable, ainsi qu'une lance, un javelot, qui ne manquait jamais sa cible. Enfin, il lui trouva un mari, Astérion, qui adopta les trois fils de Zeus.

À retenir

Est-ce lié à son nom ? Ce qui est sûr à tout le moins, c'est que l'Europe actuelle, quels que soient les défauts qu'on peut lui trouver, le porte finalement assez bien puisqu'elle est de fait le continent au large regard, le continent des grandes découvertes, de la conquête et de la colonisation, mais aussi de la révolution scientifique, de la démocratie et des droits de l'homme, c'est-à-dire des valeurs universelles de la raison et du droit.

DANS CE CHAPITRE

Une Nymphe séduite par Zeus...

...transformée en génisse pour échapper à Héra...

... et surveillée par Argos

Chapitre 30

Io

Pourchassée par la vengeance d'Héra

Le Bosphore et la mer Ionienne

Lexique

Comme nous l'avons vu avec l'Hellespont (aujourd'hui détroit des Dardanelles), ainsi nommé parce que la petite Hellé, la sœur de Phrixos, s'y était noyée en se penchant du bélier à toison d'or qui l'emportait vers la Colchide (voir chapitre 21), ou encore avec la mer Égée, ainsi nommée parce qu'Égée, le roi d'Athènes et le père de Thésée, s'y était noyé par suicide (voir chapitre 22), un certain nombre de lieux tirent leur nom d'un mythe grec. On pourrait encore en évoquer bien d'autres, comme le Péloponnèse qui rappelle Pélops, le malheureux fils de Tantale que son père avait offert en plat aux Olympiens quand il les avait invités à dîner (voir chapitre 24). C'est aussi le cas du Bosphore et de la mer Ionienne, deux noms qui appartiennent à la même légende, celle de la nymphe Io.

En grec, le mot *bosphore* peut se traduire littéralement par « passage » ou « mouvement de la vache ». Il s'agit d'un détroit qui relie la mer Noire à la mer de Marmara. Or, c'est là justement le passage qu'emprunta la jolie nymphe Io, une des nombreuses maîtresses de Zeus, quand elle fut transformée par lui en génisse afin d'échapper à la colère de sa femme, Héra. Voici selon Ovide, comment Zeus s'arrangea pour séduire la jeune fille et comment, aussi, Héra s'en aperçut. Ce passage commence par les paroles que Zeus (Jupiter) adresse à Io afin de l'entraîner vers des bois où il pourra, comme dit Ovide, « lui ravir son honneur ». On appréciera le moment où Zeus fait savoir à la jeune fille qu'elle n'a pas affaire à n'importe qui. On pourra aussi mesurer dans ce passage à quel point les dieux grecs sont (épouvantablement) humains...

Citation

« "Ô vierge digne de Jupiter, toi dont la couche fera le bonheur de celui qui t'aimera, quel qu'il soit, viens donc sous les ombrages de ces grands bois... N'aie crainte de pénétrer seule dans les repaires des bêtes sauvages, car tu seras protégée par un dieu quand tu t'avanceras jusqu'au fin fond des bois. Et ce dieu n'est pas n'importe lequel, car c'est moi qui tiens dans ma main le grand sceptre du ciel, moi qui lance la foudre rapide. Ne me fuis pas !" Elle fuyait, en effet... quand le dieu enveloppa la terre d'une une nuée ténébreuse. Il arrêta la fuite de la nymphe et lui ravit l'honneur. »

Pendant ce temps-là, du haut de l'Olympe, Héra (Junon) trouve quand même un peu bizarre que la campagne soit tout d'un coup plongée en plein jour dans l'obscurité. Elle se demande où est passé Zeus, car, poursuit le texte d'Ovide :

Citation

« Pour l'avoir tant de fois pris en faute, elle connaît les infidélités de son mari. Ne l'ayant pas trouvé dans le ciel, elle se dit ceci : "Ou je me trompe, ou c'est moi qui suis trompée." Elle descend du haut de l'Éther, se pose sur la terre, et ordonne aux nuages de se retirer. Mais Jupiter avait prévu que sa femme viendrait et il avait déjà métamorphosé la fille de l'Inachus en une radieuse génisse. Même transformée en vache, elle restait encore belle. La fille de Saturne, quoiqu'à contrecœur, admire la perfection des formes de l'animal. Elle feint alors de ne pas savoir la vérité : "À qui appartient cette génisse, d'où vient-elle et de quel troupeau ?" demande-t-elle. "Elle est née de la terre", répond Jupiter, inventant un mensonge pour qu'on cesse de l'interroger sur l'origine de l'animal. Alors, la fille de Saturne demande à son époux de lui en faire présent. Que faire ? S'il est cruel de livrer l'objet de son amour, ne pas le donner serait suspect. D'un côté, la honte le refuse, de l'autre, l'amour le conseille. La honte fut vaincue par l'amour, car si Jupiter avait refusé de faire un si modeste cadeau à sa sœur, la compagne de sa couche, il lui aurait donné à penser qu'il ne s'agissait pas d'une génisse. Bien qu'en possession de sa rivale, la déesse a encore peur. Elle se méfie de Jupiter et redoute quelque tromperie de sorte qu'elle finit par offrir la vache à Argus... »

Pour surveiller Io et l'empêcher de s'enfuir, Héra décide en effet de placer à côté d'elle un monstre aux cent yeux, un monstre dont nous avons déjà parlé, le fameux Argos (voir chapitre 28). La malheureuse nymphe, qui n'est pour rien dans cette affaire, essaie désespérément d'attendrir le monstre qui la surveille, mais elle ne peut tendre ses bras (elle n'en a plus), ni lui parler (elle ne dispose plus du langage) et ne peut que beugler d'une manière si affreuse qu'elle en est elle-même effrayée. Zeus la prendra en pitié et il demandera à Hermès d'aller tuer Argos – ce qui vaudra à son fils de porter le surnom d'Argéiphóntês, le tueur d'Argos.

Mais Héra, pour la punir, la fait pourchasser par un taon qui ne cesse de la piquer. Après avoir parcouru toute la Grèce pour lui échapper, Io s'élança dans la mer. C'est là qu'elle traversa le détroit qui sépare l'Europe de l'Asie, lui donnant son nom de « Bosphore ». La petite génisse traversa aussi la mer qui est située au sud de l'Adriatique et qui sépare à l'ouest la Sicile de la côte nord-ouest de la Grèce – une mer qui s'appelle aujourd'hui encore la mer « Ionienne ». Où l'on voit non seulement comment nombre de lieux géographiques sont liés à la mythologie, mais aussi comment l'imaginaire grec semble avoir été d'une prolixité infinie...

DANS CE CHAPITRE

Femmes-oiseaux et non pas femmes-poissons

•

Dotées d'une voix magnifique, leur chant attire les marins

•

Ulysse les croise lors de son voyage vers Ithaque

Chapitre 31

Les Sirènes

Comment ne pas céder aux chants des sirènes…

Le chant des sirènes

Lexique

De nos jours, « céder au chant des sirènes », c'est ne pas avoir assez de volonté pour résister à la tentation, c'est se laisser séduire par une offre alléchante, mais qui peut se révéler plus tard désastreuse. C'est par exemple dans cet esprit que Bernard de Clairvaux (1091-1153) compare ce qu'il appelle les « femmes du monde » aux Sirènes pour exhorter sa « sœur » à fuir leur chant : « […] Fuyez le chant des Sirènes, de crainte que, en entendant, avec plaisir, parler des jouissances de la terre, vous ne soyez détournée du droit chemin. Que sont, en effet, les conversations des femmes du monde, sinon des chants de Sirène ? Fuyez donc le chant de ces sirènes, et fermez les oreilles aux paroles de la femme qui vous donne des conseils dangereux » (*Livre de la manière de bien vivre*, chapitre 57, « De la fuite des femmes du monde »).

Dans ses *Fables*, Hygin nous dit qu'elles étaient filles de la Muse Melpomène et du dieu fleuve Achéloos. On y apprend qu'elles étaient « femmes dans la partie supérieure de leur corps, mais oiseaux en dessous ». Leur aspect monstrueux serait le résultat d'une punition des dieux pour ne pas être intervenues quand Hadès enleva leur compagne Perséphone (Proserpine). Ovide en fait la supposition :

Citation

> « [...] vous filles d'Achéloos, d'où vous viennent vos plumes et vos pattes d'oiseaux, alors que votre visage est celui d'une jeune fille : n'était-ce pas parce qu'au moment où Proserpine cueillait les fleurs du printemps, vous, sages Sirènes, vous vous trouviez parmi ses compagnes ? »

Le saviez-vous ?

On notera que, dans la mythologie grecque, les Sirènes ne sont pas des femmes-poissons, comme on le croit parfois parce qu'on pense à la petite sirène danoise des contes d'Andersen. Ce sont des femmes-oiseau, ce qui explique deux de leurs caractéristiques majeures, autrement tout à fait incompréhensibles : d'abord, elles sont dotées d'une voix sublime, magnifique, qui égare les marins et les attirent vers des récifs où leurs navires viennent lamentablement s'échouer. Ces récifs sont décrits chez Homère comme couverts de cadavres en décomposition. Si les sirènes étaient des poissons, et non des oiseaux, on comprendrait moins bien que leurs chants soit assez délicieux pour tourner la tête des compagnons d'Ulysse, attendu que le chant n'est pas vraiment le fort de ces animaux marins... Théophile Gauthier comparaît la voix d'Erminia Frezzolini, célèbre cantatrice de son temps, à celle des Sirènes, ce qu'il n'aurait pas pu faire si ces dernières étaient des carpes : « Le chant de Mme Frezzolini est doux et suave comme le zéphyr d'août ; pas de ces cris forcés et aigus qui vous arrachent de la rêverie commencée, mais rien que de la simplicité et du naturel. Sa voix est pleine d'expression caressante. C'est une voix de sirène qui fascine et charme l'esprit.» (*Le Moniteur universel*, 5 février 1866).

Il faut rappeler en second lieu que les Sirènes sont des êtres surnaturels, mais mortels, qui peuvent notamment se noyer. C'est le sort qui leur est réservé quand leurs chants ne parviennent pas à égarer les marins. Elles sont précipitées dans l'eau en cas d'échec et elles s'y noient, un peu comme le Sphinx se jette du haut des remparts de Thèbes quand Œdipe parvient à résoudre sa fameuse énigme. Et là encore, on comprendrait mal qu'elles puissent se noyer si elles étaient des poissons...

Ulysse aurait sans doute succombé au chant des Sirènes si, lors de son séjour forcé dans l'île de la magicienne Circé, cette dernière ne lui avait pas dit comment se protéger d'une telle calamité. Parvenu aux abords du détroit de Messine, Ulysse demanda en effet à ses compagnons de l'attacher solidement au mât et il leur ordonna de se boucher les oreilles avec de la cire.

Citation

> « Alors, dit Ulysse, les Sirènes "chantèrent leurs chants harmonieux [...] faisant entendre leurs voix magnifiques, et mon cœur voulait les entendre. En remuant mes sourcils, je fis signe à mes compagnons de me détacher, mais ils forçaient leurs avirons avec ardeur. Alors, Périmèdès et Eurylokhos, se levèrent et ils vinrent resserrer encore mes liens. Après que nous eûmes dépassé les Sirènes et que leurs voix et leurs chants eurent été inaudibles, mes chers compagnons retirèrent la cire de leurs oreilles, puis ils me libérèrent de mes liens." » (*Odyssée*, chant XII)

Une autre tradition, rapportée par Apollodore, nous apprend que seul Orphée, dont le talent de chanteur et de joueur de lyre était à nul autre pareil, se confronta au chant des Sirènes lors de l'expédition des Argonautes. Humiliées par son génie musical, les Sirènes se précipitèrent dans la mer où elles furent transformées en rochers.

DANS CE CHAPITRE

Les filles de Zeus et Mnémosyne

Neuf Muses pour neuf arts

La fontaine d'Hippocrène où puiser l'inspiration

Chapitre 32

Les Muses

Neuf muses pour présider aux arts

Taquiner la muse

Lexique

L'expression, un peu bêbête il faut bien l'avouer, signifie quelque chose comme « s'essayer à la poésie ou à la musique comme amateur, avec modestie, sans prétention à concurrencer Mozart ou Rimbaud, mais quand même... », un peu comme on parle, dans le domaine des arts plastiques, d'un « peintre du dimanche ». Les Muses (en grec, *Mousai*), dont nous avons déjà évoqué l'existence à propos de l'opposition entre l'apollinien et le dionysiaque (voir chapitre 9), sont filles de Zeus, et sa partenaire fut, pour la circonstance, Mnémosyne, une des Titanides, personnification de la Mémoire (du grec *mnêsia*, « mémoire », présent par exemple dans « amnésie », et *mnêmôn*, « qui se souvient », que l'on retrouve encore dans « mnémotechnique »). L'union du couple ne dura que neuf nuits consécutives, mais elle suffit à engendrer les neuf divinités qui président aux arts, comme le précise Hésiode dans sa *Théogonie* :

Citation

> « C'est dans la ville de Piérie que Mnémosyne, qui s'était unie au Cronide, leur père, et qui régnait sur les coteaux d'Éleuthère, les enfanta afin qu'elles procurent l'oubli des maux et la fin des soucis. Durant neuf nuits, Zeus à

l'intelligence vive, s'unit à Mnémosyne en montant dans son lit sacré, loin des autres Immortels. Après une année, lorsque les saisons revinrent, que les mois eurent accompli leur cours et que de nombreux jours se furent écoulés, Mnémosyne enfanta, près de la plus haute cime de l'Olympe neigeux, neuf filles qui avaient la même passion, des filles dont le cœur n'était sensible qu'aux charmes de la musique et qui portaient dans leur poitrine une âme exempte de tourment. C'est là que se trouvent leurs chœurs brillants et leur magnifique demeure. » [52 68].

Les neuf Muses se réunissaient autour de la fontaine d'Hippocrène, la « fontaine du cheval » que Pégase, le cheval ailé, avait fait jaillir d'un coup de sabot et dont les eaux étaient réputées susciter l'inspiration poétique. Citer les neuf Muses fait partie de ces exercices de mémoire dont certains érudits raffolent (avec la liste des planètes du système solaire, des préfectures, des départements ou des sept péchés capitaux).

Les neuf Muses

Les voici, en suivant l'ordre que propose Hésiode :

- Clio, du grec *kleos*, « la gloire », Muse de l'épopée puis de l'histoire ;
- Euterpe, du grec *euterpês*, « charmant », Muse de la musique et du chant ;
- Thalie, du grec *thaleia*, « florissante, abondante », Muse de la comédie et de la poésie légère ;
- Melpomène, du grec *melos*, « mélodie », Muse du chant et de l'harmonie, puis de la tragédie. C'est elle qui donna naissance aux sirènes ;
- Terpsichore, du grec *terpsikhoros*, « qui aime les danses », Muse de la danse, de la poésie lyrique et des chœurs dramatiques ;
- Érato, du grec *erann*, « aimer » (même racine que dans Éros), Muse de la poésie amoureuse ;
- Polhymnie, du grec *poly*, « plusieurs » et *humnos*, « hymne, chant religieux », Muse de la pantomime, de l'harmonie, de l'orchestique (gestique théâtrale) puis de la rhétorique ;
- Uranie, *Ourania*, « la céleste », féminin du grec Ouranos (le Ciel), Muse de l'astronomie ;
- Calliope, du grec *Kalliopê*, « qui a une belle voix », Muse de l'éloquence et de la poésie épique, la première née et, selon Hésiode, « la plus puissante de toutes ». La tradition en fait la mère d'Orphée.

À retenir

Celui qui « taquine la muse » se pique donc de faire de la poésie ou de la musique en amateur. L'expression est souvent employée avec un soupçon d'autodérision (« je suis poète à mes heures, mais je ne me prends pas au sérieux ! »)...

DANS CE CHAPITRE

Trois sœurs terrifiantes et monstrueuses, qui pétrifient du regard

•

Méduse, la Gorgone tuée par Persée

•

La naissance de Pégase, le cheval ailé

Chapitre 33

Méduse

Une Gorgone nommée Méduse

Une méduse – médusée

Ni le soleil, ni la mort, ne se peuvent regarder en face dit une parole d'Héraclite, l'un des tout premiers philosophes grecs qui figure au panthéon de ceux qu'on appelle les « présocratiques ». La maxime sera reprise et popularisée par La Rochefoucauld. S'il est un personnage dans la mythologie qui symbolise et même incarne cette parole, c'est par excellence la Gorgone Méduse. C'est elle, en effet, qui pétrifie au sens propre du terme, qui transforme en statue de pierre quiconque a le malheur de croiser son regard. Nul ne peut la regarder en face. Elle symbolise ce que les Grecs nomment la « mort noire », l'affreux destin qui nous attend et que tous nous cherchons à fuir (hormis les suicidaires).

Tous les amoureux de la mer, et spécialement de la plongée, savent ce que sont les gorgones, ces plantes marines qui ont l'air, en effet, d'avoir été pétrifiées tant elles sont rigides. Tous redoutent aussi les méduses. Mais savent-ils d'où provient leur légende ?

Trois sœurs monstrueuses

Récit

Les Gorgones étaient trois sœurs dont l'une seulement, Méduse, était mortelle. Elles en voulaient à l'humanité entière depuis que le malheur s'était abattu sur elles. Autrefois, elles étaient ravissantes, mais elles avaient eu l'impudence de prétendre qu'elles étaient plus belles encore qu'Athéna. Pour les remettre à leur place, Athéna les avait littéralement défigurées. Elles sont depuis lors affublées d'épouvantables yeux exorbités. En permanence, une langue, semblable à celle d'un porc, jaillit de leur bouche d'où sortent des défenses de sanglier. Elles ont des bras et des mains en bronze et des ailes dorées comme celles de certains scarabées. Pire que tout, de leurs yeux globuleux perce un regard qui transforme tous les êtres vivants, animaux, plantes ou humains, en pierre aussitôt qu'ils le croisent. Même morte, la Gorgone garde ses pouvoirs.

C'est Persée, un des nombreux fils de Zeus, qui fut chargé d'aller tuer Méduse pour rapporter sa tête à un méchant roi qui retenait sa mère, Danaé, prisonnière. Mais laissons de côté le début de ses aventures et tâchons plutôt de le suivre à la fin de son voyage, quand il s'apprête à affronter le monstre. On l'aperçoit justement au pied d'une montagne. Il la gravit, péniblement, car la pente est rude. Une fois au sommet, il contemple en contrebas une immense forêt de cèdres. Il descend vers la vallée, s'enfonce dans les bois et, derrière chaque arbre, il voit des nymphes qui le regardent d'un œil goguenard, le sourire aux lèvres. Elles finissent par quitter leur arbre et par se regrouper autour de lui.

L'une d'entre elles prend la parole pour lui dire qu'elle sait ce qu'il vient faire dans ses bois. Les dieux l'ont prévenue et, justement, ils l'ont chargé de lui donner quelques présents qui lui seront indispensables s'il veut parvenir à tuer Méduse sans être transformé en tas de cailloux. Il y a d'abord un casque d'Hadès. Recouvert de peau de chien, il possède un pouvoir magique : dès qu'on le place sur sa tête, on devient aussitôt invisible. Il y a ensuite une espèce de sac, une sorte de gibecière comme en portent les chasseurs : elle servira à y placer la tête de la Gorgone afin qu'elle ne puisse plus produire ses effets désastreux. Enfin la nymphe lui tend encore deux objets : une petite serpe en métal blanc et une paire de sandales. Ces sandales et cette petite serpe n'ont l'air de rien, mais elles sont un présent d'Hermès et elles sont dotées d'un pouvoir magique : les sandales permettent de voler comme un oiseau, quant à la serpe, quel que soit l'objet qu'on doit trancher, même l'airain le plus dur, elle le tranchera comme du beurre, ce qui sera fort utile à Persée attendu que le cou des Gorgones est recouvert d'écailles de dragon qu'aucune épée humaine ne parviendrait à entamer.

Du sang de Méduse naît Pégase

Récit

La nymphe précise encore à Persée que les Gorgones habitent à l'occident, au pays des Hespérides, non loin du royaume des morts, dans une grotte que Persée trouvera en revenant sur son chemin, un peu plus loin, juste après notre montagne. Persée remercie poliment, s'incline devant celle qui semble être la reine de ce petit peuple, et il reprend son chemin. Comme annoncé par la nymphe, de l'autre côté de la montagne, à l'orée de la forêt, il aperçoit une grotte. C'est l'antre des Gorgones.

À pas feutrés, il pénètre dans la caverne. Il y fait très sombre, mais une lampe à huile permet d'y voir quand même assez clair pour se repérer. Il aperçoit les trois sœurs qui dorment. Elles ronflent comme des sangliers dont elles arborent les défenses. Leurs yeux globuleux étincellent dans la nuit et Persée se voile aussitôt le regard avec la main pour éviter de croiser le leur. Il chausse les sandales magiques d'Hermès et se met à voler dans la caverne. Il tient la serpe à la main et il réfléchit tout haut : « Je suis perdu si je croise le regard d'un de ces monstres. Comment faire pour trancher la tête de Méduse sans la regarder ? »

Mais Athéna, dont on a déjà compris qu'elle n'aime guère les Gorgones, entre en scène pour l'aider. Elle se tient au pied du lit de Méduse, un bouclier de bronze rutilant à la main, si bien poli qu'il peut parfaitement jouer le rôle d'un miroir. Persée comprend aussitôt ce que fait Athéna : il va pouvoir regarder Méduse dans ce miroir improvisé sans risquer d'être pétrifié. Il s'approche, prend la serpe et, d'un coup d'un seul, il tranche la tête de la Gorgone et la plonge aussitôt dans sa besace. Le sang gicle. On voit deux grosses veines qui s'enflent dans le cou de la Méduse. De la première sort une fumée qui se transforme peu à peu en un être étrange : il s'agit d'un cheval, qui s'envole et sort de la grotte à tire d'ailes. C'est Pégase qui vient de naître.

De la seconde veine, une autre fumée sort, et une autre créature se forme : il s'agit de Chrysaor, un fils de Poséidon et de Méduse, un guerrier inquiétant, qui tient à la main une épée étincelante. Les deux autres Gorgones sont réveillées par le bruit que font les ailes de Pégase et par toute cette présence dans la grotte. Elles voient Méduse décapitée et elles se mettent à hurler. Leurs yeux lancent des éclairs, un rat qui passait par là est transformé en statue de pierre, ainsi qu'un oiseau imprudent qui s'était aventuré dans l'antre. Elles aperçoivent Persée qui vole au-dessus d'elles et qui cherche à fuir la caverne.

Aussitôt, elles s'envolent grâce à leurs ailes d'or, pour l'intercepter, mais Persée tire de sa poche le bonnet d'Hadès, il le place sur sa tête et devient aussitôt invisible, ce qui lui permet de s'échapper sans difficulté. Voici comment notre source si souvent précieuse, celle de la *Bibliothèque* d'Apollodore, nous a transmis toute cette partie de la vie de Persée :

Citation

« Les nymphes détenaient des sandales ailées et la *kibisis* qui était, dit-on, une besace... La *kibisis* tire son nom du fait qu'on y dépose [*kesthai*] des vêtements et des nourritures. Elles détenaient également le casque de cuir d'Hadès... Grâce à ce casque, Persée pouvait voir qui il voulait sans être vu. Il reçut encore d'Hermès une faucille de métal, puis il arriva en volant au bord de l'Océan où il trouva les Gorgones endormies. Elles s'appelaient Sthéno, Euryale et Méduse. Seule Méduse était mortelle et c'est pourquoi on l'avait envoyé chercher sa tête. Les Gorgones avaient le crâne hérissé d'écailles de serpents, de longues défenses de sanglier, des mains de bronze et des ailes d'or qui leur permettaient de voler. Elles changeaient en pierre quiconque croisait leur regard. Persée se plaça donc au-dessus de leurs corps endormis et, avec l'aide d'Athéna qui guidait son bras, en détournant la tête et en fixant un bouclier de bronze où il voyait le reflet de la Gorgone, il décapita Méduse. Après qu'il lui eut tranché la tête, jaillirent de son corps Pégase, le cheval ailé, et Chrysaor, le père de Géryon. Elle les avait conçus avec Poséidon. Persée mit dans la besace la tête de Méduse et prit le chemin du retour. Alors les Gorgones s'envolèrent de leurs lits et elles cherchèrent à le poursuivre mais elles ne purent le voir à cause du casque qui le rendait invisible. »

Ce qu'il est impossible de regarder en face

Philosophie

Méduse symbolise l'impossibilité de regarder la mort en face, comme l'a montré Jean-Pierre Vernant, que je préfère citer ici :

Citation

« Exposé au regard de Gorgô, l'homme s'affronte aux puissances de l'au-delà dans leur altérité la plus radicale, celle de la mort, de la nuit, du néant. Ulysse, le héros d'endurance, fait demi-tour à l'entrée des enfers : "La crainte verte me saisit, dit-il, que la noble Perséphone ne m'envoie du fond de l'Hadès la tête gorgonéenne du monstre terrifiant." Gorgô marque la frontière du monde des morts. Y pénétrer c'est, sous son regard, se transformer soi-même, à l'image de Gorgô, en ce que sont les morts, des têtes vides et sans force, des têtes vêtues de nuit[1]... »

1. Jean-Pierre Vernant et Pierre Vidal-Naquet, *Mythe et tragédie en Grèce ancienne,* tome II, La Découverte, 1986.

Voilà aussi pourquoi Méduse, dans la représentation qu'en donnent les masques utilisés dans les tragédies grecques ou dans les dessins qui figurent sur les vases antiques, brouille tous les repères, efface toutes les identités remarquables. Écoutons encore Vernant :

Citation

> « Cette altérité radicale, les artistes grecs l'expriment formellement, pour la rendre visible aux regards humains, par la monstruosité. Une monstruosité basée sur un brouillage systématique de toutes les catégories que le monde organisé distingue et qui, en ce visage, se mêlent et interfèrent. Sur la face de Gorgô, le bestial vient se superposer à l'humain : la tête, élargie, arrondie, évoque un masque léonin ; la chevelure est traitée en crinière animale ou, le plus souvent hérissée de serpents. Les oreilles, énormes, évoquent celles d'un bovin. La bouche, ouverte en rictus fend toute la largeur du visage découvrant, dans l'alignement des dents, des crocs de fauves ou des défenses de sanglier. La langue, gigantesque, projetée en avant, retombe sur le menton. Elle bave, comme le cheval imprévisible et terrifiant, animal venu de l'au-delà, qui souvent est figuré dans ses bras… Mélange d'humanité et d'animalité donc, mais aussi fusion des genres : le menton est poilu et barbu. Figurée en pied, elle est parfois dotée d'un sexe masculin alors que par ailleurs c'est une créature femelle qui s'unit à Poséidon… Comme ses sœurs, les Grées, vieilles jeunes filles nées avec des cheveux blancs, plissés comme la peau du lait, Gorgô porte sur ses joues et son front de profondes rides. Comme elles, elle est jeune et vieille à la fois. D'une laideur repoussante, elle est pourtant séduisante, le désir de Poséidon suffirait à en témoigner… Jeune/vieille, belle/laide, masculine/féminine, humaine et bestiale, Gorgô conjoint aussi le mortel et l'immortel. Ses deux sœurs sont impérissables. Elle seule est morte, mais sa tête tranchée continue à vivre et à donner la mort[2]… »

À retenir

Où l'on voit que Méduse, au-delà même de la mort, symbolise toutes les contradictions ou, pour mieux dire, toutes les formes d'altérité radicale que les mortels ont tant de mal à regarder en face.

2. *Idem.*

DANS CE CHAPITRE

La Chimère, un monstre hybride

•

Tué par Bellerophon, petit-fils de Sisyphe, monté sur Pégase

•

Une condamnation de l'*hubris* (l'orgueil)

Chapitre 34

Chimère
et l'histoire de Bellérophon l'orgueilleux

Poursuivre des chimères

Lexique

Dans le langage courant, une chimère est un être qui n'existe pas, une entité mythique, non réelle. Un projet « chimérique » est un donc un projet irréalisable, purement imaginaire.

Dans la mythologie, la Chimère est un énième rejeton de Typhon et Échidna, ces deux êtres qui incarnent dans la mythologie la résurgence toujours possible des forces primitives du chaos.

La Chimère est généralement décrite comme un animal crachant le feu, tenant à la fois du lion, de la chèvre et du serpent. Le monstre fut terrassé par Bellérophon avec l'aide d'Athéna qui lui permit de chevaucher Pégase, le cheval ailé, et de décocher ainsi ses flèches mortelles contre le monstre.

Récit

Bellérophon, petit-fils de Sisyphe, apparaît au départ comme un jeune homme doué de tous les talents. Sympathique, intelligent, courageux, il charme son monde et suscite l'admiration de tous. Il est vrai qu'il a de qui tenir, mais justement, comme son aïeul, il va finir par sombrer dans l'*hubris* et, lui aussi, il va le payer cher.

Pour des raisons que je laisse ici de côté, Bellérophon, qui a tué le tyran de Corinthe, va se réfugier chez un certain Proétos, le roi d'une autre belle cité, Tirynthe, chez qui il trouve asile. Les deux hommes s'entendent bien et ils deviennent rapidement amis. C'est compter sans la reine, la femme de Proétos, qui tombe amoureuse du beau Bellérophon. Mais le jeune homme repousse ses avances et, furieuse, la reine, pour se venger, l'accuse d'avoir voulu la violer.

Proétos, bêtement, tombe dans le panneau. Il croit la menteuse, mais ne pouvant se résoudre à tuer le garçon lui-même, il l'envoie chez un autre roi, Iobatès, souverain de Lycie, en demandant à son confrère d'envoyer Bellérophon à la mort. Iobatès confie alors à Bellérophon la tâche quasi insurmontable de tuer la Chimère, monstre sanguinaire qui terrorise sa région. Ce qu'il réussit cependant à faire grâce à la déesse Athéna, qui lui permet de chevaucher le cheval ailé Pégase et de terrasser grâce à lui la Chimère.

Voici comment Apollodore nous a légué le récit de cet épisode :

Citation

« Bellérophon, fils de Glaucos [*lui-même fils de Sisyphe*] avait tué sans le vouloir son frère, Déliadès [*qui selon certains s'appelait Péirène, ou bien, selon d'autres, Alcimédès*]. Bellérophon alla trouver Proïtos pour se faire purifier. Sthénéboïa [*sa femme*] tomba amoureuse de lui et elle lui proposa de coucher avec lui. Bellérophon refusa et, du coup, elle alla aussitôt dire à Proïtos que Bellérophon avait tenté de la séduire et lui avait fait des avances. Proïtos la crut et il chargea Bellérophon de porter à Iobatès une lettre où il était écrit de tuer le jeune homme. Après avoir lu cette lettre, Iobatès commanda à Bellérophon d'aller tuer la Chimère car il était convaincu que le monstre le tuerait. Il était en effet impossible de le vaincre et ce non seulement pour un homme seul, mais même pour plusieurs. La partie avant de son corps était celle d'un lion, sa queue ressemblait à celle d'un serpent et il avait une troisième tête au milieu du corps, celle d'une chèvre qui crachait le feu. La Chimère dévastait le pays et ravageait les troupeaux car elle réunissait en elle la force de trois bêtes sauvages. On raconte, comme l'a prétendu Homère, qu'elle avait été nourrie par Amisadoros et qu'elle était née de Typhon et d'Échidna, comme le dit Hésiode. Bellérophon monta donc sur Pégase, qui était un cheval ailé né de Méduse et de Poséidon, il s'éleva dans les airs et, d'en haut, il abattit la Chimère à coups de flèches. »

Bellérophon accomplira par la suite de nombreux autres exploits, notamment en faisant la guerre aux Amazones (voir chapitre 23). Malheureusement pour lui, son humilité allait s'en ressentir.

En réalité, Bellérophon n'avait obtenu ses victoires que grâce à l'aide des dieux, en particulier grâce au don que ces derniers lui avaient fait de Pégase. Mais tout fier de lui, il avait fini, comme on dit dans les campagnes, par « se croire », par s'imaginer qu'il était pour ainsi dire divin, bref, il sombra dans l'*hubris* et pécha par ingratitude à l'égard des Immortels.

C'est à partir de ce moment-là qu'il commença à se convaincre qu'il ne devait ses réussites qu'à lui seul au lieu de rendre hommage aux dieux qui l'avaient aidé. Le voici maintenant qui, comme Tantale (voir chapitre 24), se prend à vouloir monter jusque sur l'Olympe afin de siéger là où il pense que se trouve désormais sa juste place, aux côtés des principaux dieux, à leur table, dans leurs conseils. Il entend bien devenir ainsi, pourquoi pas, un Immortel lui aussi !

Alors Zeus commence à en avoir assez. Il envoie un taon piquer Pégase tandis que Bellérophon chevauche sa monture et l'orgueilleux fait une chute mortelle qui met un point final à son arrogance.

À retenir

Ce qui confirme, s'il en était besoin, que l'*hubris*, la démesure orgueilleuse est un vilain défaut, à vrai dire le pire de tous aux yeux des dieux grecs.

DANS CE CHAPITRE

Les « Furies » latines

Monstres à tête de femmes et corps d'oiseaux, elles sont au service de Zeus pour punir les mortels

Chapitre 35

Les Harpyes

Des ravisseuses d'âmes

C'est une vraie harpye !

Lexique

Quand on dit d'une dame que c'est une « vraie harpye », le moins qu'on puisse dire est que ce n'est pas vraiment élogieux. On entend signifier par là que c'est une femme épouvantable, teigneuse et colérique, toujours prête à dire et à faire du mal. Dans la mythologie, les Harpyes étaient des génies ailés, à tête de femme et à corps d'oiseau, dotées de serres puissantes et acérées, capables d'emporter dans les airs les petits enfants. Elles s'appelaient Bourrasque, Vole-vite et Obscurité, autant de noms qui évoquent un ciel d'orage. Ce sont elles que les Latins appelleront plus tard les Furies.

Filles de Thaumas et d'Électre, une Océanide (une fille du Titan Océan), elles appartiennent à la génération des divinités pré-olympiennes. Elles sont donc proches du chaos originel et leurs missions sur terre s'en ressentent. Elles sont en effet de terrifiantes ravisseuses d'enfants, mais aussi les ravisseuses des âmes – c'est du reste le sens de leur nom, *arpuiai,* qui signifie en grec : « les ravisseuses ».

Récit

On les connaît surtout par un épisode célèbre qui appartient à la mythologie de Jason et des Argonautes (voir chapitre 21). Il s'agit du moment tout à fait singulier de leur voyage en quête de la toison d'or où ils sont contraints de faire halte sur l'île occupée par un infortuné vieillard, Phinée, qui est littéralement et en permanence persécuté par les Harpyes. Ces monstres passent en effet leur temps à tourmenter le malheureux. En s'approchant de son île, Jason et les Argonautes sont assaillis par une puanteur épouvantable. Bientôt, ils aperçoivent Phinée. Il est d'une maigreur effrayante et, en outre, il est devenu aveugle. Que lui est-il donc arrivé et qui sont ces oiseaux monstrueux ?

Jadis, Phinée était un roi, le roi de Salmydessos et, qui plus est, c'était un souverain d'autant plus important et respecté qu'il était un fils de Poséidon. Alors que fait-il là, sur cette île, persécuté par les Harpyes ? Pourquoi cette déchéance ?

Il y a, comme presque toujours dans la mythologie, plusieurs versions. L'une d'entre elles prétend qu'il fut aveuglé parce qu'un dieu plus puissant que son père (il s'agit donc forcément de Zeus) l'avait puni. Parmi toutes les versions de cette histoire, la mieux attestée semble être la suivante : Phinée est un devin, quelqu'un qui connaît l'avenir. Or, il a un jour voulu faire profiter les Hommes de ce don divin pourtant très exclusif. Zeus a vu là une arrogance insupportable. Prévoir l'avenir sans autorisation est l'apanage des immortels, et Phinée a péché par *hubris* en voulant en faire cadeau aux mortels.

Pour le châtier, Zeus l'a rendu aveugle, puis exilé sur ce caillou. Mais il y a bien pire encore comme châtiment. Zeus a déchaîné contre lui ses fameuses et redoutables « Harpyes », celles que les Grecs appellent aussi les « chiennes de Zeus » ou les « servantes de Zeus ». Elles ont une bien curieuse façon de punir les mortels : elles les empêchent de manger en volant leur nourriture, puis en couvrant ce qui reste du festin avec leurs excréments, rendant ainsi les reliefs impropres à la consommation. D'où la maigreur du pauvre Phinée et la puanteur insupportable qui règne sur l'île ! Les Argonautes le prennent en pitié. Parmi eux se trouvent, les deux Boréades, Calaïs et Zétès, des fils de Borée, l'un des dieux du vent. Ils ont un don tout à fait approprié puisqu'eux aussi, en tant que fils du vent, savent parfaitement voler. Ils se lancent à la poursuite des Harpyes, mais contrairement à elles, ils sont vifs, rapides et infatigables.

Les Harpyes ont un corps beaucoup trop lourd pour voler longtemps, elles sont vite épuisées et lorsque voler leur devient trop difficile et qu'elles ne parviennent pas à tuer leurs poursuivants, elles s'abîment dans la mer et se noient (comme les Sirènes – voir chapitre 31). Il y a, là encore, plusieurs versions. Selon l'une d'entre elles, nos deux fils du vent chassent donc bientôt les Harpyes et leur font promettre de ne plus revenir, en échange de quoi ils leur laissent la vie sauve. Phinée, fou de joie, est libéré et, pour remercier ses bienfaiteurs, il leur fera cadeau d'une petite colombe blanche, un cadeau précieux puisque l'oiseau les guidera pour franchir les récifs qu'ils vont croiser sur la mer, ce qui les aidera à parvenir jusqu'en Colchide où la toison d'or se trouve cachée au fond d'une forêt, gardée par un dragon...

Voici comment Apollodore nous a rapporté cet épisode fameux du voyage de Jason et des Argonautes, un passage d'autant plus intéressant qu'il évoque les différentes versions de ce mythe :

Citation

> « Les argonautes reprirent la mer et abordèrent à Salmydessos en Thrace, où habitait Phinée, un devin qui avait été rendu aveugle. Certains prétendent qu'il était le fils d'Agénor, d'autres qu'il était le fils de Poséidon. Quant à sa cécité, les uns disent qu'il aurait été privé de la vue par les dieux parce qu'il prédisait l'avenir aux hommes, mais d'autres assurent que c'étaient Borée et les Argonautes qui l'avaient fait... Selon d'autres encore, c'était Poséidon qui lui aurait ôté la vue parce que Phinée avait indiqué aux enfants de Phrixos le chemin de la Colchide en Grèce [*on voit à quel point le travail d'un mythographe comme Apollodore était déjà difficile et combien il est précieux pour nous puisque d'évidence, il se fait l'écho de légendes dont nous avons perdu aujourd'hui la trace écrite*]. Les dieux lui dépêchèrent les Harpyes. Elles étaient pourvues d'ailes et quand on servait Phinée à table, elles descendaient du ciel à tire-d'aile pour lui ôter presque toutes ses nourritures et le peu qu'elles laissaient était tellement puant qu'il était impossible à consommer. Or, les Argonautes avaient besoin de se renseigner sur la route à suivre et Phinée promis de leur donner conseil s'ils les délivraient des Harpyes. Alors les Argonautes dressèrent une table bien garnie de plats et, aussitôt, les Harpyes fondirent dessus à toute vitesse en hurlant pour s'emparer de la nourriture. Dès qu'ils les virent, les fils de Borée, Zétès et Calaïs, qui étaient eux aussi pourvus d'ailes, sortirent leurs épées et les poursuivirent dans les airs. Le destin voulait que les Harpyes fussent tuées par les enfants de Borée et que ces derniers fussent tués le jour où ils ne parviendraient pas à les rattraper en les poursuivant [*certains êtres surnaturels, comme le Sphinx, les Harpyes ou encore les Sirènes, peuvent payer de leur vie le fait de ne pas accomplir la mission que les dieux leur ont confiée...*]

DANS CE CHAPITRE

D'une laideur repoussante, ils accompagnent Dionysos

•

Symboles d'une sexualité débridée

Chapitre 36

Les Satyres
Ou la sexualité comme une obsession

Satyre et satyrique

Les amoureux des chansons de Brassens se souviendront peut-être de ce passage où il avoue avoir « des goûts de satyre » à défaut d'en « avoir le talent », petite provocation bien innocente mais qui n'en renvoie pas moins à un groupe de personnages centraux dans la mythologie grecque.

Lexique

Les Satyres – à ne pas confondre avec les satires, qui sont un genre littéraire ironique et moqueur – sont des démons de la nature sauvage. Ils sont en général représentés comme étant d'une laideur épouvantable. Affublés de grandes oreilles poilues, d'un nez épaté et de petites cornes qui jaillissent du haut de leur front, ils sont velus comme des singes, possèdent une longue queue semblable à celle d'un cheval et un membre viril d'une taille démesurée, en permanence en érection. S'ils ont un buste humain, le bas de leur corps est parfois celui d'un cheval, mais le plus souvent celui d'un bouc. Ce sont les compagnons inséparables de Dionysos (voir chapitre 8), le dieu des orgies, de la fête, de la nature sauvage, et l'inventeur du vin dont les Satyres font grand usage. Ils sont toujours présents dans son cortège. Ils partagent les activités habituelles du dieu au son d'une musique sauvage et de danses infernales.

Inutile d'en dire davantage pour comprendre que les Satyres ne sont rien d'autre qu'une personnification de la lubricité, de la sexualité débridée, sans limite ni tabou d'aucune sorte.

Dionysos, dieu de toutes les perversions

Je rappelle que dans les dionysies, les fêtes consacrées à Dionysos qu'on appelle aussi des bacchanales en raison d'un de ses nombreux noms, Bacchos, qui deviendra le Bacchus des Romains, on pratiquait allègrement toutes les formes possibles et imaginables de perversions sexuelles, y compris le sadisme le plus cruel puisqu'on déchiquetait et dévorait des petits animaux, voire des enfants encore vivants. On a parfois donné le nom de « Silènes » aux Satyres vieillissants, en souvenir d'un personnage crucial dans la mythologie, à savoir Silène lui-même, qui fut le père nourricier et le précepteur de Dionysos – Zeus lui ayant confié son fils qui, par-delà sa laideur légendaire, avait la réputation d'être un individu plein de sagesse et un formidable éducateur, à l'égal du centaure Chiron (voir aussi chapitre 8).

Philosophie

Où l'on retrouve un thème cher à la mythologie, puis à la philosophie grecque, un thème que nous évoquerons à propos de Narcisse (voir chapitre 41), à savoir qu'il ne faut pas se fier aux apparences : la beauté extérieure peut cacher la laideur intérieure, et réciproquement, comme chez Silène ou Socrate, la laideur visible peut dissimuler une sagesse invisible, car toute intelligible. C'est un bel exemple de ce passage constant de la mythologie à la philosophie.

À retenir

Mais il y a plus encore à tirer des personnages à proprement parler « chaotiques » que sont les Satyres : c'est que malgré leur folie, leur ivresse et leur lubricité, ils font bel et bien partie intégrante, comme leur chef suprême, Dionysos, du panthéon grec. Dionysos siège sur la montagne des dieux parmi les autres Olympiens, ce qui signifie qu'il n'y a pas de vie sans folie, pas d'harmonie qui vaille sans quelques traces de chaos, pas de vie paisible sans grain de sable, pas d'amour intelligible sans amour sensible, pas de *philia* ou d'*agapè* sans *éros*.

DANS CE CHAPITRE

Le gardien des portes de l'enfer

Chapitre 37
Cerbère
Une vigilance sans faille

Un ou une cerbère

Lexique

Ça ne se dit plus guère, car nous vivons une période où l'on a enfin compris qu'il n'y a pas, comme dit l'adage, de sous-métiers, mais dans mon enfance encore, on désignait très couramment la concierge de l'immeuble par ce nom plutôt désobligeant. Une (ou un) cerbère, c'est donc une personne particulièrement vigilante, certes, mais que sa vigilance et son obligation de surveillance des parties communes d'un bâtiment peuvent parfois rendre acariâtre et peu aimable, pour ne pas dire un peu terrorisante.

Dans la mythologie, Cerbère est encore un de ses monstres qui appartiennent aux puissances chaotiques qui sont aux origines du monde. C'est contre ce chaos initial que Zeus va devoir construire le cosmos, le contraire absolu du chaos, un ordre beau, juste bon, paisible et stable où les humains pourront trouver la vie bonne. Mais les puissances originelles s'y opposent et prennent la forme de monstres. Cerbère est l'un d'entre eux mais, fort heureusement, sa sphère d'influence est limitée aux enfers dont il garde les portes.

Selon l'image la plus courante qu'en donnent les mythes, il s'agit d'un chien monstrueux, doté de plusieurs têtes (généralement trois, mais selon certaines versions de sa légende, il en aurait cinquante, voire cent). Il a une queue de serpent, mais il est aussi affublé d'un horrible dos d'où jaillissent des têtes de serpent. Il garde donc l'entrée des enfers, à proximité du Styx, l'un des quatre fleuves infernaux, celui par lesquels les dieux doivent parfois jurer – et s'ils ne tiennent pas parole, malheur à eux, car ils seront alors punis de manière atroce pendant neuf années : on ne plaisante pas avec le serment par le styx !

Cerbère est aussi terrifiant pour les morts qui séjournent au royaume d'Hadès que pour les vivants qui essaient, parfois, comme Orphée ou Ulysse, d'y entrer pour venir chercher une personne aimée ou consulter un oracle (le devin Tirésias, par exemple). C'est seulement grâce à son art à nul autre pareil qu'Orphée parvint à charmer Cerbère quand il traversa les enfers pour récupérer la belle Eurydice qui avait été tuée par un serpent venimeux.

Mais l'essentiel est ailleurs.

À retenir

Comme le lion de Némée, l'Hydre de Lerne ou encore Orthros, le chien monstrueux de Géryon, ces êtres effrayants qu'Héraclès doit affronter au cours de ses fameux travaux, Cerbère est lui aussi un des nombreux enfants de ces deux autres monstres que sont Typhon et sa femme vipère, Échidna, ces êtres qui symbolisent par excellence le chaos originel. Vous vous demanderez peut-être, si vous vous souvenez de vos cours de biologie, comment un chien pourrait bien avoir pour frère et sœur un lion et une hydre ! C'est justement que ces animaux… ne sont pas des animaux.

Comme presque toujours les monstres qu'affrontent les héros dans les mythes grecs, ils sont simplement des symboles multiples des forces primitives du chaos. C'est leur caractère surnaturel et chaotique qui est en eux l'essentiel, par leur apparence ou leur incarnation physique. Eurysthée, le cousin d'Héraclès et factotum d'Héra, qui entendait bien faire mourir le héros en lui infligeant les fameux travaux, fut si effrayé par Cerbère qu'il demanda à Héraclès de le redescendre de toute urgence aux enfers. On dit que la bave du monstre répandue sur le sol donna naissance à une plante vénéneuse, l'aconit, qui fut par la suite utilisée comme poison.

DANS CE CHAPITRE

Le passeur des âmes des morts à l'entrée des enfers

•

Sa barque permet aux morts de traverser le Styx contre paiement

Chapitre 38

Charon (ou Caron)

Payer le prix du repos éternel

La barque de Charon

« Nocher des enfers », Charon ou Caron est l'affreux vieillard qui, à bord d'une barque vermoulue, fait traverser le fleuve Styx aux âmes de ceux qui sont morts, afin qu'ils puissent rejoindre le royaume d'Hadès. Ce service doit se payer d'une obole, ce pourquoi les proches du défunt doivent absolument placer, au moment des funérailles, une pièce dans la bouche du mort pour qu'il puisse s'acquitter de cette obole – ceux qui ne peuvent payer étant condamnés à errer pendant cent ans, voire davantage, sur les bords du fleuve.

Lexique

La barque de Charon, synonyme de mort, est évoquée dans de nombreuses œuvres littéraires ou artistiques, par exemple dans *L'Enfer* de Dante, à la fin du XIIIe siècle, ou encore chez Quinault et Lully qui font chanter Caron à l'acte IV, scène 1, de leur tragédie lyrique *Alceste ou Le Triomphe d'Alcide* (1674). Furetière évoque l'expression dès la première édition de son *Dictionnaire universel* ; l'expression « avoir passé la barque » y est citée comme synonyme d'« être mort ». On la retrouve encore, plus proche de nous, chez Bachelard, dans son livre, *L'Eau et les Rêves* : « La barque de Caron va toujours aux enfers. Il n'y a pas de nautonier du bonheur. La barque de Caron sera ainsi un symbole qui restera attaché à l'indestructible malheur des hommes. Elle traversera les âges de souffrance. »

Les cinq fleuves des enfers

Précisons que, dans la mythologie, cinq fleuves séparaient les enfers du monde des vivants : le **Styx** (du grec *stux*, « froid glacial, horreur ») était la rivière de la haine ; il se prolongeait par l'**Achéron** (rivière du chagrin) dont les affluents avaient pour noms **Cocyte** (torrent des lamentations) aux eaux grossies par les larmes des méchants et **Phlégéthon** (rivière de flammes). Le **Léthé** – ruisseau de l'oubli dont les âmes buvaient l'eau pour ne plus se souvenir de leur vie terrestre ou, en cas de résurrection, ne plus se rappeler leur séjour infernal – séparait le Tartare des champs Élysées.

Partie 5

Du côté des mortels

Dans cette partie

Pourquoi des Hommes ? Pourquoi diable les Olympiens immortels ont-ils éprouvé le besoin de créer cette humanité qui, à coup sûr, va s'employer à introduire une somme considérable de désordre et de confusion dans le cosmos paisible et harmonieux si durement conquis, puis établi par eux ? À moins, justement, que ce ne soit pour ça, pour y remettre un peu de vie et de mouvement, de désordre et d'histoire ? Parce que sans un grain de folie et de chaos, l'univers deviendrait trop calme pour être intéressant ?

Et si l'on se place de notre humble point de vue de simples mortels, comment nous situer par rapport à la vision du monde qui émane peu à peu de la construction grandiose que nous avons vu s'édifier au cours de la guerre des dieux ? Quelle place, pour nous, dans cet univers divin qui semble fait davantage pour les immortels que pour les petits humains que nous sommes ?

C'est pour répondre à ces questions que je vais revenir sur la création de l'humanité par Prométhée (voir aussi chapitre 5) et évoquer Pandore, en m'inspirant pour l'essentiel (mais avec une parfaite fidélité : j'y tiens !) de deux œuvres fondatrices : les *Travaux et les jours* et la *Théogonie* d'Hésiode (VIIe siècle avant notre ère). Nous verrons ensuite comment un certain nombre d'expressions touchant directement le statut des mortels nous ont été léguées par les mythes grecs.

DANS CE CHAPITRE

Pandore, la première femme, crée par les dieux pour punir les hommes de leur *hubris*

•

Le châtiment de Prométhée

Chapitre 39

Pandore

L'origine de tous nos maux

Ouvrir la boîte de Pandore

La boîte de Pandore est une boîte qu'il vaudrait mieux ne jamais ouvrir. Quand on en soulève le couvercle, c'est en effet une série de maux, voire de catastrophes, qui s'abattent sur nous. C'est dans l'œuvre d'Hésiode que cette fameuse boîte (en fait, il s'agissait à l'origine d'une jarre) fait son apparition pour la première fois, et ce dans un contexte bien particulier, celui de la mythologie de Prométhée (voir chapitre 5). Rappelons que ce dernier est un des fils du Titan Japet, qu'il est le frère d'Épiméthée, mais aussi d'Atlas, le géant qui porte la voûte céleste sur son dos (voir chapitre 4).

Prométhée trompe les dieux pour favoriser les hommes

Récit

Au moment où commence l'épisode qui nous intéresse, Prométhée vient d'être chargé par Zeus de partager un bœuf afin d'en faire un festin. En réalité, ce partage n'a rien d'anodin, il ne s'agit pas de préparer un banquet comme les autres, car l'opération que Prométhée doit effectuer à la demande du roi des dieux est censée symboliser un autre partage, autrement plus essentiel et plus profond, celui qui va décider de ce qui doit revenir aux Hommes et de ce qui revient aux dieux, selon la justice.

Or, le fait est que Prométhée a pris en secret le parti des mortels, et pour tenter de les avantager sans que les dieux s'en aperçoivent, il a recours à une ruse : d'un côté, il cache la bonne viande sous des viscères répugnants et, de l'autre, il dissimule les os qui sont immangeables sous une couche de bonne graisse appétissante et bien grillée. Une fois le partage ainsi faussé, il demande à Zeus, avec un air de parfaite innocence, de choisir en son âme et conscience la part qu'il préfère. Zeus, évidemment, n'est pas dupe puisque les dieux, à commencer par le premier d'entre eux, sont omniscients. C'est à ce moment, qu'emporté par la colère, il décide de punir les humains en leur retirant le feu, un élément pourtant indispensable à leur existence puisqu'il permet non seulement de se chauffer l'hiver, mais aussi de fabriquer des poteries ou de faire cuire les aliments, ce qui aux yeux des Grecs et la marque même de l'humanité dans sa différence d'avec le monde animal qui ne connaît que le cru.

Une punition nommée Pandore

Bravant la décision du roi des dieux, Prométhée décide d'aller voler le feu dans la forge d'Héphaïstos et les arts (les techniques) dans le palais d'Athéna pour les donner aux humains. Animé d'une de ces colères noires dont il a le secret, Zeus décide à nouveau de punir non seulement Prométhée, mais aussi les Hommes, afin qu'ils ne puissent plus pécher par *hubris*, par démesure : Zeus craint en effet que munis du feu et des arts, les mortels ne soient un jour capables de détruire l'ordre cosmique harmonieux qu'il a eu tant de peine à édifier contre les Titans. Or, la punition qu'il choisit pour les Hommes est en apparence assez charmante. Elle porte même un nom tout à fait aimable puisqu'elle s'appelle Pandora, ce qui peut signifier tout à la fois « celle qui a tous les dons », mais aussi « celle qui est donnée aux Hommes par tous les dieux ».

Elle est considérée dans la mythologie comme la première femme. Voici comment Hésiode, dans les *Travaux et les Jours*, décrit la création de Pandora :

Citation

> « Avec de la terre, l'illustre Boiteux [*c'est dire Héphaïstos*] modela un être en tout point semblable à une chaste jeune fille, ainsi que le désirait le Cronide [*c'est-à-dire le fils de Cronos, à savoir Zeus*]. Athéna aux yeux de chouette noua une ceinture autour de sa taille. Autour d'elle, les Grâces divines et Persuasion, leur souveraine, mirent sur sa peau des colliers d'or, tandis que les Heures à la magnifique chevelure lui firent une couronne avec les

fleurs du printemps. Dans sa poitrine, Argéiphóntês [*littéralement le « tueur d'Argos » : il s'agit bien sûr d'Hermès, qui tua le monstre Argos – voir chapitre 28 – et qui est aussi le messager de Zeus*], le messager au sillage splendide, place des mots doux et mensongers, sournois et trompeurs comme Zeus qui tonne l'avait demandé. Enfin, le héraut des dieux lui donna une voix et on appela cette femme, peste pour les hommes qui travaillent, du nom de Pandora parce que tous ceux qui avaient élu domicile sur l'Olympe lui avaient offert un don. Quand le père eut mis au point ce piège fatal, imparable, il dépêcha chez Épiméthée l'illustre Argéiphóntês, le rapide messager des dieux, afin de lui offrir ce cadeau. Épiméthée ne réfléchit pas. Prométhée lui avait pourtant bien dit de ne jamais accepter un cadeau de Zeus l'Olympien et de le lui retourner de peur qu'un malheur ne vienne accabler ceux qui meurent [*les mortels = les Hommes*]. Mais Épiméthée accepta, et lorsqu'il fut en possession de son malheur, il comprit [*Épiméthée comprend toujours trop tard*]. Jadis encore, la race des hommes vivait sur la terre, protégée, loin des maux, sans avoir à travailler durement, sans souffrir des maladies douloureuses qui apportent la mort aux hommes [*On retrouve ici le mythe de l'âge d'or – voir chapitre 3 – et c'est avec l'apparition de Pandore que les hommes vont en sortir*]. Mais lorsqu'ils vivent dans le malheur, les mortels vieillissent vite. Alors la femme, soulevant de ses mains le couvercle de la jarre répandit le mal parmi les hommes et leur causa des peines funestes [*cette jarre, qui va devenir bientôt la fameuse « boîte de Pandore », Hésiode ne nous dit pas d'où elle vient ni comment elle se trouve là, mais ce qui est sûr, c'est que c'est Zeus qui l'a remplie de son détestable contenu*]. Seule l'espérance resta à l'intérieur de son abri infranchissable, en deçà des bords de la jarre sans s'envoler au dehors ; car le couvercle de la jarre retomba aussitôt, comme Zeus à l'égide l'avait voulu [*le mot « égide » vient du grec* aigos, *qui veut dire la chèvre, et il désigne le célèbre bouclier de Zeus fabriqué avec la peau de la chèvre Amalthée dont on dit qu'elle était impossible à percer avec des flèches – voir chapitre 7*]. Voici que d'innombrables souffrances errent parmi les hommes [*car Zeus avait mis dans la « boîte de Pandore » tous les maux possibles et imaginables pour punir les humains : maladies de toutes sortes, souffrances diverses, peur, vieillesse, mort, etc.*] ; la terre est pleine de maux et la mer en est pleine aussi. Les maladies voyagent au hasard parmi les hommes, certaines le jour, d'autres la nuit, apportant aux Hommes le malheur sans rien dire, car Zeus prudent, les a privées de voix [*tous ces maux nous tombent dessus sans que nous puissions les prévoir ni les prévenir*]. Il est donc impossible d'esquiver ce que Zeus a voulu [*à savoir punir les humains mortels*]. »

La fin de l'âge d'or[1]

Donc, Zeus a donné la vie à cette sublime créature qu'est Pandore, puis il a demandé à Hermès de la conduire chez Épiméthée, le nigaud qui agit d'abord et réfléchit après, quand c'est trop tard et que le mal est fait. Hésiode nous apprend que Prométhée avait pourtant prévenu son frère : il lui avait bien dit de n'accepter sous aucun prétexte un cadeau des dieux de l'Olympe car il savait bien qu'ils chercheraient à se venger de lui, et, à travers lui, des hommes. Mais bien évidemment, Épiméthée tombe dans le panneau et devient fou amoureux de la ravissante Pandore. Non seulement elle va donner naissance à d'autres femmes qui, selon ce mythe, vont ruiner la vie des hommes en les obligeant à travailler pour elles, mais en outre, elle va soulever le couvercle de la « jarre » dans laquelle Zeus a pris soin de placer tous les maux, tous les malheurs et toutes les souffrances qui vont s'abattre sur l'humanité.

Citation

> Car « la race des femmes, nous dit encore Hésiode, est un grand fléau pour les mortels », car « elles habitent avec les hommes et de la pauvreté maudite, elles ne font pas leur compagne [*en clair : elles ne supportent jamais la pauvreté*] : il leur faut toujours plus, comme dans les ruches où les abeilles engraissent les faux-bourdons et que tout tourne mal pour elles : du matin jusqu'au coucher du soleil, elles s'affairent et fabriquent leurs rayons de cire blanche, tandis que les faux-bourdons restent au fond des ruches. C'est ainsi la fatigue d'autrui qu'ils engloutissent dans leurs ventres ».

Pas très féministe, c'est le moins qu'on puisse dire, mais l'époque d'Hésiode n'est pas la nôtre. Quoi qu'il en soit, avec l'arrivée de Pandore et de sa fameuse boîte, les mortels quittent le bel âge d'or où ils pouvaient faire tout le jour la fête avec les dieux et se nourrir en toute innocence, sans jamais sacrifier aux nécessités d'un pénible labeur.

Philosophie

Seule l'espérance va rester enfermée au fond de ce récipient funeste ! Ce qui peut être interprété de deux manières. On peut d'abord penser que les humains n'auront pas même de quoi se raccrocher à un quelconque espoir puisque ce dernier n'est pas sorti de la boîte. On peut aussi comprendre, ce qui est le sens véritable de cette ultime punition, que les humains vont bien garder de l'espoir, mais que ce dernier n'a rien d'un bienfait que leur aurait concédé Zeus, car l'espoir, pour les Grecs, n'est pas un cadeau. Bien au contraire, c'est un malheur supplémentaire, une tension négative : car espérer, c'est toujours être dans le manque, c'est désirer ce que l'on n'a pas, donc être en quelque façon insatisfait et malheureux.

1. Voir chapitre 3.

Quand on espère la santé, c'est qu'on est malade, quand on espère être riche, c'est qu'on est pauvre, etc., de sorte que l'espérance, contrairement à ce que dira plus tard le christianisme, est bien davantage un mal qu'un bien. Et voilà pourquoi encore, à cause de Pandore ou plutôt *par elle*, nous sommes sortis de l'âge d'or.

Prométhée enchaîné

À cette punition terrible, s'en ajoute une autre qui, cette fois-ci, s'abat directement sur Prométhée : il sera enchaîné par des liens douloureux en haut d'une montagne (on dit parfois qu'il s'agit du Caucase) et Zeus lâche contre lui un aigle gigantesque qui chaque jour dévore son foie. Or Zeus a rendu le foie de Prométhée immortel de sorte qu'il repousse chaque nuit afin que l'atroce supplice puisse sans cesse recommencer... Plus tard, beaucoup plus tard, Prométhée sera finalement délivré par Héraclès. Une légende tardive, bien postérieure au texte d'Hésiode, précise que Zeus avait juré par le Styx – un serment dont il est impossible de se défaire – qu'il ne détacherait jamais Prométhée de son rocher. Mais Zeus est fier des exploits de son fils, Héraclès, et il ne veut pas le désavouer. Pour ne pas non plus se dédire, Zeus accepte que Prométhée soit libéré à condition qu'il porte toujours un petit morceau de pierre de ce rocher attaché à un anneau ! On dit que ce petit arrangement avec le ciel est à l'origine de l'un de nos bijoux les plus courants : la bague ornée d'une pierre précieuse...

À retenir

Deux remarques sur ces textes anciens, il faut bien l'avouer, si effroyablement misogynes qu'on ne pourrait plus même les lire dans une université américaine sans risquer d'être dénoncé par les associations féministes et mis à pied par son doyen. D'abord, comme le notait Jean-Pierre Vernant, la ressemblance entre la ruse de Prométhée et celle de Zeus est patente. Elles se répondent terme à terme, de manière parfaitement « symbolique » : comme toujours dans le cosmos harmonieux, il faut que la punition infligée corresponde à la faute commise. Prométhée a tenté de tromper Zeus en jouant sur les apparences – il a caché les os immangeables sous de la bonne graisse et, à l'inverse, dissimulé la bonne viande sous les viscères répugnants du bœuf. Qu'à cela ne tienne ! Zeus, lui aussi, jouera sur le mirage que provoquent les apparences trompeuses : Pandore a tous les dehors du bonheur promis, mais au fond, c'est la reine des garces et tout sauf un cadeau. On notera ensuite que, comme dans la Bible avec le jardin d'Éden (mais chronologiquement, les mythes grecs dont on parle ici son bien antérieurs à la rédaction de la Bible), la sortie hors de l'âge d'or s'accompagne d'une calamiteuse obligation : le travail. Désormais, en effet, il faudra que les hommes gagnent leur pain « à la sueur de leur front », et cela pour la bonne raison, nous dit Hésiode, que Zeus « a tout dissimulé ». En d'autres termes, le roi des dieux, toujours dans sa volonté farouche de punir les mortels, a enfoui dans la terre tous les fruits qui leur servent d'aliments, notamment les céréales avec lesquelles on fabrique le pain, de sorte qu'il faut maintenant les cultiver pour les voir sortir de terre et s'en servir pour se nourrir.

Dans sa pièce, *Prométhée enchaîné*, Eschyle, contrairement à Hésiode, a donné la parole au malheureux fils de Japet afin qu'on puisse entendre sa défense, que je cite ici car elle est loin d'être dénuée d'intérêt (je place, comme toujours, mes commentaires entre crochets) :

Citation

> « Sitôt que Zeus fut assis sur le trône paternel [*c'est-à-dire le trône de Cronos, que Zeus vient de renverser avec l'aide des Cyclopes et des Hécatonchires dans sa guerre contre les Titans*], il répartit les privilèges entre les différents dieux et fixa les rangs dans son empire [*à la fin de cette guerre, Zeus partagea le cosmos entre ceux qui l'avaient aidé, donnant par exemple les enfers à Hadès, les mers à Poséidon, les saisons et les moissons à Déméter, etc. afin que l'univers soit désormais tout à la fois juste, calme et paisible*]. Mais il ne tînt aucun compte des malheureux mortels. Il voulait même en faire disparaître la race tout entière pour en faire naître une nouvelle. Et moi, Prométhée, j'étais seul à m'y opposer. Seul, j'eus cette audace et j'empêchais que les mortels anéantis ne fussent envoyés dans l'Hadès [*dans les enfers qu'on appelle souvent du nom du dieu qui en est le maître*]. Voilà pourquoi je ploie maintenant sous le poids de ces douleurs insupportables, pitoyable à voir [*il s'agit, bien entendu, des chaînes douloureuses et de l'aigle dévoreur de foie*]. C'est pour avoir pris les mortels en pitié que moi, j'ai été jugé indigne de pitié ! »

Reste à bien comprendre les raisons du terrible châtiment que Zeus inflige à Prométhée. On les aperçoit dans la suite du texte d'Eschyle, au moment où Prométhée, continuant son plaidoyer *pro domo*, se vante de tous les bienfaits qu'il a apportés aux Hommes. Le problème, c'est qu'en considérant cette liste, on comprend que Zeus se mette à se méfier comme jamais de cette espèce humaine qui risque à tout moment de pécher par *hubris*, voire, grâce au feu et aux techniques dont elle dispose désormais, de menacer purement et simplement de destruction l'ordre cosmique (un thème dont on notera au passage qu'on le retrouvera dans l'écologie contemporaine) :

Citation

> « Considérez la misère des mortels et voyez comment, d'enfants qu'ils étaient auparavant, j'en ai fait des êtres doués de raison et de réflexion. Si je tiens à vous le dire, ce n'est pas pour dénigrer les Hommes, mais pour vous montrer de quelles faveurs ma bonté les a comblés. Autrefois, ils voyaient sans voir, ils écoutaient sans entendre, et semblables aux formes

> des songes [*il s'agit là d'une allusion à Morphée, le dieu du sommeil, qui, comme son nom l'indique, envoie les formes d'êtres fictifs dans nos rêves*], ils vivaient tout au long de leur vie dans une totale confusion. Ils ignoraient tout des maisons de briques ensoleillées. Ils ne savaient pas non plus travailler le bois. Ils vivaient comme des fourmis agitées, terrés au fond d'antres sans soleil. Ils ne savaient pas lire les signes de l'hiver, ni du printemps fleuri, ni de l'été riche en fruits. Ils se comportaient en tout sans jamais user d'intelligence, jusqu'au jour où je leur dévoilai l'art difficile de distinguer les levers et les couchers des astres. J'inventai pour eux la plus belle de toutes les sciences, celle des nombres, ainsi que l'assemblage des lettres qui conserve les souvenirs de toutes choses et favorise la culture des arts. Le premier aussi, j'accouplai les animaux et les asservis au joug et au bât pour prendre la place des mortels dans les travaux les plus pénibles… Et qui d'autre que moi inventa ces navires aux ailes de toile avec lesquels les marins sillonnent les mers. Voilà les inventions que j'ai imaginées pour les mortels et moi, infortuné que je suis, je n'aperçois aucun moyen de me délivrer du malheur où je suis maintenant plongé… ».

Philosophie

Tout ce que dit là Prométhée est bel et bon, mais c'est précisément en raison de ces bienfaits dont il énumère la liste, en effet impressionnante, que Zeus le punit en même temps qu'il force les mortels à travailler. Car la question qui tourmente le roi des dieux est déjà celle qui resurgit aujourd'hui dans l'écologie contemporaine – et ce n'est nul hasard si l'image de Prométhée y est d'ailleurs omniprésente : aux yeux de Zeus, la déclaration de Prométhée sonne en effet comme un terrible aveu et ce que le malheureux croit avancer pour sa décharge est du point de vue de l'Olympien la plus terrible des charges. Car une fois dotée de l'intelligence, du feu, des arts, des sciences et de l'écriture, l'espèce humaine devient, à la différence des autres espèces animales, une « race » dont la liberté et la créativité sont fondamentalement anti-naturelles et anti-cosmiques.

L'Homme prométhéen, c'est déjà l'Homme de la technique déchaînée, celui qui est capable de créer, d'inventer sans cesse, de fabriquer des machines et des artifices susceptibles un jour de s'affranchir de toutes les lois du cosmos. C'est cela, très exactement, que Prométhée lui donne en dérobant le « génie des arts », la faculté d'inventer l'agriculture, l'arithmétique, le langage, l'astronomie, autant de savoirs qui inciteront l'espèce humaine à sortir de sa condition animale pour s'élever au-dessus des êtres de nature et venir troubler l'ordre cosmique tout neuf que Zeus a si péniblement réussi à installer contre les puissances chaotiques des origines !

À retenir

Bref, à la différence des autres espèces vivantes, l'espèce humaine apparaît désormais comme la seule qui soit capable d'*hubris*, la seule qui puisse tout à la fois défier les dieux et détruire la nature. Et c'est bien sûr cela que Zeus ne peut voir que d'un mauvais œil, pour ne pas dire d'un œil mauvais si l'on en juge par la cruauté des punitions qu'il inflige à Prométhée ainsi qu'aux humains.

DANS CE CHAPITRE

Les amours d'Éros et Psychè

L'âme et le désir

Une beauté saisissante

Chapitre 40

Psychè

La beauté de l'âme

Psychologie, psychanalyse, psychiatrie…

Lexique

Comme on sait, la psychanalyse nous parle beaucoup du sexe. C'est pourtant de l'âme, en grec *psuchè*, qu'elle tire son nom ! Mais Psyché, c'est aussi un personnage légendaire dont nous connaissons le récit de la passion pour Éros par un texte plutôt étrange, dû à la plume d'Apulée, un romancier philosophe du IIe siècle (123-170 après J.-C.).

Des *Métamorphoses* au roman d'apprentissage

L'ouvrage, intitulé *Métamorphoses*, est écrit en latin. Il fut surnommé « L'Âne d'or » par saint Augustin, parce qu'il raconte l'histoire fantastique d'un aristocrate, un certain Lucius, qui se trouve métamorphosé en âne par la maladresse de sa maîtresse, une magicienne débutante. Et comme plus tard dans *Les Mémoires d'un âne* de la Comtesse de Ségur, le malheureux, une fois transfiguré, traverse toute une série d'aventures plus ou moins désastreuses au cours desquelles, pour retrouver sa forme humaine, il doit (singulier remède) manger une quantité invraisemblable de roses. Le livre, qui emprunte son titre originel aux *Métamorphoses* d'Ovide, a donné lieu à de nombreuses interprétations. On y a vu tantôt une fable comique, tantôt un roman initiatique, un ancêtre de ce que les romantiques allemands appelleront plus tard un *Bildungsroman*, un roman de « formation ».

Psychè, trop belle pour être aimée…

Je laisserai ici ces débats de côté pour m'intéresser seulement au passage où Apulée raconte la légende d'Éros et de Psyché. Il s'agit des livres V à VII de son roman où Éros est identifié à son versant latin, Cupidon, et présenté comme le fils d'Aphrodite (Vénus).

Voici la substance de son récit.

Récit

Tout commence par un portrait de Vénus. On la voit littéralement dévastée par la jalousie quand elle apprend qu'une jeune fille, Psyché, est considérée par le peuple comme aussi belle, voire plus belle qu'elle. Psyché est la fille d'un roi, elle a deux sœurs, plutôt jolies, mais dont la beauté est éclipsée par la sienne au point qu'elles en viennent secrètement à être, elles aussi, terriblement jalouses. Des foules de gens se déplacent pour venir admirer la beauté incomparable de la jeune fille, certains sont même convaincus qu'il s'agit de Vénus en personne. Ils lui apportent des offrandes, célèbrent des sacrifices en son honneur, ce qui ne manque pas de renforcer encore la jalousie de la déesse de la beauté et de l'amour. Désormais au comble de l'exaspération, elle n'y tient plus : folle de rage, elle ordonne à son fils, le jeune Éros, de punir Psyché en faisant en sorte qu'elle tombe amoureuse de l'être le plus minable, le plus moche, le plus méchant et le plus pauvre du royaume !

Car Psyché, malgré sa beauté, ou peut-être bien à cause d'elle, ne parvient pas, contrairement à ses deux sœurs, à se marier (il semble qu'elle effraie les hommes qui viennent la voir et se disent en repartant : « trop belle pour moi… »). Comme l'écrit Apulée, qu'il faut citer ici :

Citation

> « Malgré son éclatante beauté, Psyché ne tirait aucun bénéfice de ses charmes. On venait pour la regarder, on lui faisait force compliments, mais personne, ni roi, ni prince, ni même simple roturier n'était animé du désir de lui demander sa main… Psyché, vierge, sans mari, reste à la maison. Elle déplore la solitude où elle est abandonnée, malade, profondément malheureuse. Les foules ont beau être unanimes à vanter sa beauté, elle finit, elle, par la haïr. »

Alors ses parents, le roi et la reine, comme il est de coutume en Grèce dans ces cas-là, se résolvent, en désespoir de cause, à aller consulter l'oracle. Comme ce dernier n'est jamais que la voix de son maître, c'est-à-dire des dieux, il ne peut que confirmer la volonté de Vénus à laquelle il apporte même quelques précisions redoutables : son père devra attacher la jeune fille à un rocher et attendre qu'un monstre abominable vienne l'emporter. Voici, là encore, comment Apulée décrit la scène :

Citation

> « Le malheureux père de cette fille trop délaissée, suspectant quelque malédiction venue du ciel et redoutant la colère des dieux, va interroger le très ancien oracle du dieu de Millet [*il s'agit bien entendu d'Apollon, qui disposait aussi d'un temple à Millet*]. Il demande à ce dieu puissant entre tous, tout en joignant à sa supplique force prières et sacrifices, de faire don à sa malheureuse fille dédaignée la faveur de trouver un mari. Apollon, bien que Grec et même Ionien, répondit, pour faire plaisir à l'auteur de notre histoire milésienne, par un oracle en latin [*petit trait d'humour d'Apulée qui, comme je vous l'ai dit, écrit en latin, même quand il parle de récits grecs, et qui ne s'adresse guère qu'à un public ignorant du grec*] : "Tu exposeras ta fille, Ô roi, sur un rocher, au sommet d'une montagne, que tu auras pris soin au préalable de parer pour un hymen funèbre. Ne t'attends surtout pas à trouver un gendre né du genre humain. Il s'agira plutôt d'un monstre cruel, féroce et serpentin. Grâce à ses ailes, il peut voler plus haut que l'éther et il bouleverse tout ce qu'il approche, il s'en prend à tous par le feu et le fer, il fait trembler Jupiter lui-même, il suscite l'effroi chez tous les dieux et frappe de terreur les fleuves, y compris le ténébreux Styx." Le roi, qui connaissait encore quelque bonheur avant d'entendre ces paroles, s'en retourne chez lui, consterné après cette révélation de l'oracle sacré. Il est dévasté par la tristesse et le chagrin quand il lui faut bien dévoiler à sa femme ce qu'ordonne cette prophétie de malheur. »

Ce passage des *Métamorphoses* est plein de sens et il mérite au moins deux commentaires.

L'âme n'est rien sans désir

D'abord s'agissant des malheurs de Psyché. Nous avons dit déjà combien elle était ravissante, d'une beauté incomparable, peut-être même supérieure à celle de Vénus – ce que cette dernière ne supporte plus. Il n'en reste pas moins, c'est un fait, que personne ne la désire. Mais ce n'est pas seulement par la peur de ne pas être « à la hauteur » qui inhibe les hommes. Il y a plus et autre chose que cela. Car, d'évidence, à ce moment du récit, Psyché, c'est encore l'âme sans le corps, une beauté peut-être bien incomparable, mais pas vraiment « sexy », pas assez charnelle, pas assez incarnée pour être tout à fait désirable au sens érotique du terme.

Pour l'instant, encore privée d'Éros, elle n'est qu'une moitié de personne, une âme sans véritable corps, et c'est en quoi, du reste, elle est plus belle que toutes les autres mortelles, son enveloppe extérieure n'étant qu'une image de ce qu'elle est au-dedans. La beauté et le sexe, la perfection formelle et le désir charnel, ne sont pas du même ordre, ou pour dire les choses plus brutalement encore : on peut être moche et sexy, comme on peut être belle à couper le souffle et cependant incapable de susciter le désir ardent que seul Éros pourra apporter à Psyché en s'unissant à elle.

On notera ensuite que le lecteur de l'époque devait sans doute comprendre assez vite que c'est bien évidemment d'Éros, de l'amour charnel, que parle l'oracle lorsqu'il évoque un « monstre serpentin ». Pas besoin d'avoir lu Freud pour saisir la signification phallique du symbole. C'est bien la dimension sexuelle de l'amour qui est visée dans la description du monstre par la Pythie d'Apollon. L'affreux serpent qui bouleverse tout, c'est le sexe, la passion érotique, c'est elle qui enflamme les cœurs (et pas seulement les cœurs), qui conduit à des meurtres, qui règne non seulement sur les mortels et jusque dans les enfers, mais sur les Olympiens eux-mêmes, à commencer par Zeus dont chacun sait qu'il ne pense qu'à « ça » et cède plus souvent qu'à son tour à des passions amoureuses.

Désir, jalousie et sentiments

Résumons brièvement la suite de l'histoire avant d'en arriver à son message philosophique sous-jacent.

Récit

Éros va enlever la belle et, contre toute attente, il n'a rien de monstrueux, à tout le moins rien d'effrayant, bien au contraire : en fait, il est tout à fait charmant, doux et séduisant au possible, de sorte que Psyché tombe assez vite folle amoureuse de lui. La belle découvre enfin l'amour charnel dont elle ignorait jusqu'à l'existence et elle tombe enceinte. Chaque soir, le petit dieu « serpentin » la retrouve dans son lit, toujours dans la plus totale obscurité, au sein de son merveilleux palais de marbre blanc et d'or. L'amour s'installe entre eux, mais à une condition : Éros demande à Psyché de lui faire le serment qu'elle ne cherchera jamais à le voir en pleine lumière. Comme la mort et le soleil selon Héraclite, le sexe ne se regarde pas en face...

Quand ses sœurs apprennent tout le bonheur dont jouit désormais Psyché, leur jalousie se trouve portée à un état d'incandescence indescriptible. Les méchantes imaginent un vilain stratagème pour tenter de se venger. Elles expliquent à Psyché qu'elle doit absolument trahir sa promesse de ne jamais regarder son amant pendant qu'il dort. Elles lui font croire qu'il est peut-être bien hideux, voire atteint de quelque maladie honteuse, et qu'en toute hypothèse, elle ne peut pas se contenter de le rencontrer chaque soir dans l'obscurité la plus totale, que cela pourrait être dangereux pour elle, qu'il lui cache certainement quelque chose d'inavouable, etc., etc. Convaincue par ses sœurs et, il faut bien l'avouer, un peu dévorée aussi par la curiosité, la jeune femme finit par se rendre à leurs arguments et, en pleine nuit, tandis qu'Éros dort à ses côtés, elle allume une petite lampe à huile et l'approche du visage de son délicieux amant.

Bien entendu, elle découvre un jeune homme tout à fait ravissant, un être lui aussi d'une beauté incomparable. Mais toute tremblante de joie, la malheureuse laisse échapper une goutte d'huile brûlante qui tombe sur la joue d'Éros. Ce dernier se réveille en sursaut, et fou de colère, il jure ses grands dieux qu'il quitte à jamais sa ravissante compagne, qu'il est hors de question qu'il puisse la revoir un jour après une telle trahison. Alors commence pour la jeune femme une longue et douloureuse errance. Non seulement elle a perdu l'amour de sa vie, mais Vénus la retrouve et lui fait cher payer, par toutes sortes de tortures physiques et psychiques, une union avec son fils à laquelle elle n'a bien évidemment jamais consenti. Finalement, comme la belle au bois dormant, Psyché est plongée dans un profond sommeil. C'est alors qu'Éros lui-même, enfin guéri de sa brûlure qui s'était envenimée, prend à son tour conscience des sentiments qu'il éprouve pour Psyché, et il n'y tient plus. En fait, il est tombé lui aussi follement amoureux. Il n'a jamais réussi à l'oublier, jamais il ne s'est remis de leur séparation.

Déployant ses ailes, il monte jusqu'à l'Olympe pour s'adresser directement à Zeus et le supplier de mettre un terme à ses souffrances. Zeus aime l'amour, c'est bien connu, et il ne peut rien refuser à ce petit compagnon de toute sa vie. Il laisse donc Éros redescendre sur terre et réveiller du bout de sa flèche la belle endormie. Pour calmer Vénus, qui se plaint que son fils épouse une simple mortelle et contracte ainsi un mariage qu'on dirait aujourd'hui « morganatique », Zeus élève Psyché au rang d'immortelle. C'est, au sens propre, son apothéose : il en fait une divinité et célèbre lui-même son mariage avec Éros. De leur union naîtra bientôt une ravissante petite fille dont le nom ne surprendra personne puisqu'elle s'appelle « Volupté » et qu'elle deviendra la déesse des plaisirs d'amour...

Quelques mots, maintenant, sur la signification profonde de ce mythe.

Philosophie

Nous avons bien compris qu'au départ, Psyché symbolisait, jusque dans sa beauté parfaite, mais désincarnée, l'âme sans le corps, l'esprit sans la matière, la beauté sans la sensualité. C'est là du reste ce qu'indique assez clairement son nom. Le message du conte est donc tout à fait clair : c'est seulement dans son union avec Éros qu'elle parvient à connaître le véritable amour, celui qui conduit non seulement au plaisir charnel, mais à cet enfantement que symbolise la naissance de la petite Volupté.

Qu'est-ce que l'amour sans l'éternité ?

La seconde leçon du récit est plus essentielle encore, et elle rejoint cette idée de Nietzsche selon laquelle « toute joie veut l'éternité » : c'est seulement dans l'élément de l'immortalité que l'amour peut s'épanouir et conduire au bonheur. Dans le monde réel, mortel, Aragon a raison, il n'y a pas, il ne peut pas y avoir d'amour heureux, car l'amour implique fatalement l'attachement et plus ce dernier est fort, plus l'inévitable séparation d'avec l'être aimé sera douloureuse. De là, le message des sagesses anciennes qui, du stoïcisme au bouddhisme en passant par le taoïsme, recommandent vigoureusement le « non-attachement ». Mais quand on aime vraiment, quand on aime de passion érotique, ce non-attachement est évidemment impossible. Voilà pourquoi l'amour que connaît maintenant Psyché, un amour désormais érotique au plus haut degré, ne peut s'épanouir pleinement que dans l'horizon de l'apothéose. C'est dans cette perspective que Zeus réunit les dieux dans son palais, sur l'Olympe, afin de leur annoncer sa décision, non seulement de marier Éros afin d'en finir avec ses frasques, mais aussi d'accorder à Psyché l'immortalité de sorte que son amour ne soit jamais gâché par la mort. Là encore, je laisserai les mots de conclusions à Apulée lui-même, ou plutôt à Zeus, qui s'adresse ici à ses collègues olympiens :

Citation

« "J'ai pensé qu'il était temps [*leur dit-il en parlant d'Éros*] de mettre un frein aux excès liés à sa fougueuse jeunesse. Les scandales divers que suscitent chaque jour ses adultères et ses diverses frasques doivent enfin cesser ! Ôtons-lui les occasions d'y céder et que son ardente jeunesse soit désormais bridée par les liens du mariage ! Il a élu une jeune femme et lui a pris sa virginité. Eh bien qu'il la garde, qu'il la possède, et que dans les bras de Psyché, il puisse toujours jouir de celle qu'il aime..." Alors, tendant un cratère d'ambroisie à Psyché, Zeus s'adresse à elle : "Prends cette coupe, Psyché, et deviens immortelle ! Éros ne pourra plus jamais s'éloigner de cette union qui le lie à toi et votre mariage sera maintenant indissoluble." »

Lexique

On notera qu'en grec, le mot « ambroisie » signifie étymologiquement « non mortel », ce pourquoi il désigne la nourriture des dieux, mais aussi celle qui peut le cas échéant rendre un mortel divin, immortel. C'est cela, cette apothéose, que signifie le geste de Zeus envers Psyché.

À retenir

On notera aussi que c'est dans la même logique que s'inscrira la théologie chrétienne du mariage. Comme dans le récit d'Apulée, elle nous promet que l'amour ne peut se déployer pleinement et dans la joie que sur fond d'immortalité pourvu du moins qu'il soit, selon la belle formule d'Augustin, « amour en Dieu » et non pas hors de lui. Car c'est Dieu, et lui seul, qui comme Zeus avec Psyché, peut nous accorder cette immortalité d'amour. De ce point de vue, le christianisme apparaît bien comme l'une des rares doctrines susceptibles d'inscrire la passion amoureuse dans l'horizon d'un bonheur durable, à ceci près bien sûr qu'il est à cette félicité une condition : il faut avoir la foi.

DANS CE CHAPITRE

L'origine du « narcissisme »

•

Beauté physique
et laideur morale

•

La Nymphe Écho poursuivie
par la vengeance d'Héra

Chapitre 41

Narcisse et Écho

Aimer et s'aimer au-delà du raisonnable

Le narcissisme – un écho

Il s'agit d'un petit mythe, certes, d'un récit assez court, mais dont la portée philosophique et la postérité sont si considérables qu'il vaut la peine qu'on s'y arrête assez pour bien en comprendre les nombreuses ramifications.

S'agissant de la partie de la légende qui concerne la nymphe Écho, on y voit comment les Grecs, pour tous les phénomènes naturels, avaient inventé des explications mythiques qui rendaient compte, de manière poétique et philosophique, de ce qu'ils pouvaient percevoir de l'ordre cosmique.

Pour ce qui touche à la légende de Narcisse lui-même, on y comprend en quoi et pourquoi le péché d'égocentrisme est aussi calamiteux pour soi que pour les autres.

Narcisse : doux dedans, dur dehors

Il existe, comme toujours, plusieurs versions du mythe, mais la plus connue est incontestablement celle que nous rapporte Ovide dans le livre III de ses *Métamorphoses*. La légende de Narcisse y est liée à celle du devin le plus fameux de toute la mythologie, Tirésias.

Récit

Tirésias avait la réputation de délivrer à qui l'interrogeait des prédictions infaillibles, et ce pour la bonne raison qu'il parlait au nom des dieux, à vrai dire sous leur contrôle et inspiré par eux. Dans cette version du mythe, Narcisse est le fils du dieu d'un fleuve, le Céphise, et d'une Nymphe, la belle Liriopé. Dès sa naissance, il est absolument ravissant et ses parents, tous fiers, courent aussitôt consulter Tirésias pour savoir si leur enfant aura une vie longue et belle. Tirésias leur répond, comme toujours les oracles, de manière « sibylline », c'est-à-dire difficile à comprendre (Sybille était elle-même une prêtresse qui délivrait des oracles particulièrement obscurs) : certes, le petit pourra vivre vieux, leur dit Tirésias, mais à une condition, c'est qu'il « ne se regarde pas ».

Personne, bien évidemment, ne comprend un traître mot à l'oracle, sauf que bientôt, on découvre que Narcisse est affublé d'un trait de caractère assez peu aimable : il est doux et beau au-dehors, mais dur et égocentrique au-dedans, de sorte que les jeunes filles tombent amoureuses de lui, mais sans succès, elles sont toutes éconduites et malheureuses. Une nymphe, la très ravissante Écho, a le malheur de tomber, elle aussi, folle amoureuse de lui. Malgré sa splendeur éblouissante, elle n'a pas plus de succès que les autres. Écho finit par maigrir tant et si bien qu'il ne reste d'elle plus rien d'autre qu'un gémissement plaintif et désincarné que les montagnes et les collines répercutent dans les lointains...

Lexique

Comme chacun sait, en français courant, le nom commun « écho » désigne une voix qui n'est plus portée par personne, une espèce de répercussion d'un son qui répète mécaniquement et sans vie les dernières syllabes prononcées par un vivant. C'est au livre III des *Métamorphoses* qu'on apprend l'origine première la malédiction qui la frappe, à savoir qu'elle ne peut rien dire par elle-même : elle ne peut que répéter les dernières syllabes des paroles qu'elle vient d'entendre venant de quelqu'un d'autre. Il faut dire qu'Écho avait pris l'habitude de se moquer d'Héra, la femme de Zeus. Quand son mari courait après quelque nymphe, ce qui lui arrivait plus souvent qu'à son tour, Écho tentait de détourner la vigilance de son épouse légitime en lui racontant des fadaises. Pour son malheur, Héra finit par s'en apercevoir et elle affuble alors la nymphe de cette malédiction. Voici comment Ovide rapporte l'anecdote :

Citation

« “Sur cette langue qui m’a trompée, [*lui dit Héra*], tu n’auras plus guère de pouvoir et tu ne feras plus de ta voix qu’un minuscule usage !” Et la menace se confirme dans les faits : Écho ne peut plus que répéter les derniers sons émis par la voix d’un autre, elle ne peut que répéter les mots qu’elle a entendus. »

Le jour où la malheureuse Écho aperçoit Narcisse et tombe amoureuse de lui, elle se trouve, par la faute d’Héra, totalement incapable de lui parler. Les seuls mots qu’elle peut faire sortir de sa bouche sont ceux qu’un autre a déjà prononcés, ce qui, bien évidemment, lui donne un air stupide qui la couvre de honte. Elle tente de parler à Narcisse, de lui dire son amour, mais Narcisse, comme toujours, intéressé par son seul ego, lui tourne le dos avec mépris. Écho, pleine de honte et de chagrin, se sauve dans la forêt. Peu à peu elle dépérit. En fait, elle maigrit tant et si bien qu’il ne reste d’elle plus rien d’autre qu’un gémissement plaintif et désincarné que les montagnes et les collines répercutent indéfiniment dans les lointains... Son corps a peu à peu disparu, il ne reste que la voix de la malheureuse qui répète toujours les derniers sons qu’elle entend.

L’égoïsme et l’amour de soi sont sans issue

À force de voir leurs avances refusées, les jeunes filles éconduites crient vengeance. On entend alors la voix d’une Nymphe qui au milieu de ses amies crie vers le ciel : « Puisse-t-il lui aussi tomber fou amoureux et ne jamais posséder l’objet de son amour ! » Et c’est bel et bien ce qui va arriver à Narcisse, car on aperçoit à cet instant Némésis, une des filles de Nyx, la nuit, qui entend l’appel des nymphes. Or Némésis, comme les Érinyes, est justement une divinité de la vengeance, à ceci près qu’il ne s’agit pas exactement de la même fonction de châtiment. Les Érinyes, qu’on appelle aussi les Bienveillantes pour éviter de s’attirer leurs foudres, punissent avant tout les crimes commis dans les familles – par exemple, ce sont elles qui emmènent le malheureux Œdipe dans les enfers parce qu’il a tué son père, Laïos, et épousé sa mère, Jocaste –, tandis que Némésis se charge plutôt des péchés commis par *hubris*, par orgueil et arrogance – et, dans cette catégorie, Narcisse est bien évidemment imbattable.

Némésis a bien reçu le message des Nymphes et elle est tout à fait décidée à en tenir compte. Or, voilà justement qu’un jour de grande chaleur où Narcisse parcourt la forêt à la poursuite de quelque gibier, Némésis fait en sorte que, saisi par la soif, il s’approche d’une source. À côté de la source, l’eau forme un petit bassin que rien, jamais, n’est venu troubler. Il n’y a pas un souffle de vent, l’eau est comme un parfait miroir. Narcisse s’y penche pour se désaltérer et voyant sa propre image se refléter dans l’eau, il en tombe tout d’un coup fou amoureux.

Alors on le voit qui se parle, qui essaie de s'embrasser, de s'enlacer, mais comme le voulait la Nymphe, il ne parvient jamais à se saisir lui-même, l'objet de son amour lui échappe. Narcisse tend alors ses bras vers la cime des arbres et s'écrie (je cite Ovide) :

Citation

> « Jamais amant, ô forêt, n'aura subi un sort plus cruel. Vous devez bien le savoir, vous qui avez offert si souvent à l'amour un abri commode. Vous dont la vie compte tant de siècles, vous souvient-il d'avoir jamais vu dans cette longue suite de temps un amant dépérir comme moi ? Un être me charme et je le vois, mais cet être qui me charme et que je vois, je ne puis l'atteindre ! »

Et tout à son amour impossible pour sa propre image, Narcisse se laisse peu à peu mourir, incapable qu'il est de regarder autre chose que son visage, au point de ne plus pouvoir tout simplement s'en détacher pour se nourrir. Désormais totalement insensible à autrui comme au reste du monde, il ne voit et ne pense plus à rien d'autre qu'à lui. La vie le quitte tout doucement et à l'endroit où il meurt pousse une jolie fleur blanche à laquelle on donnera son nom. On dit que même dans les enfers, lorsqu'il lui fallut traverser le fameux Styx, l'un des quatre fleuves qu'il faut franchir avec la barque du passeur Charon pour gagner le cœur de l'Hadès, il était encore en train de faire tout son possible pour contempler son visage dans l'eau qui coule...

Philosophie

La leçon philosophique du mythe est assez limpide : Narcisse est peut-être beau dehors, mais il est moche au-dedans. En cela, il est un contre-modèle de la sagesse grecque telle qu'elle est incarnée dans la figure de Socrate, qui lui est certes laid au-dehors, mais beau au-dedans. La laideur de Socrate est légendaire, mais elle possède avant tout une signification philosophique : elle nous indique que l'apparence sensible n'est pas l'essentiel, que ce qui compte c'est l'âme, la richesse intérieure, le dedans plus que le dehors, et qu'il ne faut pas se fier aux apparences. Prétendre que le mythe de Narcisse est dans l'Antiquité un « mythe positif » relève du délire[1]. Alors que Narcisse à l'air splendide et Socrate effrayant de laideur, la vérité est inverse. Narcisse est si égoïste qu'il va en mourir, tandis que Socrate est le meilleur des hommes, intelligent et ouvert aux autres, comme en témoigne son goût du dialogue. La philosophie se considérera elle-même comme une forme de lutte constante contre les apparences au nom de la vérité intérieure, comme une tentative d'éclairer l'humanité, en quoi elle est peut-être bien plus vivante et plus précieuse que jamais...

1. Quand je lis, dans le *Magazine de psychologie positive*, les propos d'un certain Fabrice Vidal, consacrés à revaloriser le narcissisme, affirmant que « Narcisse est depuis la plus haute Antiquité le symbole de la jeunesse et de l'innocence », que le mythe a toujours été interprété comme « fécond et positif », je me dis qu'il y a urgence à enseigner la réalité de la culture grecque non seulement à nos élèves, mais à quelques-uns de leurs profs...

DANS CE CHAPITRE

Un enfant d'une grande beauté

•

Élevé à la fois par Aphrodite et Perséphone, la reine des enfers

Chapitre 42

Adonis

Les malheurs du bel Adonis et l'arbre à myrrhe

Un Adonis – la myrrhe

Lexique

Dans le langage courant, on dira volontiers d'un jeune homme ravissant, d'un adolescent d'une très grande beauté, que « c'est vraiment un Adonis ». Dans la mythologie, Adonis, dont les aventures amoureuses sont déjà évoquées par Hésiode dès le VIIe siècle avant notre ère, puis reprises par de nombreux poètes et mythographes, notamment, comme toujours, par Ovide dans ses *Métamorphoses*, mais aussi par Hygin dans ses *Fables*, un grammairien et poète latin du Ier siècle de notre ère, est un personnage tout à fait fascinant. Sa légende relie avec une profondeur admirable la mythologie de l'amour et de la beauté avec la cosmologie.

Voici comment.

L'enfant de l'inceste

Récit

Adonis est né de manière très étrange des amours incestueuses de Myrrha (qu'on appelle aussi Smyrna dans certaines versions du mythe, en particulier celle d'Hygin) avec son propre père, un roi de Syrie. La mère de Myrrha avait eu le malheur de prétendre que sa fille était encore plus belle qu'Aphrodite et cette dernière, pour se venger, fit en sorte que Myrrha tombe folle amoureuse de son père. Avec l'aide de sa servante, la jeune fille s'arrangea pour coucher avec lui dans la nuit noire, sans que ce dernier sache avec qui il faisait l'amour. Quand son père découvre le subterfuge avec horreur, il poursuit sa fille avec son épée pour la mettre à mort. Myrrha invoque alors les dieux et Aphrodite elle-même se résout à lui pardonner : elle la transforme en un végétal, l'arbre à myrrhe. Dix mois plus tard, l'écorce gonfle, se craquelle, et de ses fissures naît un merveilleux enfant, d'une beauté extraordinaire : Adonis. Il est si beau que deux divinités se prennent d'affection pour lui et se disputent le privilège de son éducation : d'un côté, Perséphone, la déesse des enfers, qui habite avec son mari, Hadès, dans les profondeurs de la terre ; de l'autre, Aphrodite elle-même, déesse de l'amour et du printemps, qui vit à l'air libre, sous le soleil de la Méditerranée. Zeus tranche le conflit : Adonis vivra un tiers de l'année avec Perséphone, sous la terre, un tiers au soleil de l'amour, avec Aphrodite, et un tiers où bon lui semblera. En fait, Adonis choisit de passer les deux tiers de l'année avec Aphrodite. Voici comment Hygin nous a raconté ce mythe :

Citation

> « Smyrna était la fille de Cinyras, roi de Syrie et fille de Cenchreis. Sa mère, parlant avec un excès d'orgueil, avait prétendu que la beauté de sa fille était supérieure à celle de Vénus. Pour se venger de sa mère, Vénus inspira à Smyrna un amour monstrueux qui la conduisit à tomber amoureuse de son père. Sa nourrice l'empêcha *in extremis* de se donner la mort par pendaison, et, avec son aide, elle coucha avec son père sans que ce dernier s'en rendît compte. Elle tomba enceinte, et pour éviter que cela se voie, pleine de honte, elle alla se cacher dans les bois. C'est alors que Vénus finit par la prendre en pitié. Elle la changea en arbre, celui dont s'écoule la myrrhe et dont naquit Adonis... »

Plus tard, Adonis connaîtra une triste fin puisqu'il sera tué par un sanglier sauvage qu'Artémis, la déesse de la chasse, avait excité contre lui pour se venger d'on ne sait trop quel affront que le jeune homme avait commis contre elle. Par-delà les diverses péripéties qu'il met en scène, ce mythe a pour finalité de montrer comment l'amour est lié aux cycles du cosmos : l'hiver, sous la terre, dans l'ombre de l'Hadès, n'est pas la saison idéale, comme en témoigne le fait que le reste du temps, printemps, été et même automne, Adonis préfère Aphrodite.

D'une manière plus générale encore, l'amour et la beauté, dans l'univers des Grecs, sont toujours liés à la cosmologie, c'est-à-dire à l'idée d'harmonie, l'œuvre d'art ayant pour fonction première et essentielle de refléter l'harmonie du grand tout.

Le beau ne se conçoit pas sans l'harmonie

Philosophie

Même chez Platon, pourtant à bien des égards le plus « moderne » des Anciens, le beau ne se définit jamais purement et simplement par le plaisir qu'il procure, par le sentiment esthétique. L'idée du beau est toujours associée à celle d'un ordre harmonieux, cosmique où doivent régner « la mesure et la proportion » (*Philèbe*). C'est en ce sens, par exemple, que Socrate interpelle Gorgias dans le dialogue qui porte le nom du fameux sophiste :

Citation

> « Tu peux, comme tu voudras, considérer le cas des peintres, celui des architectes, des constructeurs de bateau, et même celui de tous les autres professionnels... : tu verras que chacun d'eux se propose un certain ordre [*cosmos*] quand il dispose les choses qu'il a à placer et qu'il fait en sorte que chacune convienne à l'autre s'ajuste à elle jusqu'à ce que l'ensemble forme une œuvre qui réalise un ordre harmonieux. » [503e]

Philosophie

Alors que chez les Anciens, l'œuvre belle était conçue comme un microcosme – ce qui autorise à penser qu'il existait hors d'elle, dans le macrocosme, un critère objectif, ou mieux, substantiel, du beau – elle ne prendra sens chez les modernes que par référence à la subjectivité, pour devenir, chez les contemporains expression pure et simple de l'individualité : style absolument singulier qui ne se veut plus miroir du monde, mais création d'un univers imaginaire, celui au sein duquel se meut l'artiste, où il nous est éventuellement possible d'entrer, mais qui ne s'impose plus à nous comme un univers *a priori* commun.

DANS CE CHAPITRE

Pygmalion tombe amoureux de sa création

•

Pygmalion *versus* Narcisse ?

Chapitre 43

Pygmalion

Aux origines du machisme ?

C'est un pygmalion

Lexique

On l'a souvent cru, et la formule « être le pygmalion » d'une dame, signifie en effet qu'on dirige sa vie, qu'on la traite comme une enfant incapable de se gérer elle-même. Un pygmalion, c'est plus qu'un mentor, c'est quelqu'un qui domine son, ou plutôt *sa* protégée, qui en fait ce qu'il veut, qui la façonne à son goût comme une poupée de cire. Pourtant, le mythe, comme toujours, est plus compliqué que l'adage qu'on en a tiré. Car Pygmalion est une des figures opposées à celle de Narcisse.

Récit

Voici, résumée à grands traits, son histoire : roi de Chypre, Pygmalion est aussi un sculpteur de talent. Un jour qu'il a particulièrement bien réussi une statue de femme, il commet la folie de tomber fou d'amour pour sa création. Malheureusement pour lui, la statue reste, si j'ose dire, de marbre, elle ne répond pas à ses avances. Il a beau courir dans la ville pour lui acheter les bijoux les plus ravissants, les parures les plus somptueuses et les vêtements les plus recherchés, elle ne bouge pas un cil. Il lui prépare des mets délicieux, le soir il la couche à côté de lui, dans son lit, il la cajole, l'embrasse, lui glisse des mots doux, mais rien n'y fait.

Alors, profitant des cérémonies organisées en l'honneur d'Aphrodite (Vénus), il supplie la déesse de l'amour de lui trouver une femme qui ressemble à son chef-d'œuvre, ou mieux encore, qui en soit le parfait sosie. Aphrodite, c'est bien connu, aime l'amour de sorte qu'elle n'est pas insensible à la supplique de Pygmalion. À vrai dire, pendant qu'il est là, à genoux, à lui adresser ses prières, elle jette un sort à la statue qui est restée à la maison. Rentrant chez lui, il embrasse doucement son chef-d'œuvre et, miracle, il découvre avec un bonheur insondable que ses lèvres se réchauffent, que sa bouche ravissante s'entrouvre, bref, qu'elle commence à répondre à ses baisers. La statue se lève alors, marche vers lui, le prend dans ses bras et lui rend enfin son amour. Il finira par l'épouser et il aura d'elle une fille, Paphos, qui donnera son nom à l'île où elle est née.

Voici comment Ovide, qui adorait les histoires d'amour et qui fut même l'auteur de ce qu'on appellerait aujourd'hui une littérature érotique, a raconté le mythe de Pygmalion au livre X de ses *Métamorphoses* :

Citation

> « Le jour était venu où Chypre tout entière célébrait avec éclat la fête de Vénus... Pygmalion, devant l'autel, dit d'une voix timide : "Ô dieux, s'il est vrai que vous avez le pouvoir de tout accorder, je voudrais que mon épouse soit semblable à la vierge d'ivoire" [*il n'ose pas dire : qu'elle soit la vierge d'ivoire elle-même*]. Vénus d'or, qui était ce jour-là présente à sa fête, comprit très bien le sens de cette supplique... De retour chez lui, Pygmalion cherche la statue de la jeune fille. Il s'allonge sur le lit, il lui donne un baiser. On dirait qu'elle est tiède. Il approche sa bouche, ses mains caressent la poitrine. Ainsi caressé, l'ivoire perd sa dureté, il mollit sous les doigts... L'amant est sidéré. Il hésite à se réjouir. Il craint de se tromper. Sa main palpe encore et encore l'objet de ses désirs, mais c'est bel et bien un corps vivant, il sent les veines qui palpitent au contact de son pouce. Alors le héros de Paphos [*c'est-à-dire Pygmalion*] adresse à Vénus des paroles de remerciement infiniment chaleureuses, sa bouche presse enfin une vraie bouche. La jeune fille a senti ses baisers et elle rougit. Vers la lumière, elle lève un regard tout timide de sorte qu'elle aperçoit le ciel en même temps que son amant. À leurs noces, la déesse est présente, et lorsque neuf fois les cornes de la Lune ont formé un disque bien rempli, naquit Paphos, la petite fille dont l'île prendra le nom. »

À retenir

J'ai dit en commençant que Pygmalion était une des figures opposées à Narcisse dans la mesure où il aime d'un amour fou un être extérieur à lui. On pourrait pourtant plaider qu'après tout, c'est, sinon de lui-même, du moins de son œuvre qu'il est tombé amoureux. En réalité, le mythe de Pygmalion renvoie aux amours incestueuses, comme on le comprend en suivant les aventures périlleuses de sa descendance. Paphos, la fille qu'il a eue avec sa statue, deviendra en effet la mère de Cinyras, un roi dont la fille, Myrrha, tombera amoureuse (voir chapitre 42) – ce qui signifie symboliquement que le destin finit toujours par rattraper les malheureux mortels, même s'il saute parfois quelques générations.

DANS CE CHAPITRE

Fils d'Hermès
et d'Aphrodite
•
La Nymphe fontaine
Salmacis

Chapitre 44

Hermaphrodite

Homme et femme à la fois

« Un » hermaphrodite ou « une » hermaphrodite ?

Lexique

Bien entendu, on dit « un » hermaphrodite, le masculin l'emportant en français sur le féminin – au grand désespoir des adeptes de la parité. Pourtant, Hermaphrodite est tout autant féminin que masculin puisqu'il/elle est non seulement, comme son nom l'indique, le fils/fille d'Hermès et d'Aphrodite, mais qu'en outre, il/elle va devenir homme et femme à la fois au cours d'une bien étrange aventure que nous rapporte Ovide dans ses *Métamorphoses*.

En voici la trame principale.

Récit

Il était une fois une fontaine appelée Salmacis. Or, cette fontaine était magique, douée de propriétés surnaturelles. En particulier, elle avait pour effet que ses eaux amollissaient le corps des hommes même les plus virils. Elle leur faisait perdre leur vigueur et même une partie de leur virilité. En fait, Salmacis la fontaine était une nymphe. Un jour, la ravissante créature aperçoit justement Hermaphrodite qui s'approche de sa source pour se baigner dans l'eau claire de sa fontaine. Au premier regard, Salmacis tombe folle amoureuse d'Hermaphrodite.

Amoureuse n'est peut-être pas exactement le mot qui convient. Pour dire la vérité plus crûment, elle est plutôt embrasée par un formidable désir sexuel qui la pousse littéralement à violer le jeune homme. Voyant qu'il se baigne nu dans l'eau claire, elle se déshabille à son tour, se jette dans l'onde et entreprend de l'enlacer comme un serpent enlace sa proie. Hermaphrodite, qui n'a guère plus d'une quinzaine d'années, n'est pas du tout tenté par l'expérience. Il freine des quatre fers, la nymphe a beau être sublime, il n'en veut pas. Il se débat comme un forcené, refuse les avances de la Salmacis de toute son âme et de tout son corps, mais rien n'y fait, elle s'enroule tant et si bien autour de lui qu'il ne parvient pas à lui échapper. Alors, Salmacis invoque les dieux, elle les supplie d'unir son corps à celui du garçon. Voici comment Ovide rapporte la scène dans ses *Métamorphoses* :

Citation

> « "Tu peux gigoter tant que tu voudras, petit vilain, je te tiens, tu ne m'échapperas pas. Ô dieux, exaucez ma prière, faites-en sorte que jamais ne vienne un seul jour qui nous éloignerait l'un de l'autre." Les dieux entendirent la supplique et, tout d'un coup, leurs deux corps mêlés l'un à l'autre se confondent. Leurs visages ne sont plus qu'un seul visage, ils prennent l'aspect d'un seul et même être… Ils ne sont plus deux et pourtant leur forme double reste visible. Impossible de dire maintenant si l'on a affaire à une femme ou à un jeune homme. Ils semblent n'avoir qu'un seul sexe ou, comme on voudra, les avoir tous les deux. Voyant que, par l'effet de ces eaux limpides où il s'était plongé alors qu'il était encore un homme viril, il n'est plus mâle qu'à demi et que ses membres ont perdu leur vigueur, Hermaphrodite tend les mains vers le ciel et il s'écrie d'une voix qui n'a plus rien de masculin : "Accordez une faveur à votre fils, ô mon père, ô ma mère, vous qui lui avez donné vos deux noms : que tout homme qui sera plongé dans cette fontaine ne soit plus homme qu'à demi quand il en sortira et qu'en touchant ses eaux, il mollisse tout d'un coup !" »

Et voilà qui explique selon la légende les raisons pour lesquelles les eaux de la fontaine Salmacis amollissent le corps des hommes…

L'hermaphrodisme : que dit la science ?

Dans la vie réelle, si l'on s'éloigne maintenant du mythe, il existe aux yeux de la science de nombreuses sortes d'hermaphrodisme.

Chez les animaux, on parle d'hermaphrodisme « simultané » quand une espèce dispose d'un organisme qui peut enfanter en tant que mâle et femelle à la fois. C'est le cas par exemple des coquilles Saint-Jacques, des escargots et du lombric (ver de terre), des animaux qui engendrent leurs petits par autofécondation (des œufs par les spermatozoïdes). Mais il existe aussi des cas d'hermaphrodisme dit « successif » quand un animal commence par être mâle et devient au cours de sa vie femelle (protérandrie), ou l'inverse, quand il commence sa vie comme femelle et devient mâle (protérogynie).

Chez les humains, l'hermaphroditisme le plus courant se caractérise par la présence dans l'organisme de tissus ovariens et testiculaires fondés sur une structure d'ADN qui conduit à développer des testicules et un vagin – un cas qui n'est pas aussi rare qu'on le croit puisqu'il existe plusieurs milliers d'exemples de ce type d'hermaphroditisme de par le monde.

DANS CE CHAPITRE

Un amour malheureux
•
La mort rend l'amour impossible
•
Cyparissus se métamorphose en arbre

Chapitre 45

Cyparissus
L'arbre des cimetières qui pleure les morts

Le cyprès

Dans de nombreux cimetières du sud de l'Europe, tout particulièrement en Grèce et en Sicile, on voit des cyprès, un arbre qui est considéré dans ces pays comme l'arbre des morts, un symbole de deuil et de tristesse. Mais savez-vous pourquoi ? Tout nous vient d'une de ces histoires d'amour étranges (comme celle de Pygmalion pour sa statue), vouées à l'échec (comme celle de Narcisse pour lui-même) ou tout à la fois impossibles et déçues, comme celle du malheureux Cyparissos pour un merveilleux animal. Le plus simple, ici, est encore de laisser la parole à Ovide (en vous indiquant quelques commentaires entre crochets afin d'éclairer un texte devenu parfois opaque pour le lecteur d'aujourd'hui).

Citation

> « Cyparissus [*c'est son nom latin*] était autrefois un enfant aimé du dieu qui maîtrise les cordes de la lyre, aussi bien que celle de l'arc [*il s'agit bien sûr d'Apollon, dieu de la musique et de la médecine, mais aussi formidable archer, comme sa sœur, Artémis – Diane – la déesse de la chasse*]. Il y avait dans les plaines de Carthée un grand cerf consacré aux nymphes du pays ; ses cornes

bien visibles étendaient de larges ombres au sommet de sa tête. Elles étincelaient d'or et, suspendus à son cou arrondi, des colliers ornés de pierres précieuses retombaient sur ses flans... Sans la moindre crainte, ignorant la timidité normalement liée à sa nature, il avait pris l'habitude d'aller dans les maisons et d'offrir à caresser son cou, même à des mains inconnues. Personne, pourtant, n'aimait Cyparissus plus que toi, ô le plus beau des habitants de Céos. C'est toi qui menais ce cerf vers de nouveaux pâturages, toi qui l'emmenais boire l'eau des sources limpides ; tu tressais à ses cornes des fleurs de toutes les couleurs et, monté sur son dos, joyeux cavalier, tu allais çà et là, freinant sa tendre bouche avec un licol pourpre.

On était en été, au beau milieu de la journée... Fatigué, le cerf avait étendu son corps sur la prairie. Il profitait de la fraîcheur, à l'ombre des arbres. Le jeune Cyparissus, par mégarde, le transperça de sa lance acérée. Quand il le vit mourir de son affreuse blessure, il voulut lui-même mourir. Que de paroles consolantes Phébus ne lui fit-il pas entendre [*Phébus est un des noms d'Apollon*]... L'enfant n'en continue pas moins à gémir et il demande aux dieux comme une faveur ultime, de continuer éternellement à verser des larmes. Déjà, tout son sang s'épuise en torrents de pleurs, ses membres commencent à prendre une teinte verte, ses cheveux qui retombaient sur son front de neige, se dressent, se raidissent et forment une crinière hérissée qui se tourne vers le ciel étoilé. Le dieu gagné par la tristesse, gémit : "Moi je te pleurerai toujours, toi tu pleureras les autres et tu seras là pour ceux qui souffrent." »

De là l'étrange métamorphose de Cyparissus en arbre, en cyprès, et de là aussi sa présence dans les cimetières, aux côtés, comme le voulait Apollon, de ceux qui souffrent parce qu'ils ont perdu un être cher. Comme dans l'épopée de Gilgamesh, ou encore dans le mythe d'Orphée, c'est ici la mort qui rend l'amour impossible. Comme, beaucoup plus tard, dans le poème d'Edgar Poe intitulé « Le Corbeau », la mort représente le domaine de l'irréversible ou, comme dit l'oiseau de malheur qui ne sait que répéter *never more*, celui du « plus jamais ». La mort vient mettre un coup d'arrêt irréparable aux aventures consacrées par Éros. Seuls les dieux, parce qu'ils sont immortels, peuvent « revenir en arrière », remonter le temps et se sortir d'un mauvais pas amoureux, non sans difficultés toutefois, comme le montre la légende de Déméter et de sa fille Perséphone qui nous parle des soucis et des peines qui peuvent toucher parfois les Olympiens. Car ils en ont aussi, mais ils peuvent toujours les surmonter parce qu'ils ont le temps pour eux, comme on peut le lire dans l'*Hymne homérique* à Apollon :

Citation

« Les muses chantent les privilèges immortels des dieux et le sort misérable des humains... Ces êtres incapables, impuissants qu'ils sont, d'inventer seulement un remède contre la mort ou un recours contre la vieillesse. »

À retenir

Pour nous, simples mortels, la mort, c'est avant tout cela : l'irréversibilité du temps, l'impossibilité de le remonter, de reprendre ce qui a été fait, de le corriger ou le recommencer, et c'est pourquoi, du reste, la mort n'est pas pour nous seulement la fin de la vie : elle accompagne en vérité, comme dans le poème d'Edgar Poe, le sentiment de l'irréparable ce pourquoi, paradoxalement, nous pouvons avoir une expérience de la mort au sein de la vie même.

DANS CE CHAPITRE

Midas transforme en or ce qu'il touche

•

Un don accordé par Dionysos

•

Le roi Midas puni pour sa cupidité et son *hubris*

Chapitre 46

Midas

À la fois bête et avide

Toucher le pactole

C'est toucher une forte somme d'argent, par exemple gagner à la loterie, ou métaphoriquement, remporter un formidable succès. C'est exactement ce que pense le roi Midas quand il s'écrit : « Riche, je suis riche, je suis l'homme le plus riche du monde ! » Tout heureux, le pauvre benêt ne voit encore rien venir du désastre qui se profile pour lui à l'horizon. De quoi et de qui s'agit-il ? De Midas, d'abord, qui est le roi de Phrygie, une belle région agricole de la Grèce. Disons les choses sans fard : Midas est un parfait crétin, le roi des imbéciles, et en plus il a le cœur empli de concupiscence, mais quand il s'agit d'argent, l'animal se croit rusé. Hélas pour lui, car sa bêtise et son avidité légendaires ne l'ont pas pour autant quitté.

Récit

Au moment où commence l'histoire qui nous intéresse ici, Midas vient de rendre un service insigne à l'un des dieux les plus puissants de l'Olympe, Dionysos. Ses serviteurs s'en sont pris à Silène, un personnage affreux à voir, certes, mais très cher au cœur du dieu du vin et de la fête, car Silène n'est autre que son père nourricier et l'un de ses plus fidèles disciples. De plus, comme Socrate dont la laideur était aussi légendaire, Silène est laid au dehors et beau au-dedans : en clair, bien qu'il soit un peu trop porté sur la boisson, c'est un sage et un excellent professeur. Pour remercier Midas d'avoir sauvé Silène de ses serviteurs un peu trop zélés, Dionysos lui propose d'exaucer un de ses vœux, n'importe lequel. Toujours aussi cupide et stupide, Midas demande le « toucher d'or », un sortilège qui permet à celui qui en est doté de transformer tout ce qu'il touche en métal précieux. Aussitôt dit, aussitôt fait.

Midas est fou de joie ! Il rentre chez lui et s'amuse en chemin à exercer son nouveau talent. Il chantonne, touche ici un arbre, qui devient tout doré, là une motte de terre, qui se transforme aussitôt en lingot, bref, son bonheur d'être tout d'un coup l'homme le plus riche du monde semble parfait et sans limite. Confortablement installé dans son magnifique palais – dont il a évidemment pris soin de transformer au plus vite les murs, les meubles et les planchers en or fin – il ne va pas tarder à comprendre que pour lui, les choses se gâtent. Midas ordonne en effet à ses serviteurs qu'on lui serve à boire et à manger. Ses nouveaux talents l'ont mis en appétit. Mais au moment où il saisit sa coupe de vin frais pour se désaltérer, c'est une vilaine poudre jaune qui lui coule dans la bouche. Et lorsqu'il s'empare de la cuisse de poulet que lui tend son serviteur, et qu'il commence à la croquer avec entrain, il manque de s'y casser les dents : l'or n'est peut-être pas le métal le plus dur qui soit, mais quand même, c'est moins moelleux qu'un bon morceau de volaille.

Alors, le malheureux Midas commence à réfléchir, à comprendre, mais un peu tard, que s'il ne se débarrasse pas de son nouveau don, il va tout simplement mourir de faim et de soif. Et il se met à maudire tout cet or qui l'entoure, à le détester comme il se met à haïr aussi la bêtise et la concupiscence qui l'ont poussé à agir sans réflexion. Midas se met à gémir et même à pleurer. Il appelle ses filles, mais avant qu'il ait pu les en empêcher, elles se jettent dans ses bras et on voit deux petites statues d'or figées dans leur mouvement. Du coup, Midas est désespéré, fou d'angoisse. Il se précipite en courant dans la forêt, rejoint en toute hâte le cortège de Dionysos et supplie le dieu de lui retirer ce fichu touché d'or. Heureusement pour lui, Dionysos, qui avait bien sûr tout prévu, est bon prince. Il accepte de lui ôter ce pouvoir qui s'est transformé en malédiction.

Voici comment Ovide, qui est pour cette histoire la principale source, décrit la scène dans les *Métamorphoses* (c'est ici Dionysos qui s'adresse à Midas, et je place mes commentaires entre crochets) :

Citation

« “Tu ne peux pas rester enduit de cet or que tu as si imprudemment souhaité. Va-t’en vers le fleuve qui se situe non loin de la grande ville de Sardes [*il s’agit justement de fleuve qu’on appelle le Pactole*]. Tu remonteras son cours en suivant les hauteurs qui le bordent, puis tu poursuivras ton chemin jusqu’à ce que tu parviennes à l’endroit où il prend sa source ; quand tu te trouveras devant cette source écumante, là où il jaillit en flots bouillonnants, plonge ta tête sous les eaux et lave d’un même mouvement ton corps et ta faute.” Le roi obéit à l’ordre de Dionysos, il se plonge dans la source et le don qu’il avait de tout changer en or donne aux eaux une couleur nouvelle. Il passe du corps de l’homme dans le fleuve. Aujourd’hui encore, pour avoir été fécondé par cet ancien filon, le sol des campagnes alentour est durci par l’or dont on aperçoit les reflets dorés sur la terre humide... »

Philosophie

L’interprétation du mythe mérite encore notre attention, car la question s’est posé de savoir si Midas était puni seulement pour avoir péché par cupidité ou, plus profondément, par *hubris*, par démesure, comme tout l’arrière-fond des mythes grecs le laisse supposer ? Et si tel est bien le cas, en quoi consiste au juste cette *hubris*, en quoi menace-t-elle vraiment l’ordre cosmique instauré par Zeus ?

Avec nos yeux de modernes, marqués par vingt siècles de christianisme, nous avons spontanément tendance à penser que la fable signifie, en gros, que Midas a péché avant tout par un amour inconsidéré de la richesse, donc par orgueil et vanité, en quoi c’est à juste titre qu’il est puni. En réalité, le mythe grec va beaucoup plus loin. Il possède, bien que plus secrète, une dimension cosmologique qui ne se résume pas au poncif selon lequel « l’argent ne fait pas le bonheur ».

Avec son touché d’or, en effet, Midas est devenu une espèce de monstre. Potentiellement, c’est l’ordre cosmique tout entier qu’il menace : tout ce qu’il touche meurt, car son pouvoir terrifiant va jusqu’à transformer l’organique en inorganique, le vivant en matière inanimée. Il est en quelque sorte le contraire d’un créateur de monde, une sorte d’anti-dieu, un être chaotique, anti-cosmique. Les feuilles, les branches des arbres, les fleurs, les oiseaux dont il se saisit et même ses filles cessent d’occuper leur place et leur fonction au sein de l’univers avec lequel, un instant avant, ils vivaient encore en parfaite harmonie. Il suffit que Midas les effleure pour qu’ils changent de nature et, potentiellement, son pouvoir dévastateur est infini, sans limite : nul ne sait jusqu’où il peut aller. À l’extrême fin, c’est peut-être bien le cosmos tout entier qui pourrait s’en trouver altéré.

Comme l'apprenti sorcier ou le docteur Frankenstein, Midas a voulu s'attribuer, avec le toucher d'or, un pouvoir divin, une capacité qui dépasse de loin toute sagesse humaine, à commencer par la sienne, déjà si réduite : celle de bouleverser l'ordre cosmique. Et, comme eux, il perd bientôt tout contrôle sur ses nouveaux pouvoirs. Ce qu'il croyait maîtriser lui échappe, de sorte qu'il ne lui reste plus qu'à supplier la divinité, en l'occurrence Dionysos, de redevenir un simple humain et de pardonner son *hubris*. Comme dans presque tous les grands mythes grecs, l'enjeu est donc clairement cosmologique : si l'harmonie du cosmos instauré par Zeus contre les forces du chaos était mise en danger, voire détruite, c'est la possibilité même d'une vie bonne pour les mortels qui s'évanouirait. Car la vie bonne n'est rien d'autre que la mise en harmonie de soi avec celle du monde, ce qui suppose évidemment que cette dernière ne soit pas altérée.

DANS CE CHAPITRE

La fuite en avant dans des plaisirs sans fin

•

Un mythe épicurien repris par Lucrèce dans son *De natura rerum*

Chapitre 47

Les Danaïdes

Les 50 filles du roi Danaos

Remplir le tonneau des Danaïdes

Lexique

Remplir le tonneau des Danaïdes est tâche impossible, car il est percé, de sorte qu'il se vide sans cesse au fur et à mesure qu'on y verse du liquide. La formule désigne donc une entreprise aussi épuisante qu'absurde, dénuée de sens, car infinie et, par conséquent, impossible à mener à bien. Elle renvoie à une fameuse légende, racontée notamment par Eschyle dans *Les Suppliantes*, celle des cinquante filles de Danaos, un roi légendaire de Libye.

Récit

Danaos craignait son frère Égyptos, et plus encore ses cinquante fils, qui étaient donc les cousins de ses filles, les Danaïdes. Avec l'aide d'Athéna, il fit construire un bateau de cinquante rameurs, il y prit place avec ses filles et ils partirent s'installer à Argos. Mais les Égyptiades, leurs cousins, les rejoignirent et demandèrent leur main à Danaos qui fut bien obligé d'accepter. Toutefois, le jour des noces, il prit soin d'offrir cinquante poignards à ses filles en leur enjoignant de massacrer leurs maris dès leur première nuit. Elles obéirent à leur père et trucidèrent leurs cousins, à l'exception de l'aînée d'entre elles, Hypermnestre, qui épargna Lyncée et qui l'aida même à s'enfuir. Plus tard, Lyncée reviendra à Argos et il y régnera aux côtés d'Hypermnestre, mais il vengera ses frères en tuant

Danaos ainsi que ses quarante-neuf cousines. C'est alors qu'aux enfers, elles furent condamnées à remplir éternellement un grand récipient sans fond, qu'on assimila plus tard à un tonneau : tâche absurde, aussi épuisante et dénuée de sens que celle de Sisyphe poussant sans fin son rocher.

Philosophie

La signification philosophique de ce mythe a été magistralement dégagée par Lucrèce, dans son poème, le *De natura rerum* (*De la nature des choses*). Selon Lucrèce, en effet, c'est secrètement la peur de la mort qui nous pousse vers le « divertissement », vers la consommation sans fin et les plaisirs artificiels. Pourtant, c'est paradoxalement ce consumérisme aussi absurde que la tâche à laquelle les malheureuses Danaïdes furent condamnées, qui nous rend en réalité encore plus mortels que jamais en nous précipitant dans la logique funeste de l'addiction. La vie de celui qu'y trouve plongé ressemble, nous dit Lucrèce, au tonneau des Danaïdes. L'homme riche, qui cède à la logique de la consommation, est lui aussi dans l'insatisfaction permanente, y compris si l'on se place du seul point de vue du plaisir. Non seulement il est animé par la peur de la mort, mais en outre, celle-ci est paradoxalement renforcée par le type de vie qu'il adopte, la course aux avoirs faisant de lui un perpétuel insatisfait, un perpétuel angoissé. Il est dans l'illusion la plus funeste qui soit, dans la vanité des vanités que stigmatise Lucrèce dans ce passage de son poème que je cite dans la belle traduction qu'en a donnée André Comte-Sponville dans son livre, *Le Miel et l'Absinthe* :

Citation

> « Tel s'est précipité hors sa vaste demeure, lassé d'être chez lui, puis soudain y retourne, ne sentant aucun mieux à s'ennuyer dehors. Il presse le pas, court, harcèle sa monture, comme allant au secours de sa maison en flamme. Le seuil à peine atteint, il se met à bâiller, tombe en un lourd sommeil pour y chercher l'oubli, à moins qu'il ne se hâte à nouveau vers la ville. Chacun cherche à se fuir, personne n'y parvient. Et puis l'on tourne en rond, dans le cercle de vivre, où nul plaisir nouveau ne peut plus nous surprendre. Tant que nous n'avons pas l'objet tant convoité, le manque fait son prix. L'avons-nous obtenu, c'est un autre aussitôt que visent nos désirs. »

Où l'on mesure au passage combien l'image de l'épicurien pourceau, qui cultive les désirs les plus raffinés, est loin de la réalité. Il en va de l'épicurisme comme du machiavélisme : on oublie que Machiavel était probablement tout sauf machiavélique.

Les épicuriens et la vie au présent

Les épicuriens sont des sages, convaincus de l'idée qu'il faut savoir habiter le présent en se débarrassant de ces deux illusions qui pèsent sur la vie humaine : le passé et le futur, peuplés de « passions tristes ». Ils nous invitent à vivre dans la frugalité, à l'écart des addictions, tant le drogué est à leurs yeux le type même du malheureux. C'est quelqu'un qui, passé un certain seuil, ne peut s'empêcher d'augmenter les doses et de rapprocher les prises. Lucrèce le dit presque en ces termes. Celui qui est drogué à la consommation est à l'image de ces enfants qui convoitent un jouet puis, le possédant enfin, s'en lassent aussitôt et le jettent au loin pour prendre un autre jouet, puis un troisième, un quatrième, etc. : l'enfant gâté passe ainsi d'objet en objet, comme Don Juan passe de femmes en femmes, et le drogué de doses en doses. Or, cette course au bonheur artificiel lui interdit la véritable sérénité. Pourquoi ? Parce qu'elle ne nous permet jamais d'habiter le présent et, par là même, de parvenir à la sagesse, alors que la sérénité, comme on vient de le suggérer, suppose une victoire sur ces deux maux qui pèsent sur la vie humaine : le passé et le futur.

À retenir

Le sage, c'est celui qui parvient à vivre l'instant, à se contenter d'un présent qui n'est plus relativisé par le passé ni par le futur et qui, par là même, devient comme un fragment d'éternité. Or, pour y accéder, il faut justement s'abstenir de ces plaisirs artificiels qui nous ancrent dans une temporalité évanescente, celle de la fuite en avant, celle du tonneau des Danaïdes.

DANS CE CHAPITRE

Condamné par Hadès à pousser sans fin un rocher

•

Sisyphe, rusé comme Ulysse, a emprisonné la mort

•

Il s'échappe des enfers

Chapitre 48

Sisyphe

Condamné à un éternel recommencement

Le rocher de Sisyphe

Le rocher de Sisyphe est semblable au tonneau des Danaïdes (voir chapitre 47) : il est la métaphore de l'acte aussi harassant qu'inutile, il est un équivalent littéraire pour « travail pénible, interminable ou qu'il faut toujours recommencer ». Sisyphe est le fondateur mythique de la ville de Corinthe. Il est fils d'Éole, le maître des vents, frère d'Alcyone et père de Glaucos. Pour avoir osé défier les dieux, Sisyphe est condamné à un terrible châtiment. Dans l'*Odyssée*, Ulysse, parvenu près des enfers, voit s'approcher l'ombre des morts :

Citation

> « Et je vis Sisyphe, plongé dans d'atroces souffrances, poussant de ses deux mains un gigantesque rocher. Et il faisait tous ses efforts, poussant ce rocher des mains et des pieds, pour parvenir jusqu'au sommet d'une montagne. Mais quand il était près de l'atteindre, sa force venait à lui faire défaut, et le gigantesque rocher roulait jusqu'en bas. Alors il recommençait, et la sueur ruisselait sur son corps, et la poussière s'élevait jusqu'au-dessus de sa tête. »

La mort vaincue

La version que nous a léguée Phérécyde est plus détaillée et, du coup, plus intéressante. On y apprend que Sisyphe ayant joué un jour un mauvais tour à Zeus, le roi des dieux, pour se venger, lui envoya la mort en personne, cette divinité qu'on appelle Thanatos, pour le conduire aux enfers. Mais, comme on sait, Sisyphe a plus d'un tour dans son sac. Ce n'est pas pour rien que, selon certaines légendes, on en a fait le père d'Ulysse, l'homme aux mille ruses.

Il voit donc Thanatos venir de loin et il l'attend au tournant. Il lui tend un de ces fameux pièges dont il est coutumier. La Mort tombe dans le panneau et, se jetant sur Thanatos, Sisyphe le ligote avec des cordes bien solides, puis il le jette au fond d'un placard dans une des pièces de son palais. Comme dans le mythe d'Asclépios, le monde commence alors à se détraquer. Une fois Thanatos emprisonné, plus personne ne meurt. Hadès, le plus riche de tous les dieux, cesse de s'enrichir : il n'a pas son comptant de défunts, mais il y a plus : si Zeus n'y met pas bon ordre, il va y avoir un bel encombrement sur la planète et l'univers deviendra invivable. Arès, le dieu de la guerre, est lui aussi fort en colère et on comprend aisément pourquoi : si plus personne ne meurt, à quoi bon faire la guerre ? Il descend donc sur terre, entre dans le palais de Sisyphe, le fouille tant et si bien qu'il finit par retrouver Thanatos. Bien entendu, il s'empresse de le libérer pour lui livrer le malheureux Sisyphe, lequel est bien obligé de se rendre à l'évidence : il lui faut maintenant descendre aux enfers sous la bonne garde de Thanatos.

On n'échappe pas à sa condition

On pourrait croire que c'en est fini pour lui, mais pas du tout. Encore une fois, il a plus d'un tour dans son sac.

Avant de mourir et de quitter son palais pour descendre dans le royaume d'Hadès, Sisyphe a pris soin de faire une bien étrange recommandation à sa femme : « Surtout, lui dit-il, sois gentille, ne me rends en aucun cas les honneurs funèbres, comme toute bonne épouse doit pourtant le faire le jour de la mort de son mari... Ne me demande pas pourquoi, je t'expliquerai plus tard. » Et Méropé, sa femme, fait comme son mari lui a dit. Elle se garde bien de veiller le défunt, elle n'accomplit aucun des rites dont elle aurait dû normalement s'acquitter. De sorte qu'arrivé dans les profondeurs des enfers, Sisyphe se précipite chez Hadès pour jouer la grande scène de l'indignation. Le voilà qui n'hésite pas à se plaindre amèrement d'avoir une si mauvaise épouse. Choqués par le manque de manière de la pauvre Méropé, qui n'y est pourtant pour rien, Hadès et Perséphone laissent Sisyphe rentrer chez lui pour châtier comme il convient l'indigne épouse, à condition bien entendu qu'il leur promette de revenir dès que possible.

Comme on s'en doute, Sisyphe retourne chez lui... mais pour ce qui est de tenir sa promesse et de revenir dans les enfers, c'est une autre affaire. Au contraire, il remercie chaleureusement sa femme, lui fait de nombreux enfants, et finit tout simplement, très âgé, par mourir de vieillesse. C'est alors et alors seulement, qu'il est bien obligé de réintégrer le sous-sol de la terre où Hadès, pour le punir d'avoir trahi sa promesse, l'oblige à rouler son fameux rocher, supplice qu'il lui impose pour être enfin certain de ne pas se faire ruser une seconde fois.

Philosophie

Quant au sens de ce châtiment, il faut, pour le comprendre, partir de l'idée que, comme toujours dans les mythes grecs, il est en rapport « symbolique » direct avec la faute commise. La vie, pour l'espèce des mortels, est un perpétuel recommencement de génération en génération. Ce n'est donc pas un itinéraire infini, elle a un début et une fin, et celui qui a tenté de repousser artificieusement les limites prévues par les Destinées qui veillent sur l'ordre cosmique va apprendre à ses dépens qu'une fois arrivé au bout du chemin, le processus doit recommencer à zéro ! En d'autres termes qui rejoignent la leçon d'Ulysse, nul ne saurait échapper à la finitude inhérente à la condition humaine.

DANS CE CHAPITRE

L'histoire d'Amphitryon
•
Le mythe du double parfait
•
Zeus se transforme en Amphitryon, Hermès en Sosie

Chapitre 49

Sosie

Ou pourquoi il faut se méfier de son double

Un sosie

Lexique

Sosie est au départ un nom propre, mais un nom propre qui va devenir un nom commun selon cette figure de style que les savants (et les cuistres) appellent une « antonomase » : poubelle, mobylette, frigidaire, sont, par exemple, des antonomases, c'est-à-dire des noms communs qui sont issus à l'origine de noms propres. Dans *Amphitryon*, la pièce de Plaute, un auteur latin du IIe siècle avant notre ère, Sosie est le nom d'un esclave dont Mercure (l'équivalent latin d'Hermès, le fils et messager de Zeus), prend l'apparence – pour des raisons qui sont aussi explicitées dans une autre pièce de théâtre qui porte le même titre, l'*Amphitryon* de Molière, une œuvre représentée à Paris en 1668.

Récit

Rappelons le contexte de cette histoire. Zeus (Jupiter) s'est métamorphosé en Amphitryon, le mari de la ravissante Alcmène. Amphitryon vient de partir pour la guerre et si Zeus a pris son apparence, c'est évidemment pour le remplacer dans le lit d'Alcmène pendant que son mari est allé voir ailleurs. C'est en effet avec Alcmène que Zeus va concevoir son principal lieutenant, Héraclès

(Hercule). Pour ne pas être dérangé pendant cette nuit d'amours adultères, Zeus demande à son fils, Hermès (Mercure), de prendre l'apparence de Sosie, un des serviteurs un peu trop zélés d'Amphitryon, afin de barrer la route de ce dernier s'il s'avisait d'entrer dans la chambre à coucher pour venir troubler la fête. Belle analogie qu'on pourrait formuler de la façon suivante et sur laquelle joue Molière : Mercure est à Sosie ce que Jupiter est à Amphitryon, un double parfait, impossible à déceler pour Alcmène qui, en toute bonne foi, pensait faire l'amour avec son mari.

Philosophie

Cette notion d'identité parfaite entre deux êtres sera contestée par certains philosophes au nom d'un principe logique que Leibniz va mettre tout particulièrement à l'honneur : le principe des indiscernables. L'idée de Leibniz est qu'il ne peut jamais y avoir dans le monde réel deux êtres parfaitement identiques. Ce serait en effet contraire au principe suprême de la rationalité, à savoir le fameux principe de raison selon lequel *nihil est sine ratione*, rien n'est sans raison, principe dont est dérivé un autre principe tout aussi fondamental, le « principe du meilleur » selon lequel il ne faut pas multiplier les entités sans nécessité, principe d'élégance qui s'applique notamment aux démonstrations mathématiques : la meilleure démonstration, la plus élégante, est toujours celle qui produit le maximum d'effet, en l'occurrence le maximum de théorèmes, de propositions démontrées, en recourant au minimum de causes, en l'occurrence, au minimum de postulats ou d'axiomes. Faire autrement serait irrationnel au sens propre, sans raison. Or, Dieu est un être de raison, il est même, selon Leibniz, parfaitement et absolument rationnel, de sorte que n'ayant aucune raison de créer deux êtres identiques, indiscernables, ce qui serait superflu, il n'a créé que des êtres différents.

Le saviez-vous ?

Nos empreintes digitales semblent donner raison à Leibniz puisqu'aucune n'est identique parfaitement à une autre. Même chose pour notre ADN qui nous identifie sans faille et qui confirme ainsi empiriquement le principe des indiscernables selon lequel il n'existe pas de sosies parfaits dans la nature.

DANS CE CHAPITRE

La lyre et la musique d'Orphée

•

Orphée, un des Argonaute, compagnon de Jason

•

Sa descente aux enfers pour ramener Eurydice

Chapitre 50

Orphée

Qui descendit aux enfers

Jouer dans un orphéon

Lexique

Pour qui l'ignorerait, les orphéons sont ces petits théâtres en plein air qu'on trouve encore de nos jours dans les jardins publics, par exemple au Luxembourg, à Paris. Ils servaient jadis – et servent encore parfois – à abriter des orchestres ou des fanfares. Certains prétendent (mais je n'ai pas vérifié) que Wagner lui-même dirigea certaines de ses premières œuvres (en particulier l'ouverture de *Rienzi*, son premier opéra) dans un de ces orphéons... Le mot, bien entendu, emprunte à la mythologie et à son musicien le plus fameux : Orphée, un fils de Calliope, l'une des neuf Muses – ce qui explique ses dons extraordinaires de musicien. Il est même, dans l'imaginaire des Grecs, le plus grand de tous les temps, supérieur si possible au dieu de la musique, Apollon lui-même, qui le trouve d'ailleurs si admirable, si exceptionnel dans son art, qu'il lui aurait fait présent de la fameuse lyre inventée par son petit frère, Hermès. La lyre est un instrument à sept cordes, et Orphée, jugeant que ce n'est pas tout à fait suffisant pour sortir de beaux accords, y ajuste encore deux cordes supplémentaires, pour faire bonne mesure... ce qui « accorde » du même coup la lyre au nombre des muses, ces neuf divinités, filles de Zeus, qui sont censées avoir inventé les arts principaux et inspirer les artistes.

Une musique qui adoucit même les plus cruels

On prétend que lorsqu'Orphée chante accompagné de son instrument, les bêtes sauvages, les lions et les tigres, se taisent et deviennent doux comme des agneaux ; les poissons sautent hors de l'eau au rythme de la lyre divine, et les rochers eux-mêmes qui pourtant, c'est bien connu, ont un cœur de pierre, se mettent à verser des larmes d'émotion... C'est dire que sa musique est magique, qu'elle adoucit les mœurs et qu'avec ses neuf cordes qui augmentent encore l'harmonie de son chant, rien ne lui résiste.

Le saviez-vous ?

Lorsqu'il participera à l'expédition des Argonautes, sous la conduite de Jason, pour aller conquérir la toison d'or, c'est lui qui sauvera ses compagnons de la menace que représentent les Sirènes, ces femmes oiseaux dont les chants attirent les malheureux marins vers d'impitoyables récifs où leurs navires viennent se briser. Orphée est le seul être au monde qui parvienne à couvrir leurs voix maléfiques.

Arrêtons-nous un instant à sa légende qui inspira un nombre incalculable d'œuvres musicales, mais aussi de livres et même de films. Comme vous allez voir, la signification du mythe en vaut la peine.

Récit

Orphée est tombé fou amoureux d'Eurydice, une nymphe sublime, peut-être même, à ce que prétendent certains, une fille d'Apollon. Sa beauté est incomparable, mais en plus, c'est un véritable amour et Orphée ne peut tout simplement plus se passer d'elle. Hors de sa présence, la vie n'a pour lui plus aucun sens, l'existence est comme désenchantée. Selon Virgile, qui, dans son poème les *Géorgiques*, évoque longuement leur histoire, un jour qu'elle se promenait au bord d'une jolie rivière, Eurydice se heurta aux assauts violents d'un certain Aristée. Pour lui échapper, elle se mit à courir, regardant de temps à autre derrière elle pour voir si l'importun la rattrapait de sorte qu'elle ne vit pas la vipère sur laquelle elle posa son pied délicat. Le serpent la piqua aussitôt et la mort fut presque instantanée.

La descente aux enfers

Orphée est alors, au sens propre du terme, inconsolable : rien ne peut l'empêcher de pleurer et de pleurer encore. Au point qu'il finit par se résoudre à tenter l'impossible : aller chercher lui-même Eurydice aux enfers où il s'efforcera de convaincre Hadès et sa femme, Perséphone, de le laisser repartir avec sa bien-aimée. La description qu'Ovide nous a donnée de la traversée des enfers par Orphée vaut le détour. Elle inspire encore de nos jours les peintres, les musiciens, les écrivains, mais c'est plus encore la supplique d'Orphée adresse à Hadès et Perséphone qu'il faut garder en mémoire. La voici :

Citation

> « Ô dieux de ce monde souterrain où retombent toutes les créatures mortelles, laissez-moi vous dire, si cela est possible sans détour artificieux ni mensonges, la vérité : je ne suis pas descendu en ces lieux pour voir le ténébreux Tartare, ni pour vaincre les trois gorges hérissées de serpents du monstre qu'enfanta Méduse. Je suis venu ici pour mon épouse. Une vipère qu'elle avait foulée aux pieds lui a injecté son venin et l'a fait périr avant l'âge. J'ai voulu le supporter, je ne le nierai pas, mais l'amour a triomphé. C'est un dieu bien connu sur les rives supérieures. L'est-il ici aussi ? Je ne sais, mais je le suppose et si ce qu'on dit de l'ancien enlèvement n'est pas une fable, vous aussi vous avez été unis par l'amour. Par ces lieux pleins d'épouvante, par cet immense Chaos, par ce vaste et silencieux royaume, je vous en conjure, défaites la trame, trop tôt achevée, du destin d'Eurydice… Si les destins me refusent cette faveur pour mon épouse, je suis résolu à ne point revenir sur mes pas. Réjouissez-vous alors de notre mort à tous les deux. »

Par amour pour Eurydice, Orphée est prêt à tout. Rien ne l'arrêtera. D'ailleurs, il s'accompagne de sa lyre tout au long de son terrifiant trajet et, ici comme ailleurs, sa musique produit le meilleur effet. Sous la douceur de son chant, les suppliciés eux-mêmes recouvrent un peu, sinon de bonheur, ce serait trop dire, du moins de répit. Les maîtres du lieu, Hadès et Perséphone, sont eux aussi sous le charme. Ils écoutent Orphée avec attention, peut-être même avec bienveillance. Son courage impressionne, son amour pour Eurydice, si authentique, si incontestable, fascine ces deux divinités pourtant réputées pour être d'ordinaire inaccessibles au moindre sentiment humain.

C'est Perséphone, semble-t-il, qui se laisse convaincre la première. Elle annonce à Orphée qu'il pourra repartir vers la vie et la lumière avec Eurydice… mais toutefois à une condition impérative : il faudra que celle-ci le suive en silence et que surtout, surtout, il ne se retourne pas pour la regarder avant d'être tout à fait sorti des enfers. Orphée, fou de joie, accepte. Il emmène Eurydice, qui le suit docilement, comme convenu, quelques pas en retrait. Mais sans qu'on sache au juste pourquoi – Virgile suppose qu'il est saisi d'une espèce de folie, d'une bouffée d'amour qui ne peut plus attendre, Ovide penche pour une sourde angoisse, qui le fait douter de la promesse des dieux – toujours est-il qu'Orphée commet l'irréparable : il ne peut s'empêcher de se retourner pour regarder Eurydice et, cette fois-ci, les dieux sont inflexibles. Eurydice restera à jamais dans le royaume des morts. Il n'y a plus rien à faire, plus rien à discuter, et la malheureuse meurt une deuxième fois, sans recours possible.

Philosophie

De manière étonnante, aucun des textes consacrés à ce mythe ne donne la moindre explication plausible de la faute impardonnable d'Orphée. Pourquoi s'est-il retourné alors que les dieux de l'Enfer lui avaient expressément dit de ne pas le faire sous peine de perdre à nouveau sa bien-aimée ? Virgile met toute l'affaire sur le compte de l'amour, impatient et aveugle, mais en admettant même que cela soit une explication, l'hypothèse ne jette aucune lumière sur le sens de l'exigence imposée par les dieux : pourquoi le regard en arrière devrait-il être fatal aux deux amants ?

Les commentateurs ont esquissé toutes sortes de réponses à cette question, mais il est clair que si Orphée perd Eurydice une deuxième fois en se *retournant*, si elle doit absolument rester *derrière* lui, et surtout pas *devant*, si, de toute évidence, les dieux ont imposé ce cahier des charges en sachant pertinemment qu'il ne serait pas rempli (sinon pourquoi cette épreuve ?), c'est tout simplement qu'en regardant en arrière, Orphée doit enfin comprendre que ce qui est derrière est derrière, que le passé est passé, que le temps révolu est irréversible, et qu'un mortel doit accepter, comme Ulysse le fait avec Calypso, la condition qui est la sienne, celle d'une humanité qui, comme le rocher de Sisyphe, voit sa trajectoire se dérouler entre un point de départ et un point d'arrivée que nul ne peut changer, les arrêts du destin étant irréversibles.

DANS CE CHAPITRE

Un don prophétique accordé par Apollon

•

Cassandre, punie par là où elle a péché

•

Sœur d'Hector, elle prophétise la fin de Troie

Chapitre 51

Cassandre

Celle qui parlait en vain

Jouer les Cassandre

De très nombreux auteurs se sont intéressés aux malheurs de Cassandre, à commencer par Homère (dans l'*Iliade*), suivi par Eschyle (dans sa tragédie intitulée *Agamemnon*), puis par Euripide (dans *Les Troyennes*) et, plus près de nous, par Jean Giraudoux (dans *La guerre de Troie n'aura pas lieu*). Cassandre est une princesse troyenne, c'est la fille du roi Priam et de la reine de Troie, Hécube, donc la sœur d'Hector et de Pâris et la belle-sœur d'Andromaque.

Récit

Cassandre avait reçu d'Apollon, le dieu de l'harmonie médicale et musicale, le don de prophétie. En fait, ce présent n'avait rien d'un cadeau désintéressé : Apollon avait tout simplement demandé à la jeune femme de coucher avec lui en échange du don qu'il lui avait accordé. Mise au pied du mur, Cassandre refusa les faveurs du dieu, insulte insupportable pour lui s'il en fut. D'autant que la belle lui avait bel et bien menti : dans un premier temps, elle avait accepté le pacte noué avec Apollon, elle lui avait clairement promis de céder à ses avances, mais elle ne tint pas parole. Pour se venger, il lui jeta un sort funeste en décrétant que ses prophéties ne seraient jamais crues par personne. Voilà pourquoi Cassandre ne réussit pas à convaincre les Troyens que faire entrer le fameux cheval des Grecs dans leur ville serait une fatale erreur. S'ensuivirent la ruine de Troie et, pour Cassandre, la déchéance : elle devint l'esclave, puis la maîtresse d'Agamemnon, le chef des armées grecques, qui était tombé amoureux d'elle. Elle eut deux enfants de lui. Lorsque Clytemnestre, la femme d'Agamemnon, assassina son mari, elle en profita par jalousie pour tuer aussi Cassandre au passage.

À retenir

C'est l'occasion de noter à nouveau comment, dans la mythologie grecque, la punition entretien toujours un rapport « symbolique » avec le crime ou le larcin commis. Symbolique au sens grec, le *symbolon* désignant la correspondance parfaite, pour ainsi dire l'emboîtement sans reste, de deux morceaux d'une même pièce (voir encadré, p. 195). Cassandre avait trompé Apollon en ne tenant pas la parole donnée, sa parole n'était pas crédible, pas fiable. Elle sera donc punie par là où elle avait péché : on ne la croira plus jamais sur parole.

Lexique

« Jouer les Cassandre » se disait donc à l'origine de quelqu'un qui prédit des malheurs sans être jamais cru. On n'a finalement conservé dans l'expression que la première partie de son sens, de sorte qu'aujourd'hui, on désigne par elle tout oiseau de mauvais augure en général, toute personne qui prophétise un avenir sombre, qu'elle soit crédible ou non.

DANS CE CHAPITRE

Une région de Grèce

•

Symbolise la province comparée à Athènes

Chapitre 52

La Béotie

Un pays de péquenots

Un béotien

La Béotie est une région située au centre de la Grèce dont la capitale antique était Thèbes. On y parlait un dialecte différent du grec pratiqué à Athènes, de sorte que les Béotiens étaient considérés comme des « provinciaux », pour ne pas dire comme des « péquenots » par les bourgeois athéniens prétentieux qui les regardaient avec condescendance. De là le fait qu'encore aujourd'hui, dire de quelqu'un que c'est un « béotien », c'est dire qu'il s'agit d'une personne un peu naïve, un peu niaise. Devenu nom commun, « béotien » s'écrit évidemment avec une initiale minuscule mais, replacé dans son contexte historique, « Béotien » doit commencer par une majuscule puisqu'on fait alors référence à un habitant de la Béotie.

Dans l'Antiquité, la Béotie connut des périodes de domination (de Sparte ou d'Athènes) et de suprématie mais, aux yeux des Athéniens, les Béotiens eurent toujours une réputation de lourdeur rustique et d'inculture. Pourtant, la Béotie fut le berceau de la civilisation mycénienne et elle donna à la Grèce des personnages illustres (Dionysos ou Héraclès, par exemple), des rois légendaires (Créon, Laïos), des héros (Hippomène, Épaminondas), des Muses (celles qui se réunissaient sur le mont Hélikon, autour de la fontaine d'Hippocrène), de grands écrivains (Hésiode, Pindare, Plutarque) ainsi que des créations artistiques, en particulier des sculptures de premier ordre.

Lexique

C'est surtout à l'époque romantique que le mot « béotien » fut utilisé péjorativement, s'appliquant notamment aux paysans peu cultivés. Du reste, « béotien », *boiôtos* en grec, se rattache à *boôtês*, « qui laboure avec des bœufs » (de *bous*, « bœuf »). Le mot « atticisme », qu'on trouve par exemple sous la plume de Balzac dans son livre intitulé *Un prince de Bohème*, dérivé du mot « attique », désigne le contraire du « béotisme » puisqu'il entend caractériser l'élégance et la sophistication des Athéniens cultivés.

DANS CE CHAPITRE

La ville des vertus guerrières

•

L'opposition entre Sparte et Athènes

Chapitre 53

Sparte

Une ville de légende

Laconique et spartiate

Lexique

Dans le dictionnaire, je lis ceci à l'entrée « laconique » : « Qui s'exprime en peu de mots, sans détails inutiles, à la manière célèbre des anciens habitants de Laconie. » Et à l'appui de la définition, je trouve cette citation de Musset à propos d'un de ses personnages : « Tour à tour bavard comme une pie lorsqu'il s'agissait de méchants propos, taciturne et laconique comme un spartiate dès que les affaires étaient en jeu... », une citation qui suggère un lien entre un comportement laconique et des habitudes spartiates.

Mais quel est donc ce lien ? Pour le saisir, il faut tout simplement rappeler que la Laconie est une région de la Grèce qui s'appelait autrefois, comme on le voit chez Homère, « Lacédémone »... nom qui est aussi celui de Sparte, capitale de la Laconie ! Sparte vient du mot grec *spartoi*, qui désigne les « semés » (les « hommes semés »), et qui renvoie notamment à la légende de la fondation d'une autre ville, Thèbes, et à son fondateur, Cadmos qui avait, pour peupler sa cité nouvelle, semé en terre les dents d'un dragon, des dents qui aussitôt mises en terre laissaient pousser un soldat en armure, tout armé et casqué pour la guerre. Selon une légende tardive, les Spartiates auraient été « semés » par des descendants d'Héraclès. Ils sont donc eux aussi des « semés » et Sparte (Lacédémone) est la ville des guerriers, des hommes laconiques, des taiseux, des êtres qui ne sont pas des poètes, qui parlent peu, qui vivent à la dure, sans confort, qui sont habitués à supporter toutes les souffrances, mais qui s'avèrent être des guerriers d'un courage sans pareil.

De là l'opposition cardinale, qu'on retrouvera notamment chez Rousseau, entre Sparte et Athènes, entre la ville des vertus guerrières de l'abnégation, du courage et du civisme d'un côté, et de l'autre, celle des arts, des lettres et de la civilité. Tel est l'objet du fameux éloge de Sparte contre Athènes qu'on trouve dans le *Discours sur les sciences et les arts* :

Citation

> « Ce fut dans le sein même de la Grèce qu'on vit s'élever cette cité aussi célèbre par son heureuse ignorance que par la sagesse de ses lois, cette république de demi-dieux plutôt que d'homme tant leurs vertus semblaient supérieures à l'humanité. Ô Sparte ! Opprobre éternel d'une vaine doctrine ! Tandis que les vices conduits par les Beaux-Arts s'introduisaient ensemble dans Athènes, tandis qu'un tyran y rassemblait avec tant de soin les ouvrages du Prince des Poètes, tu chassais de tes murs les arts et les artistes, les sciences et les savants. L'événement marqua cette différence. Athènes devint le séjour de la politesse et du bon goût, le pays des orateurs et des philosophes... »

En filigrane, c'est aussi à un éloge de Lycurgue (dont le nom signifie : « celui qui tient les loups à l'écart »), que se livre Rousseau. Le grand législateur mythique de Sparte, censé avoir vécu, selon Plutarque, au IXe siècle avant notre ère, l'emporte à ses yeux de loin sur Pisistrate, le tyran d'Athènes qui fit réunir et éditer les œuvres du « prince des poètes », c'est-à-dire d'Homère. Comme les jeunes spartiates, Émile n'aura pas ou peu de livres, la culture écrite étant suspecte, aux yeux de Rousseau, de corrompre la pureté de l'âme innocente de l'enfant. C'est dans le même sens qu'on trouve sous la plume de Saint-Preux, dans ses lettres à Julie, une critique dévastatrice de l'art de la conversation et de la civilité à la française comme du rôle des femmes dans les salons parisiens :

Citation

> « ...Veux-je chercher des lumières et de l'instruction ? C'en est ici l'aimable source et l'on est d'abord enchanté du savoir et de la raison qu'on trouve dans les entretiens, non seulement des savants et des gens de lettres, mais des hommes de tous les états et même des femmes : le ton de la conversation y est coulant et naturel ; il n'est ni pesant ni frivole ; il est savant sans pédanterie, gai sans tumulte, poli sans affectation, galant sans fadeur, badin sans équivoques. Ce ne sont ni des dissertations, ni des épigrammes :

on y raisonne sans argumenter, on y plaisante sans jeux de mots, on y associe avec art l'esprit et la raison… On y parle de tout pour que chacun ait quelque chose à dire, on n'approfondit point les questions de peur d'ennuyer… Chacun dit son avis et l'appuie en peu de mots, nul n'attaque avec chaleur celui d'autrui, nul ne défend opiniâtrement le sien, on discute pour s'éclairer, on s'arrête avant la dispute… Mais au fond, que penses-tu qu'on apprenne dans ces conversations si charmantes ? À juger sainement des choses du monde ? À bien user de la société ? À connaître au moins les gens avec qui l'on vit ? Rien de tout cela, ma Julie. On y apprend à plaider avec art la cause du mensonge, à ébranler à force de philosophie tous les principes de la vertu, à colorer de sophismes subtils ses passions et ses préjugés et à donner à l'erreur un certain tour à la mode selon les maximes du jour. Il n'est point nécessaire de connaître le caractère des gens, mais seulement leurs intérêts pour deviner à peu près ce qu'ils diront de chaque chose. »

À retenir

Ces objections contre la civilité nourriront encore la sociologie de la « distinction » largement héritée de Rousseau et de son éloge de Sparte : les « bonnes manières », l'élégance bourgeoise, l'atticisme et le parisianisme « distinguent » l'heureux élu des couches populaires comme de la « province » où l'on ne pratique guère les codes « délicats » de la mondanité.

Partie 6

La partie des Dix

Dans cette partie...

Au terme de cet ouvrage, je vous propose de poursuivre votre lecture par les dix textes de l'Antiquité gréco-romaine essentiels pour tout savoir sur la mythologie et revenir à la source des mythes : Homère, Platon, les tragédiens bien sûr, mais aussi Hygin ou Apulée...
Vous pourrez aussi compléter et nourrir vos connaissances et votre réflexion sur l'Antiquité, la philosophie et la mythologie grecques avec les dix ouvrages de référence que je vous conseille de lire.
Enfin, la mythologie a influencé les arts pendants des siècles, pour preuve les dix œuvres majeures ici présentées, parmi toutes les autres...

Chapitre 54

Dix œuvres anciennes fondamentales

Homère, l'*Odyssée*

Odysseus : c'est tout simplement, en grec, le nom d'Ulysse. C'est lui qui donne son titre à l'œuvre d'Homère, un personnage énigmatique dont on ne sait rien et dont on n'est même pas certain qu'il a existé. Ce poème date du VIIIe siècle avant notre ère, mais il ne fut couché par écrit dans la version que nous connaissons, que sous le règne du tyran Pisistrate d'Athènes, donc au VIe avant J.-C. C'est la matrice, non seulement de la mythologie, mais aussi de toute la philosophie grecque.

Hésiode, *La Théogonie*

Avec l'*Iliade* et l'*Odyssée* d'Homère, c'est le texte fondamental entre tous pour la connaissance des mythes grecs. Il s'agit d'un poème écrit au VIIe siècle par un poète béotien, Hésiode. Il raconte notamment la naissance du monde (du cosmos) et celle des dieux, puis la guerre entre les Olympiens et les Titans. On y voit en quel sens la théogonie (la naissance des dieux) est aussi une cosmogonie (une description de la naissance du monde).

Platon, *Protagoras*

C'est le dialogue de Platon dans lequel Protagoras, l'un des plus grands sophistes, raconte le mythe de Prométhée. Essentiel.

Les tragiques grecs

On trouvera, en deux tomes, dans la collection « Bouquins », chez Robert Laffont, une édition complète des tragédies de Sophocle, Eschyle et Euripide, des pièces de théâtre dont les thèmes sont tous empruntés à la mythologie. Hegel considérait que le chef-d'œuvre absolu était l'*Antigone* de Sophocle. C'est par cette pièce que je vous conseillerai, moi aussi, de commencer.

Ovide, *Les Métamorphoses*

C'est la « bible » de tous les passionnés de mythologie. Ovide y raconte par le menu les aventures des principaux héros des mythes avec un sens dramatique à nul autre pareil. Indispensable.

Apulée, *L'Âne d'or* ou *Les Métamorphoses*

C'est un peu l'ancêtre des fameuses *Mémoires d'un âne* de la comtesse de Ségur. Dans ce roman, écrit sous le règne de l'empereur Marc Aurèle, on suit les aventures tumultueuses d'un âne qui jette un regard aigu sur les êtres humains. Mais c'est surtout pour le récit des amours d'Éros et de Psyché que cette œuvre d'Apulée restera célèbre.

Apollodore, *La Bibliothèque*

L'auteur de ce livre, longtemps attribué à tort à Apollodore, est en fait un inconnu. Rédigé vraisemblablement vers le IIe siècle de notre ère, il s'agit d'une compilation des mythes grecs, une somme d'autant plus intéressante que son auteur, quel qu'il soit, a eu accès à de nombreux textes aujourd'hui perdus. C'est un ouvrage que tous les spécialistes de la mythologie utilisent.

Hygin, *Les Fables*

Hygin est un grammairien qui naquit en l'an 67 avant notre ère et qui mourut en l'an 17. On sait peu de choses sur sa vie, mais ses fables, qui sont une espèce de compilation des mythes grecs écrite sans souci littéraire, sont une précieuse source d'information pour nous, au même titre que la *Bibliothèque* d'Apollodore, parce que l'auteur a eu, lui aussi, accès à de nombreux textes dont nous avons perdu aujourd'hui la trace.

Virgile, l'*Énéide*

L'ouvrage de Virgile raconte les aventures d'Énée, le fils d'Anchise et d'Aphrodite, à partir de la chute de Troie jusqu'à son installation en Italie. C'est notamment dans l'*Énéide* que figure la fameuse histoire du cheval de Troie et qu'est décrit par le menu le pillage de la ville par les Grecs.

Nonnos de Panopolis, *Les Dionysiaques*

Les Dionysiaques sont une épopée magnifique, écrite par un poète grec, Nonnos de Panopolis, sans doute entre 450 et 470 après J.-C. Comme l'indique son titre, ce poème raconte les origines, l'enfance et les exploits du dieu de Nysa, Dionysos. C'est la principale source s'agissant de cet étrange personnage, fils de Zeus et d'une mortelle, l'inventeur du vin, dieu de l'ivresse et des orgies, qui incarne l'étrangeté, voire la folie, au cœur même de l'Olympe.

Chapitre 55

Dix ouvrages de référence pour aller plus loin

Jean-Pierre Vernant, *L'Univers, les Dieux, les Hommes* (Seuil, 1999)

C'est le premier ouvrage que je vous conseille de lire en guise d'introduction à la mythologie grecque. Vous y trouverez des considérations limpides et intelligentes sur la naissance du monde, des dieux et des hommes, mais aussi sur des héros comme Ulysse dans la guerre de Troie, Dionysos, Œdipe ou Persée.

Jean-Pierre Vernant, *Mythe et religion en Grèce ancienne* (Seuil, 1990)

Ce fin lecteur des grands mythes grecs éclaire de ses analyses lumineuses une pléiade de thèmes mythologiques. On y croise entre autres les figures de Zeus,

Dionysos, Prométhée, Orphée, mais aussi une réflexion profonde sur les rapports entre les hommes et les dieux.

Jean-Pierre Vernant et Pierre Vidal-Naquet, *Mythes et tragédie en Grèce ancienne* (Maspéro, 1972)

C'est l'analogue des précédents livres, mais appliqués à l'analyse des grands thèmes de la tragédie grecque dont on sait qu'ils sont tous empruntés à la mythologie. S'y ajoute le regard de Pierre Vidal-Naquet, un des meilleurs spécialistes de l'antiquité grecque.

Luc Ferry, *Apprendre à vivre. La sagesse des mythes* (Plon 2008)

J'ai écrit ce livre pour mes filles, pour leur raconter les grands mythes grecs, mais j'avais une idée en tête : aider les autres parents à raconter à leurs enfants ces légendes qui sont les plus « cultivantes » qui soient, celles qui donnent une culture fondamentale que tous nos enfants devraient avoir acquise. C'est précisément parce que je m'adressais à des familles que j'ai pris soin de partir toujours des meilleures versions des mythes afin d'éviter les erreurs qui fourmillent dans les livres de vulgarisation.

Luc Ferry, *Mythologie et philosophie* (Plon/Le Figaro, 2016)

C'est la suite d'*Apprendre à vivre*, mais s'y ajoute le souci, non seulement de raconter les grands mythes grecs dans leurs versions originales, d'en mettre en valeur les leçons de sagesse, mais de faire aussi le lien avec les grands thèmes de l'histoire de la philosophie.

Timothy Gantz, *Mythes de la Grèce archaïque* (Belin, 2004 pour la traduction française)

Cet universitaire américain a dédié sa vie entière à la mythologie grecque. Son livre est le plus savant de tous ceux que vous pourrez lire. Tout y est, sur tous les héros et sur tous les sujets qui touchent à la mythologie. On y trouve en particulier un repérage tout simplement parfait des différentes versions des mythes, mais aussi de toutes les occurrences où tel ou tel personnage intervient. Irremplaçable.

Pierre Grimal, *Dictionnaire de la mythologie grecque* (PUF, 1999)

C'est aussi un ouvrage de référence, qui vous permet de trouver en quelques secondes les principales informations sur les personnages mythiques.

Rémi Brague, *La Sagesse du Monde* (Fayard, 1999)

C'est un livre important, qui m'a beaucoup apporté, parce qu'il montre comment l'éthique et la spiritualité des sagesses anciennes, en l'occurrence grecques, sont toujours liées à une cosmologie, à une vision du monde plus qu'à la subjectivité humaine.

Pierre Hadot, *Qu'est-ce que la philosophie antique ?* (Gallimard, 1995)

Une des meilleures introductions qu'on puisse lire à la philosophie grecque, dont j'ai montré dans mes livres, à la suite de ceux de Vernant, en quoi elle était directement issue de la mythologie, dont elle n'est finalement qu'une espèce de sécularisation ou de rationalisation conceptuelle. Un ouvrage facile à lire et des interprétations fiables et justes des grands auteurs de l'Antiquité.

Pierre Hadot, *La Citadelle intérieure* (Fayard, 1992)

Même qualité que le livre précédent, mais appliquées en l'occurrence au stoïcisme en général, et en particulier à l'œuvre du grand stoïcien romain que fut Marc Aurèle. Intéressant dans le cadre des liens qui s'établissent clairement entre la vision du cosmos héritée d'Hésiode et de la mythologie grecque et la tradition philosophique stoïcienne.

Chapitre 56

Dix œuvres d'art

Titien, *Danaé et la pluie d'or*

Cette œuvre, réalisée par Titien en 1554, que j'ai eu la chance de voir au musée de l'Hermitage, à Saint-Pétersbourg, est non seulement magnifique, mais fort énigmatique pour qui ne possède pas les clefs qui permettent de la lire. On y voit une pluie d'or qui tombe sur le lit d'une jeune femme nue. Il s'agit d'une des métamorphoses de Zeus, qui s'est déguisé en pluie d'or pour rejoindre dans sa prison la belle Danaé, la future mère de Persée, le héros qui tuera la Gorgone Méduse. C'est un bon exemple de la nécessité de connaître les mythes grecs pour pouvoir apprécier ou tout simplement comprendre la signification de très nombreuses œuvres d'art.

Goya, *Saturne dévorant son fils*

Là encore, impossible de comprendre la célèbre toile de Goya si l'on ne sait pas qu'il s'agit d'une représentation du Titan Cronos qui dévore ses enfants afin d'éviter qu'ils ne s'avisent un jour de le détrôner, une scène dont la *Théogonie* d'Hésiode donne la clef.

Botticelli, *La Naissance de Vénus*

La toile est célébrissime, reproduite sur la couverture d'une infinité d'ouvrages. Elle représente Aphrodite (Vénus), la fille de l'*aphros* (en grec : « l'écume »), une jeune femme née du sperme qui s'écoule du sexe de son père, Ouranos, tranché par son fils, le Titan Cronos, et mélangé à l'écume de la mer.

Caravage, *La Tête de Méduse*

Encore une toile célèbre qui tente de représenter la Gorgone Méduse avec une chevelure faite de vipères enchevêtrées. La tête est détachée du corps, car elle vient d'être tranchée par Persée, le fils de Zeus et de Danaé, qui fut aidé dans cette tâche par Athéna. Le regard de la Gorgone était pétrifiant, quiconque le croisait était transformé en pierre, mais Athéna prêta son bouclier à Persée pour qu'il s'en serve comme d'un miroir pour tuer la Gorgone sans risquer d'être changé en statue.

Brueghel, *La Chute d'Icare*

L'œuvre, comme toutes celle de Pieter Brueghel l'Ancien, est fascinante, d'une incomparable beauté. On y voit les jambes du malheureux Icare qui s'agitent dans l'eau alors qu'il est en train de se noyer, tandis que les paysans regardent ailleurs et semblent indifférents. Difficile à interpréter, l'œuvre originale a été perdue, restent seulement deux copies anciennes qui sont exposées à Bruxelles.

Gustave Moreau, *Œdipe et le Sphinx*

Cette très célèbre toile de Gustave Moreau, réalisée en 1864, est exposée au Metropolitan Museum of Art de New York. Œdipe y est représenté comme un tout jeune homme, pratiquement nu, tandis que la Sphinge (on oublie parfois que c'est son vrai nom dans la mythologie, car c'est un monstre féminin) est une charmante jeune fille, qui, poitrine dénudée et corps de lion, s'accroche au héros comme pour le séduire...

Christoph Willibald Gluck, *Orphée et Eurydice*

Il s'agit d'un opéra en trois actes qui raconte la désolante histoire des amours d'Orphée et Eurydice, une œuvre qui fut représentée pour la première fois à Vienne en 1762. Un ballet en sera tiré, un peu plus tard, qui sera créé à Paris, en 1774. C'est du ballet qu'est extraite *La Danse des ombres heureuses*, un morceau initialement joué à la flûte traversière, puis transcrit pour le violon.

Gustav Klimt, *Danaé*

Cette œuvre de Klimt a été réalisée en 1907. Elle appartient malheureusement à un collectionneur privé, ce qui est d'autant plus dommage qu'elle est sublime. On y voit une adorable Danaé endormie, une pluie d'or qui tombe sur elle et qui s'insinue entre ses jambes. Là encore, si l'on ignore que cette pluie d'or n'est autre que Zeus métamorphosé, la toile est incompréhensible.

Claude Debussy, *Syrinx*

Cette œuvre pour flûte traversière seule fut composée par Debussy en 1913. Elle raconte le moment où la malheureuse nymphe Syrinx, poursuivie par l'affreux Pan, supplie les dieux de la transformer en roseau. À défaut de pouvoir violer Syrinx, Pan confectionnera avec ce roseau la fameuse flûte qui porte encore aujourd'hui son nom.

César Franck, *Psyché*

Cette œuvre est un poème symphonique composé par César Franck en 1887 et créé à Paris l'année d'après sous la direction du compositeur. Franck est un de mes compositeurs préférés, à coup sûr un de ceux que j'emporte, comme on dit, sur l'île déserte, et son poème, inspiré bien sûr par les *Métamorphoses* d'Apulée, est tout simplement sublime.

Conclusion
Pourquoi les mythes ?

Peut-on vivre sans spiritualité, sans un discours qui tente de définir le sens de la vie, c'est-à-dire un idéal de vie bonne ? Rien n'est moins sûr. Qu'on puisse vivre sans religion, en revanche, est factuellement certain. Nombre de nos contemporains se disent et sont athées, les croyants, sans doute minoritaires dans la France d'aujourd'hui n'étant du reste plus aussi croyants que dans les siècles passés. La question n'est donc pas de savoir si on peut vivre sans croire en Dieu – de fait, on le peut, et beaucoup pensent même qu'on vit même mieux comme ça, attendu que les religions sont les principaux motifs de guerre. La vraie question est plutôt de savoir, mais c'est tout différent, si on peut vivre sans spiritualité. Et là, ma réponse est : « sans doute pas ».

Il faut, pour le bien comprendre, éviter une confusion hélas fréquente, mais qui obscurcit singulièrement le débat : celle qui consiste à mélanger en permanence valeurs spirituelles et valeurs morales. Il est pourtant crucial de ne pas les confondre si l'on veut commencer à comprendre les maux dont souffrent nos sociétés laïques.

Tâchons de dire les choses simplement. La morale, en quelque sens qu'on l'entende, c'est le respect de l'autre, disons pour nous, aujourd'hui, les droits de l'homme avec, de surcroît, la bienveillance, la générosité. Se conduire moralement, c'est respecter autrui et lui vouloir activement du bien. Si nous appliquions parfaitement ces valeurs morales, il n'y aurait plus sur cette planète, ni massacres, ni viols, ni vols, ni meurtres, ni injustices. Ce serait une révolution. Et pourtant, cela ne nous empêcherait ni de vieillir, ni de mourir, ni de perdre un être cher, ni même d'être, le cas échéant, malheureux en amour ou, tout simplement, de nous ennuyer au fil d'une vie quotidienne engluée dans la banalité. Or, ces questions – celle des âges de la vie, du deuil, de l'amour ou de l'ennui – ne sont pas essentiellement morales. Vous pouvez vivre comme un saint(e), respecter et aider autrui à merveille, appliquer les droits de l'homme comme personne... et vieillir, et mourir, et souffrir. Car ces réalités, comme dit Pascal, sont d'un autre ordre, qui relève de la « spiritualité », laquelle ne se limite pas au religieux et va bien au-delà de la morale.

Il y a des spiritualités avec dieu et par la foi. Ce sont les religions. Mais il y a aussi des spiritualités sans dieu et sans la foi, des tentatives de répondre à la question du sens de la vie, à la question de la vie bonne pour les mortels, avec les moyens du bord, la lucidité de la raison. C'est ce qu'on appelle une spiritualité laïque, et c'est la philosophie même, dont on ne peut pas se passer sans dommage...

Or, les mythes préparent la philosophie ou pour mieux dire, ils sont déjà la philosophie mais sous une forme littéraire, parfois même poétique. Par-delà les ruptures évidentes entre *mythos* et *logos*, entre discours littéraire et discours philosophique, fiction et document, légendes et faits historiques, la philosophie, en effet, a toujours été dans ses époques les plus grandioses liée à un processus de sécularisation d'un moment religieux ou mythologique qui la précédait. Pas de philosophie grecque sans mythologie, pas d'idéalisme allemand sans Réforme protestante, pas de « déconstruction » sans mort de Dieu. Que ce double jeu de rupture et de continuité soit attesté en Grèce est une évidence cachée qu'il est essentiel de bien comprendre : d'un côté, les premiers philosophes vont reprendre à leur compte toute une part de l'héritage mythologique tel qu'il s'inscrit notamment dans les grands récits touchant la naissance des dieux et du monde ; mais d'un autre côté, cet héritage même va être considérablement modifié, à la fois traduit et trahi dans une nouvelle forme de pensée, la pensée rationnelle, qui va lui donner un sens et un statut nouveaux.

C'est comme cela qu'on va passer de *logos* à *mythos,* les deux mots désignant à la fois une rupture radicale et une continuité secrète, un passage du légendaire au rationnel, du prêtre au philosophe, certes, mais un passage sur fond de continuité dans les questions comme dans la quête d'unité. Comme Vernant l'avait entrevu, la philosophie ancienne, pour l'essentiel, « transpose, dans une forme laïcisée et sur le plan d'une pensée plus abstraite, le système de représentation que la religion a élaboré. Les cosmologies des philosophes reprennent et prolongent les mythes cosmogoniques... Il ne s'agit pas d'une analogie vague.

Entre la philosophie d'un Anaximandre et la théogonie d'un poète inspiré comme Hésiode, Cornford montre que les structures se correspondent jusque dans le détail[1] ». Cette thèse, que j'ai développée dans d'autres livres, ne vaut pas seulement pour le « miracle grec », mais pour toutes les grandes périodes de l'histoire de la philosophie.

On peut donc lire ce processus en deux sens : on peut être plus ou moins attaché à ce qui *relie* la philosophie aux religions et aux mythologies qui la précèdent ou, au contraire, à ce qui l'en *écarte* et que l'on pourrait désigner comme son moment laïc ou rationaliste. Alors que certains commentateurs sont plutôt sensibles aux liens qui unissent les deux problématiques, d'autres, sans rien renier de cette paternité religieuse et mythologique de la philosophie, entendent mettre plutôt l'accent sur ce qui les oppose. Comme l'écrit encore Vernant, « les premiers philosophes n'ont pas eu à inventer un système d'explication du monde ; ils l'ont trouvé tout fait... Mais aujourd'hui que la filiation, grâce à Cornford, est reconnue, le problème prend nécessairement une forme nouvelle. Il ne s'agit plus seulement de retrouver dans la philosophie l'ancien, mais d'en dégager le véritablement nouveau : ce par quoi la philosophie cesse d'être le mythe pour devenir philosophie[2] ». Une révolution dans la continuité, donc, qui s'opère au moins sur trois plans : d'abord, au lieu de parler, comme la mythologie, en termes de filiations – Zeus est le fils de Cronos, qui est le fils d'Ouranos, etc. –, la philosophie, rationaliste et sécularisée, va s'exprimer en termes d'explication, de causalité : tel élément engendre tel autre élément, tel phénomène produit tels effets, etc.

Dans le même sens, on ne parlera plus de Gaïa, d'Ouranos ou de Pontos, mais de la terre, du ciel et des eaux bouillonnantes : les divinités vont s'effacer devant la réalité des éléments physiques – là est la rupture, ce qui n'empêche, et là est la continuité, que le cosmos des physiciens va hériter de toutes les caractéristiques fondamentales (harmonie, beauté, unité fondamentale, organicité, etc.) qu'il avait dans les anciennes visions religieuses et mythiques. Enfin, la figure du philosophe va émerger, différente de celle du prêtre : son autorité ne viendra plus des secrets qu'il détient, mais des vérités qu'il rend publiques, pas des mystères occultes, mais des argumentations rationnelles dont il est capable. En quoi la lecture des mythes grecs prépare la pensée philosophique. Même si cette dernière finit toujours par s'en émanciper, elle serait impossible sans la richesse des contenus mythiques qui l'ont précédée.

---

1. Cf. Jean-Pierre Vernant et Pierre Vidal-Naquet, *La Grèce ancienne. Du mythe à la raison*, Paris, Le Seuil, coll. « Points », 2017, p. 198.
2. *Ibid.*, p. 202.

Index

A

B

C

D

E

F

G

H

I

J

K

L

M

R

S

T

U

V

Z